L'INTERACTION ADULTE-ENFANT
ET LA CONSTRUCTION DU LANGAGE

PSYCHOLOGIE ET SCIENCES HUMAINES

Jean-A. Rondal

l'interaction adulte-enfant et la construction du langage

PIERRE MARDAGA, EDITEUR
2, GALERIE DES PRINCES, 1000 BRUXELLES

Du même auteur

Langage et éducation, Bruxelles, Mardaga, 1978.
Votre enfant apprend à parler, Bruxelles, Mardaga, 1979.
Le mongolisme (en collaboration avec J.L. Lambert), Bruxelles, Mardaga, 1979.
Introduction à la psychologie de l'enfant (3 vol.) (en collaboration avec M. Hurtig et une équipe internationale de rédaction), Bruxelles, Mardaga, 1981.
Psycholinguistique et handicap mental (en collaboration avec J.L. Lambert et H.H. Chipman), Bruxelles, Mardaga, 1981.
Questions et réponses sur le mongolisme (en collaboration avec J.L. Lambert), Québec et Paris, Editions Laliberté et Maloine, 1982.
L'analyse du langage chez l'enfant. Les activités métalinguistiques (en collaboration avec S. Brédart), Bruxelles, Mardaga, 1982.
Troubles du langage et rééducation (en collaboration avec X. Seron et une équipe internationale de rédaction), Bruxelles, Mardaga, 1982.
Introduction à la psychologie générale, Bruxelles, Paris, Labor, Nathan, 1982.
Langage et communication chez les handicapés mentaux: théorie, évaluation et intervention (en collaboration avec J.L. Lambert), Neuchâtel, Delachaux et Niestlé, 1983, sous presse.
Psychologie de l'enfant et de l'adolescent (en collaboration avec F. Hotyat), Bruxelles, Paris, Labor, Nathan, 1983, sous presse.

© Pierre Mardaga, éditeur
37, rue de la Province, 4020 Liège
2, Galerie des Princes, 1000 Bruxelles
D. 1983-0024-15

To ART STAATS, conceptual pioneer in this field.

Avant-propos

Nous avons écrit ce petit livre en pensant qu'une première mise au point générale sur le rôle de l'entourage dans la construction du langage chez l'enfant était non seulement possible à ce stade d'avancement des connaissances dans le domaine mais en fait indispensable à toute approche explicative. On ne peut comprendre le progrès linguistique sans étudier d'abord l'environnement linguistique de l'enfant, les modifications de cet environnement avec l'évolution de l'enfant et les effets des adaptations observables dans le langage adressé à l'enfant sur la performance langagière de ce dernier. C'est à un examen détaillé de ces trois séries de données que répond l'ouvrage.

Nos remerciements vont au Fonds National de la Recherche Scientifique de Belgique pour son support financier pendant plusieurs années et les crédits généreusement accordés pour nos recherches sur le sujet de ce livre.

Nos remerciements vont également à Jon Miller de l'Université du Wisconsin, Elissa Newport de l'Université d'Illinois, Hélène Gratiot-Alphandéry, Rédacteur en chef de la revue *Enfance*, Kathrine Nelson de Yale University, Ernst Moerk de l'Université de Californie à Fresno, Keith E. Nelson de Pennsylvania State University, Richard West de l'Université de New York à Fredonia, Colin Fraser de Cambridge University, au *Journal of Speech and Hearing Research*

(American Speech and Hearing Association), au *Journal of Child Language* et aux maisons d'édition Cambridge University Press, University Park Press et Plenum Publishing Corporation pour leur aimable autorisation de traduire et de reproduire certains tableaux et certaines figures publiées par leurs soins.

Nous remercions également nos collègues Serge Brédart, Marie-Louise Moreau, Bernadette Piérart et Dominique Lafontaine pour leurs suggestions, remarques et commentaires critiques à différents moments de la planification et de la rédaction de l'ouvrage. Notre très amicale gratitude va à Arthur Staats de l'Université de Hawaii à Honolulu et à Ernst Moerk de l'Université de Californie à Fresno, pour leurs encouragements et le caractère extrêmement stimulant et enrichissant de la correspondance entretenue avec eux et des rencontres intervenues entre nous au cours de ces dernières années. Ernst Moerk a bien voulu relire soigneusement l'intégralité du manuscrit terminal, relever plusieurs ambiguïtés et suggérer des corrections ponctuelles. Nous l'en remercions tout particulièrement.

Enfin, nos remerciements vont à Angélique Giakis pour sa diligente transformation d'illisibles notes en un élégant texte dactylographique, et à Eustratios Stafilas, Casto Grana Monteirin et Jean-François Bachelet pour leur aide précieuse lors de la mise au point du manuscrit terminal.

Jean-Adolphe Rondal

Introduction

L'absence de préoccupation jusqu'il y a une dizaine d'années pour l'environnement linguistique de l'enfant en voie de construction du langage[1] ne laisse pas d'étonner. L'ancienne conception selon laquelle l'enfant acquerrait le langage par imitation du parler adulte qui a longtemps prévalu (on en trouve un écho chez Piaget; cfr Piaget, 1968) n'a pas débouché — le fait est curieux — sur une étude systématique des modèles langagiers imités par l'enfant. Une telle conception est incomplète au mieux pour deux raisons. Premièrement, il est un grand nombre de productions enfantines qui ne peuvent avoir été imitées à partir de modèles adultes parce qu'elles ne se trouvent pas dans le parler adulte (par exemple, « Je faiserai mes devoirs après avoir prendu ma douche », « Elles sontaient belles », « Il m'a fait rier », etc.). Deuxièmement, s'il imite effectivement certains énoncés et parties d'énoncés produits par l'adulte, l'enfant n'en imite pas d'autres à tout moment du développement. La notion d'imitation simple ne peut convenir pour expliquer les comportements de l'enfant. Il faut parler d'imitation sélective et on sait que cette sélectivité répond à un calendrier développemental. En d'autres termes, l'enfant imite des éléments différents du langage adulte à différents moments de son évolution parce qu'il est sensible à des aspects différents du langage entendu selon la dimension de temps. C'est donc le développement du langage qui explique l'imitation et non l'inverse. Ceci ne signifie pas que l'imitation ne joue aucun rôle important dans la construction du langage. Mais ce rôle ne peut encore être défini avec toute la précision souhaitable à l'heure actuelle (cfr Rondal, 1983).

Les conceptions nativistes radicales du développement du langage proposées dans les années soixante par Chomsky, McNeil, Lenneberg, Fodor, etc., n'ont pas amené non plus d'étude systématique de l'environnement linguistique du jeune enfant. La raison érigée au niveau de l'axiome est que l'environnement linguistique du jeune enfant ne diffère en rien du langage échangé entre adultes. Il n'y a dès lors aucun intérêt particulier à l'étudier. Ce dogme qui tient lieu de données empiriques revient en fait à mettre en lumière l'extrême difficulté de la tâche à laquelle est confronté l'enfant, développer le langage à partir d'un matériau linguistique de complexité maximale, ce qui équivaut indirectement à justifier l'appel forcené fait dans ce courant théorique aux facteurs innés.

Il nous semble peu plausible que les principes de base des grammaires puissent faire partie de l'équipement héréditaire de l'espèce humaine. Ceci ne signifie pas que les représentants de cette espèce ne sont pas prédisposés notamment sur le plan neurophysiologique à développer des systèmes symboliques complexes comme le langage. Mais il est hautement douteux qu'un enfant puisse hériter de ses parents d'une sorte de « condensé de grammaire générale » (qu'on nous pardonne cette expression un peu schématique) à partir duquel il lui « suffirait » de découvrir le « chapitre particulier » se rapportant à sa langue sur la base des échantillons de langage entendus autour de lui. Une telle vue largement platonicienne impliquant une sorte de réminiscence plutôt qu'une construction de la connaissance linguistique reste entièrement à prouver. Et les universaux linguistiques de mêmes que les universaux acquisitionnels (par exemple, Slobin, 1981, 1982) ne constituent évidemment pas des preuves qu'il en va bien ainsi. Quantité de savoir-faire sont universellement répandus (comme la conduite automobile ou la manipulation du lance-pierre) sans que l'analyse des mouvements qu'ils impliquent fasse partie du patrimoine héréditaire de l'humanité. Quand bien même on pourrait montrer dans le futur que nombre de connaissances grammaticales générales sont héritées plutôt qu'apprises, les chercheurs ne seraient nullement dispensés de spécifier l'interaction entre ces connaissances a priori, les processus mentaux à l'œuvre dans les analyses langagières faites par l'enfant tout au long du développement linguistique et les caractéristiques de l'environnement linguistique.

Toute approche à ambition explicative de la construction du langage doit spécifier trois ordres de phénomènes et définir leurs relations. Il s'agit, premièrement, de l'environnement linguistique de l'enfant et des modifications qui y interviennent avec l'évolution de ce dernier; secondement, des processus mentaux par lesquels le langage entendu est analysé par l'enfant et des inférences faites par ce dernier de façon à construire sa grammaire du langage; et troisièmement, des comportements de compréhension et de production de l'enfant aux différents moments de son développement langagier.

Par *environnement linguistique*, nous entendons le langage adressé à l'enfant par les adultes et les enfants plus âgés. On ignore actuellement les effets éventuels sur le développement linguistique du langage entendu sans qu'il soit directement adressé à l'enfant[2]. De même, on ignore les effets éventuels sur le développement linguistique des échanges verbaux et non verbaux entre enfants de mêmes niveaux de développement[3].

L'objet de l'ouvrage est d'exposer en détail les données disponibles sur les interactions entre parents et enfants, et dans une mesure nettement moindre les interactions entre enfants plus âgés et enfants plus jeunes, et d'analyser leurs implications pour une théorie du développement linguistique. Par *interaction*, on entend les actions et les influences réciproques des protagonistes dans l'échange interpersonnel, qu'elles soient voulues ou non. Les parents agissent sur et influencent l'enfant. L'enfant agit sur ses parents et les influence. Les deux séries d'actions et d'influences s'interpénètrent constamment (Bell, 1968; Bell et Harper, 1977).

Notre analyse portera donc sur la première partie de l'approche en trois points définie ci-dessus. Nous n'aborderons pas systématiquement les parties deux et trois, c'est-à-dire les processus impliqués dans les analyses linguistiques et les inférences de l'enfant, non plus que les données développementales descriptives portant sur la production et la compréhension langagière de l'enfant selon la dimension de temps. On n'a guère avancé sur le point deux. Quant au point trois, il a fait l'objet récemment de plusieurs revues détaillées auxquelles nous renvoyons le lecteur (Oléron, 1976, 1979; François, François, Sabeau-Jouannet et Sourdot, 1977; Rondal, 1978a, 1979, 1981a; Rondal et Brédart, 1982).

Notre orientation théorique se situe dans la perspective d'un behaviorisme élargi du type de ceux préconisés et conceptualisés par Staats (1971a, 1971b, 1975) cfr Rondal, 1982a et Bandura (1980). Il n'est nullement nécessaire d'élaborer ici cette articulation théorique car le présent ouvrage est de nature descriptivo-explicative à un premier niveau d'explication, proche des données empiriques qu'il cherche à organiser. Des perspectives théoriques plus générales pourront être développées ensuite à mesure que la réflexion progresse et qu'elle est alimentée par la collecte de nouveaux faits.

Le premier chapitre de l'ouvrage expose les données pertinentes sur les adaptations parentales et adultes au langage du jeune enfant. Le second chapitre fournit un essai d'explication des adaptations parentales au langage de l'enfant. Nous y présentons également un modèle général dans lequel on peut inscrire ces données. Le troisième chapitre expose et discute les données sur les effets des interactions parent-enfant quant à l'ontogenèse du langage. Une courte conclusion termine l'ouvrage. Elle est rédigée sous la forme d'une série de principes relatifs à la construction du langage envisagée dans une perspective interpersonnelle.

NOTES

[1] Nous utilisons les expressions « construction du langage », « acquisition du langage », « développement du langage » et « ontogenèse du langage » de façon interchangeable bien qu'elles aient à strictement parler des dénotations ou des connotations différentes. Les termes « développement » et « ontogenèse » renvoient davantage, nous semble-t-il, à un processus maturationnel général, donc intrinsèque, ce qui n'implique pas nécessairement un rôle négligeable des facteurs externes. Le terme « acquisition » met davantage l'accent sur les facteurs environnementaux sans exclure évidemment l'influence des facteurs internes. Nos préférences vont à l'expression « la construction du langage » parce qu'elle est plus neutre en regard des influences internes et externes et parce qu'elle souligne la nature dynamique de l'entreprise. Qu'on n'y cherche cependant aucune référence obligée au constructivisme piagétien.

[2] Il est possible que le langage entendu par l'enfant sans qu'il lui soit adressé directement constitue un matériau linguistique complémentaire utilisable dans la construction de la connaissance linguistique (Nelson, 1980a, b). On ignore tout cependant du traitement éventuel par l'enfant de ces données nécessairement plus complexes sur le plan formel et moins pertinentes pour l'enfant sur les plans référentiels et fonctionnels. Il faut signaler à ce propos le bilan essentiellement négatif des recherches sur les effets de la télévision quant au développement du langage chez l'enfant (cfr Milkovitch et

Miller, 1976; Epstein, 1976; Selnow, 1979; Donnay, 1981, pour une revue). La plupart des recherches menées aux Etats-Unis rapportent une relation négative entre le temps d'exposition aux programmes de télévision et le développement du langage, surtout lorsque l'enfant est confronté à une haute fréquence de dessins animés et de comédies à grande écoute. Même en télévision éducative (programmes «Sesame Street», «Playschool», etc., aux Etats-Unis, au Mexique et en Australie, cfr Bogart et Ball, 1972; Cook, Appleton, Connor, Tomkin et Weber, 1975; Diaz Guerrero, Reynes Lagunes, Witske et Holtzman, 1976; et Noble, 1980), les résultats sont loin d'être impressionnants. Le rôle des parents apparaît comme capital (particulièrement les encouragements à suivre l'émission, les commentaires et les discussions avec l'enfant) dans l'amélioration de la performance orale. On s'étonnera moins d'apprendre dès lors que ce sont surtout les enfants de milieux favorisés qui semblent profiter d'émissions comme Sesame Street. Les évaluations réalisées au Mexique et en Australie sont un peu plus favorables notamment sur le plan de l'apprentissage du vocabulaire. Ce que ces données nous enseignent indirectement, semble-t-il, c'est que *l'acquisition du langage chez le jeune enfant est surtout affaire d'échange et de dialogue véritables.*

[3] De tels échanges doivent nécessairement émerger la connaissance et la pratique de la communication entre pairs.

Chapitre 1
Les interactions verbales adulte-enfant et enfant-enfant

1.1. LES INTERACTIONS VERBALES ADULTE-ENFANT

Les données que nous passons en revue portent sur les interactions verbales entre adultes et enfants au sein de la famille et dans les autres contextes éducatifs.

Contrairement aux vues naïves, prématurées et sans fondement empirique exprimées au cours des années soixante, du type «... l'environnement linguistique de l'enfant ne diffère en rien de celui de l'adulte» (Fodor, 1966, p. 126), «... Il — cet environnement — est marqué par un nombre considérable de faux départs, incorrections grammaticales, lapsus, etc.» (Ibidem, p. 108; également Lenneberg, 1967, p. 281), «... Il est clair que beaucoup d'enfants acquièrent un premier ou un second langage sans difficulté alors qu'aucun effort n'est fait pour le leur enseigner et qu'aucune attention n'est dévolue à leurs progrès. Il semble également que la plus grande partie du langage qu'on peut entendre est fragmentaire et constituée d'expressions déviantes de toutes sortes» (Chomsky, 1965, pp. 200-201)[1], les recherches de la dernière décennie, à commencer par celle de Snow en 1972, montrent clairement que le langage adressé par les adultes aux jeunes enfants présente de nombreuses caractéristiques spécifiques et que les adultes, les parents en général, sont très sensibles aux progrès communicatifs et linguistiques affichés par leurs enfants.

1.1.1. Langage maternel

Le langage maternel adressé à l'enfant en voie d'acquisition du langage est modifié et adapté dans ses différents aspects: prosodie, phonologie, lexique, contenus sémantiques et aspects sémantiques-structuraux, morphologie, syntaxe et aspects pragmatiques.

Il existe quelques revues de la littérature. On consultera de préférence les travaux de Mahoney et Seely (1976), Moerk (1977), Snow (1977a), Rondal (1978a, b, 1981b) et Chapman (1981) de même que l'intéressant essai de Brown (1977) sur le même sujet. La même littérature suggère que le langage maternel adressé à l'enfant change à mesure que les capacités linguistiques de ce dernier se développent, c'est-à-dire à mesure qu'il comprend et exprime davantage et d'une façon plus élaborée. La plupart des recherches effectuées à ce jour, cependant, sont des recherches transversales, c'est-à-dire des recherches qui comparent des sujets différents à des âges différents. Les exceptions concernent les recherches de Brown (1973), Nelson (1973), Lord (1975), Furrow, Nelson et Benedict (1979) et Savic (1975) qui furent menées longitudinalement (sujets identiques observés pendant une période de temps déterminée). L'hypothèse d'un changement intervenant dans le langage maternel avec les capacités linguistiques croissantes du jeune enfant issue des études transversales ne peut être démontrée à strictement parler qu'en étude longitudinale. Les travaux longitudinaux mentionnés ci-dessus apportent donc des éléments précieux sur ce point

L'emploi de l'expression « Le langage maternel est adapté aux capacités linguistiques du jeune enfant » n'est pas innocente. Elle implique l'hypothèse générale selon laquelle le langage maternel avec les modifications qu'on y trouve concourt à faciliter notablement l'acquisition de la langue maternelle par l'enfant. Alors que les termes « modification » et « changement » sont simplement descriptifs, l'expression « adaptation du langage maternel » comporte une hypothèse qu'il faut mettre à l'épreuve des faits. Celle-ci porte sur les effets des caractéristiques du langage maternel adressé au jeune enfant sur le développement du langage chez ce dernier. Un certain nombre de travaux ont été menés quant à cette question depuis une dizaine d'années. Nous les envisagerons au chapitre 3.

Voyons à présent en détail les principales données disponibles sur les modifications du langage maternel adressé aux enfants en voie d'acquisition du langage, modifications définies et évaluées par rapport au langage échangé typiquement entre adultes dans des contextes et situations comparables[2]. Par souci de clarté, nous présentons ces données par composante du langage avant d'envisager certains aspects paraverbaux des interactions mère-enfant et les caractéristiques du feedback contingent aux productions verbales de l'enfant.

1. Phonétique et phonologie

Nous distinguerons les traits phonologiques segmentaux, c'est-à-dire les phones et les phonèmes et les traits phonologiques suprasegmentaux comme la hauteur tonale fondamentale, l'accentuation, la durée, le rythme d'élocution, les pauses, et l'intelligibilité générale de la parole d'un point de vue acoustique.

Traits phonologiques segmentaux

Le langage maternel adressé au jeune enfant ne présente aucune modification particulière à ce point de vue, si ce n'est dans ce qu'il est convenu d'appeler le «parler bébé» (baby talk) qu'il faut éviter de confondre avec le langage adulte adressé à l'enfant en général. Le parler bébé consiste en simplifications (par exemple, *pati* pour *partir*) et en substitutions de phonèmes (par exemple, *w* pour *r*, *au wevoiw*, pour *au revoir*), en substitutions lexicales (par exemple, *miam-miam* pour *manger*, *dodo* pour *dormir*, *popo* pour *déféquer* ou *défécation*, etc.), et en répétitions morpho-lexicales (par exemple, «*Est tombé su son nénéz le petit fifi !*»). Le parler bébé a été étudié dans plusieurs langues et cultures comme l'anglais américain, l'arabe syrien, le marathi, l'espagnol et le comanche par Ferguson (1964), l'arabe égyptien par Omar (1973), le portugais par Bynon (1968, 1977), le grec par Drachman (1973), le maltais par Casar (1957), le français et le français-québecois par Paradis (1979), etc. (cfr Ferguson, 1977, pour une revue de la littérature). Il n'est pas du tout certain que la plupart des parents parlent de la sorte à leur bébé et à leur jeune enfant (si ce n'est peut-être pour quelques mots familiers) — Kaye, 1980. En fait beaucoup de parents, si on les interrogeait, déclareraient sans doute qu'ils ne s'expriment jamais de la sorte. On manque de données statistiques à ce sujet mais il est peu probable qu'il s'agisse d'un phénomène général à l'époque actuelle. On n'en voit d'ailleurs guère l'utilité d'un point de vue développemental. Il est connu, en effet, que si les capacités productives du jeune enfant mettent plusieurs années à se développer sur le plan de l'articulation des phonèmes, et notamment en ce qui concerne les phonèmes les plus délicats à articuler en français (comme *l, r, ch, j, s* et *z*), les capacités discriminatives auditives sont nettement plus précoces (cfr Trehub, Bull et

Schneider, 1981, pour une revue et une discussion de la littérature récente sur ce sujet).

Traits phonologiques suprasegmentaux

Le langage maternel adressé au jeune enfant est notablement modifié quant aux aspects suivants:

Hauteur tonale: La hauteur tonale fondamentale du parler maternel adressé au jeune enfant est plus élevée que lorsque le discours maternel s'adresse à un adulte ou à un enfant plus âgé. Remick (1976) et Garnica (1977) ont rapporté que le langage maternel adressé à un enfant de 2 ans a une hauteur tonale supérieure en moyenne de 250 cycles par seconde au langage maternel adressé à un enfant de 5 ans. Il est vraisemblable que la hauteur tonale fondamentale est plus élevée encore dans les vocalisations et le discours adressé aux enfants au cours de la première année. Mais à notre connaissance aucune donnée n'a été publiée sur le sujet.

Eventail des fréquences fondamentales. Cet éventail est plus large dans le cas du langage maternel adressé au jeune enfant que dans celui adressé à l'enfant plus âgé ou à l'adulte (Ferguson, 1964; Garnica, 1977). L'extension se fait du côté des fréquences élevées. Selon Garnica (1977), les mères s'adressant à des enfants âgés de deux ans environ couvrent un éventail tonal de l'ordre de deux octaves au lieu d'une octave et demie habituellement. L'effet obtenu correspond à une exagération du contour intonatoire habituel des énoncés.

Murmures. On rapporte également (Garnica, 1977) la présence de murmures occasionnels (parler à voix basse) dans le langage maternel adressé aux enfants de 2 ans.

Accentuation. Indépendamment de l'accentuation tonique, il semble que le langage maternel adressé au jeune enfant comporte un ou plusieurs accents d'intensité et que ces accents portent préférentiellement sur les mots à contenu sémantique (substantifs et verbes surtout) (Garnica, 1977).

Durée. Garnica (1977) rapporte une plus longue durée d'émission de mots à contenu sémantique dans les requêtes en action adressées à des enfants de deux ans que dans celles adressées à des adultes (par exemple, le verbe et l'adjectif dans l'énoncé suivant «*Prends* la pièce *jaune*»).

Rythme d'élocution et pauses. Le rythme d'élocution du langage maternel adressé à des enfants de 2 ans est notablement ralenti par rapport au langage adressé à des enfants plus âgés (Broen, 1972). Une recherche de Miller et collaborateurs, à l'université du Wisconsin (Miller, Chapman, Mackenzie et Bedrosian, 1981) indique que le rythme d'élocution ne semble guère varier dans le langage maternel adressé à l'enfant entre 10 et 21 mois. On obtient à ce moment une moyenne d'une vingtaine d'énoncés par minute. A 25 mois, on note une accélération du rythme d'élocution maternel, qui atteint environ 26 énoncés par minute (Retherford, Schwartz et Chapman, 1981). On observe le même type de phénomène pour le rythme d'élocution que pour la longueur moyenne de production verbale (LMPV) du langage maternel (cfr infra), c'est-à-dire peu de modifications avant environ 18 ou 20 mois, l'âge auquel le vocabulaire productif de l'enfant commence à s'accroître notablement et rapidement et où les premiers énoncés combinant plusieurs mots sont observés.

Dans le langage échangé entre adultes, moins de 50 % des pauses (définies comme une interruption du débit de parole pendant un intervalle de temps supérieur à 250 millisecondes dans le travail de Broen cité ci-dessus) interviennent à la fin des phrases ou à la fin des énoncés[3]. C'est dire que les pauses, dans le langage échangé entre adultes, ne sont pas nécessairement une bonne indication de la structuration syntaxique du discours. Elles interviennent en fait pratiquement n'importe où dans le discours selon le caprice, les hésitations, la recherche d'une idée ou d'un terme approprié, les circonstances extra-discursives, etc. (voir aussi Goldman-Eisler, 1968). La situation est différente dès qu'on considère le langage maternel adressé à l'enfant. Les données recueillies par Broen (1972) et Dale (1974) révèlent que 90 % environ des énoncés adressés par les mères à leurs enfants âgés de 2 ans sont séparés par des pauses bien marquées. La proportion s'abaisse à environ 61 % dans le discours maternel adressé aux enfants âgés de 5 et 6 ans.

Une étude récente de Miller et collaborateurs (Miller et al., 1981) indique que 20 % environ des énoncés maternels et enfantins (il s'agissait d'enfants âgés de 10 à 21 mois en interaction verbale avec leur mère respective) sont suivis de pauses d'une durée supérieure à 2 secondes. Aucun changement développemental n'est noté dans l'éventail des âges étudiés. Les jeunes enfants ne disposent donc la plupart du temps que d'un intervalle de temps de l'ordre de deux secondes pour commencer à répondre, après quoi la mère reprend la parole en supposant, sans doute, que l'enfant qui n'a pas répondu pendant l'intervalle de temps en question ne répondra pas.

Intelligibilité du langage maternel. D'une façon générale, l'*intelli-*

gibilité du langage maternel adressé au jeune enfant est excellente. Newport, Gleitman et Gleitman (1977) estiment cette intelligibilité à presque 100 % dans le langage maternel adressé à des enfants âgés de 12 à 27 mois contre environ 90 % dans le langage échangé entre adultes. Cette même intelligibilité ne descend pas en dessous de 96 % en moyenne avec peu d'écart autour de la moyenne, dans les données de Rondal (1978b) sur le langage maternel adressé à des enfants entre 20 et 32 mois. Quant à l'intelligibilité du parler enfantin, elle varie avec l'âge, certes, mais aussi d'un enfant à l'autre selon le niveau de contrôle moteur exercé par l'enfant sur ses organes articulatoires. Lorsque l'observateur a accès au contexte extralinguistique et paraverbal[4] de l'énonciation, on considère généralement que l'intelligibilité du langage de l'enfant à partir de 2 ans environ se situe entre 75 et 95 %.

2. Sémantique lexicale

Nous établissons ici la distinction habituelle entre *sémantique lexicale* et *sémantique structurale*. La dimension sémantique lexicale concerne les monèmes, morphèmes, et les mots du point de vue de leur signification (par exemple, que signifie « cheval » ?). La dimension sémantique structurale concerne les structures qui sous-tendent les énoncés d'un point de vue sémantique (par exemple, la structure agent-action-objet-location dans « Le cheval mange l'herbe du pré »).

Il existe essentiellement deux moyens d'étudier les *significations* lexicales existant dans le langage adulte adressé au jeune enfant. Le premier moyen consiste à examiner la variété d'usage lexical, c'est-à-dire le nombre de mots différents utilisés dans un corpus de langage d'une longueur déterminée. Le second moyen consiste à évaluer la relative simplicité du vocabulaire adulte adressé à l'enfant. On considère alors une série d'indications, comme la fréquence relative des termes apparaissant dans l'usage linguistique, le caractère relativement concret ou abstrait des termes utilisés et les classes formelles auxquelles ces termes appartiennent.

IDL

L'indice de diversité lexicale (IDL) rapporte habituellement le nombre de mots différents au nombre total de mots étudiés (le plus souvent cent mots). On obtient ainsi une fraction. Le même indice en anglais porte le nom de type-token ratio (TTR). Une variante de cet indice, le Carroll TTR utilise en numérateur non le nombre total de mots analysés mais la racine carrée du double de ce même nombre.

Les données disponibles sur la diversité du vocabulaire utilisé par les mères s'adressant à leurs enfants sont résumées au tableau 1.

Tableau 1. *Indice de diversité lexicale (IDL)*[1] *dans le langage maternel*[2] *adressé à l'enfant*

Etudes	Ages moyens (mois)	N[3]	IDL (mère)	Carroll IDL (mère)	IDL (enfant)
- Phillips (1973)	8	10	.31	—	—
- Longhurst et Stepanich (1975)	12	12	—	3.97	—
- Rondal (1980)	18	1	.41		.28
- Phillips (1973)	18	10	.34		—
- Broen (1972)	21	10	.53		—
- Rondal (1978b)	23	7	.44		.36
- Longhurst et Stepanich (1975)	24	12	—	4.26	—
- Rondal (1980)*	24	1	.36		.34
- Rondal (1978b)	27	7	.49		.40
- Rondal (1980)*	27	1	.48		.45
- Phillips (1973)	28	10	.41		—
- Rondal (1978b)	30	7	.49		.47
- Rondal (1980)*	30	1	.46		.42
- Longhurst et Stepanich (1975)	30	12	—	4.61	—
- Rondal (1980)*	36	1	.53		.46

[1] Il s'agit de moyennes par groupes de sujets.
[2] En anglais, sauf indication contraire (*: en français).
[3] Nombre de sujets.
[4] Lorsqu'il est fourni par l'auteur.

L'IDL des enfants étudiés démontre une progression développementale relativement claire. Celle qu'on peut observer dans l'IDL maternel est obscurcie par les variations d'une étude à l'autre, variations attribuables vraisemblablement aux différences dans les tâches et situations utilisées. On sait que la tâche demandée et la situation dans laquelle on enregistre l'échange verbal ont une influence sur celui-ci tant du point de vue des contenus du discours, ce qui n'est guère surprenant, que des moyens formels utilisés. Ainsi un échange verbal parent-enfant dans un contexte de jeu libre sera sensiblement différent d'un échange entre les mêmes interlocuteurs lorsqu'il s'agit pour le parent d'expliquer le fonctionnement d'un jouet ou d'un mécanisme quelconque (jeu dirigé), de raconter une histoire à l'enfant, de décrire une scène imagée, ou de converser avec l'enfant au cours d'un repas (par exemple, Broen, 1972; Snow, 1974; Snow, Arlman-

Rupp, Hassing, Jobse, Joosten et Fraser et Roberts, 1975; Vorster, 1976; Rondal, 1980). A l'intérieur des différentes études, on observe une tendance développementale assez nette. On va de IDL. 31 dans le langage maternel adressé à des enfants âgés de 8 mois à .41 pour des enfants âgés de 28 mois, en passant par .34 à 18 mois, dans l'étude de Phillips (1973); de 3.97 à 12 mois à 4.26 à 24 mois, et à 4.61 à 30 mois, dans l'étude de Longhurst et Stepanich (1975) ayant utilisé le Carroll TTR; de .44 à 23 mois à .49 à 27 mois et à .49 à 30 mois dans l'étude de Rondal (1978b), etc. La plupart des différences selon l'âge sont statistiquement significatives. Au-delà de 27 mois environ, l'IDL des enfants tend à se rapprocher assez nettement de l'IDL maternel. On touche là au problème essentiel de l'utilisation d'un indice comme l'IDL, tel qu'il est calculé habituellement, ou comme le Carroll IDL. Ce problème concerne la marge de variation réduite et donc le manque relatif de sensibilité de l'indice.

On ignore encore la marge de variation réelle de l'IDL, mais elle ne s'étend certes pas de 0.01 à 1.00. Un discours d'indice de diversité lexicale 0.01 serait complètement redondant par définition, c'est-à-dire consisterait en la répétition du même mot à longueur de corpus. Un tel discours est peu probable même chez le très jeune enfant. Du côté de la limite supérieure de l'IDL, nous avons extrait plusieurs passages comportant 100 mots de la lettre adressée à la fin du siècle dernier par Emile Zola au Président Faure à propos de ce qu'on a appelé «l'affaire Dreyfus». La richesse expressive de cet écrivain se traduit en des IDL compris entre .70 et .80 selon les extraits. Ces niveaux constituent sans doute la limite supérieure de la marge de variation de l'IDL. On peut difficilement obtenir un IDL de l'ordre de 1.00. Cela signifierait que tous les termes utilisés dans le discours sont différents les uns des autres, le discours en question devenant largement agrammatical au-delà d'une certaine longueur puisque privé en très grande partie des mots grammaticaux lesquels se répètent d'énoncés en énoncés (articles, prépositions, pronoms, copules, auxiliaires, etc.).

Le manque relatif de sensibilité de l'IDL est dû au fait que cet indice confond dans le même compte deux sous-classes de termes : une sous-classe peu nombreuse de termes grammaticaux, encore dits «foncteurs», à charge sémantique restreinte (non négligeable cependant) mais à fonction grammaticale essentielle — ces termes sont repris ci-dessus — et une sous-classe très nombreuse de termes lexicaux ordinaires. Les premiers sont souvent répétés d'énoncés en énoncés, les seconds pas nécessairement. Chez le jeune enfant, l'IDL est déterminé par la relative uniformité de l'usage lexical et le caractère télégraphique de l'expression (Brown, 1973; Rondal, 1978a; Slobin, 1981), c'est-à-dire l'usage restreint des mots grammaticaux. Ces deux effets vont en sens contraire dans leur influence sur l'IDL. Chez l'enfant plus âgé et chez l'adulte, l'usage lexical est davantage varié mais la fréquence des mots grammaticaux est nettement plus élevée que chez le jeune enfant. Ces deux effets sur l'IDL vont également en sens contraire. Ainsi s'explique la compression de la marge de variation de l'IDL et sa relative insensibilité aux différences pourtant importantes entre adultes et enfants dans l'usage lexical. Un indice de diversité lexicale «purifié» devrait porter uniquement (en numérateur et en dénominateur) sur les termes lexicaux en négligeant les termes grammaticaux. On mesurerait ainsi plus adéquatement la diversité lexicale réelle des énoncés.

Quoi qu'il en soit du problème de mesure, la diversité lexicale du langage maternel adressé au jeune enfant est vraisemblablement réduite par rapport au langage échangé entre adultes ou avec un enfant plus âgé. Cette réduction reflète la limitation et la redondance des sujets de conversation ainsi que le caractère volontiers répétitif du langage parental adressé au jeune enfant (cfr infra).

Autres mesures lexicales

On peut encore évaluer la relative simplicité du vocabulaire maternel adressé à l'enfant en se centrant sur les indications qui suivent.

Fréquence relative des termes lexicaux. Entre 1 et 3 ans, le vocabulaire maternel adressé à l'enfant est constitué dans sa plus grande partie de mots très fréquents dans la langue. Selon Longhurst et Stepanich (1975), environ 80 % des termes lexicaux utilisés par les mères en conversation avec leur enfant font partie des 1.000 mots les plus fréquents de la liste Thorndike-Lorge (tables de fréquence lexicale établies pour l'anglais américain en 1944).

Caractère concret ou abstrait des termes lexicaux. Le langage maternel adressé au jeune enfant contient beaucoup de mots à référence concrète et relativement peu de mots à référence abstraite (Phillips, 1973).

Classes formelles. A quelles classes formelles appartiennent les termes qui figurent dans le langage maternel adressé à l'enfant et cette répartition se modifie-t-elle avec le développement linguistique de l'enfant? Les quelques données disponibles concernent les adjectifs et les adverbes, les pronoms personnels et les pronoms et adjectifs interrogatifs. Elles sont résumées au tableau 2. On regrettera l'absence de données sur les proportions respectives de noms et de verbes dans le langage maternel adressé au jeune enfant, alors qu'on rapporte habituellement chez l'enfant un changement dans la production et la compréhension de ces termes entre 1 an et 2 ans; les noms prédominent d'abord, il y a ensuite et graduellement égalisation approximative de l'usage des deux classes formelles (Goldin-Meadow, Seligman et Gelman, 1976; Miller, Chapman, Branston et Reichle, 1980).

Comme l'indique le tableau 2, la fréquence d'utilisation des adjectifs et des adverbes augmente progressivement dans le langage maternel adressé au jeune enfant. Cette augmentation est significative dans les données rapportées par Rondal (1978b). Dans le même temps, le même indice progresse également significativement chez les enfants étudiés. L'usage des pronoms personnels, possessifs et des adjectifs possessifs semble différer quelque peu dans le langage maternel adressé au jeune enfant de celui observé dans le langage adressé à l'enfant plus âgé et aux adultes. On s'adresse souvent au jeune enfant en le désignant au moyen d'un pronom de 3e personne, de son prénom ou d'un nominal («David va faire dodo?»; «Il va faire dodo, ce petit garçon-là?»). De même, l'adulte s'adressant au jeune enfant utilise souvent un nominal ou son propre nom plutôt qu'un pronom personnel, possessif ou un adjectif possessif de 1re personne pour référer à lui-même (par exemple, «C'est le nez de maman», «Maman va préparer le biberon de David»). De tels usages sont atypiques entre adultes en français, en anglais (Wills, 1977), et dans les autres langues que nous connaissons.

On rapporte également (Brown et al., 1969; Savic, 1975; Buium, 1976) que les adverbes, pronoms et adjectifs interrogatifs utilisés par les parents dans les questions posées aux jeunes enfants sont ceux que l'enfant utilise déjà ou ceux qu'il va utiliser prochainement s'il ne le fait encore. Ces éléments sont le «quoi», le «qui» et le «où». Les adverbes interrogatifs «pourquoi», «comment» et «quand», impliquant des notions cognitivement plus complexes de cause, de manière et de temporalité, sont beaucoup plus rares dans le langage adressé au jeune enfant. On les trouve avec une fréquence supérieure dans le discours adressé à l'enfant plus âgé.

Les données disponibles indiquent clairement que le langage maternel adressé au jeune enfant est réduit sur le plan de la diversité lexicale et contient surtout des termes d'une fréquence relative éle-

Tableau 2. *Distribution lexicale moyenne en classes formelles dans le langage adressé à l'enfant*

Etudes[1]	N[2]	Ages (mois)	Classes formelles	Fréquences moyennes[3] (mère)	Fréquences moyennes[3] (mère)[4]
- Rondal (1978b)	7	23	Adjectifs et adverbes/nombre d'énoncés	.55	.19
	7	27		.68	.35
	7	30		.68	.41
- Snow (1972)	12	24	Pronoms pers. poss. et adj. poss. / nombre de mots	.04	—
	12	120		.05	—
- Buium (1976) - groupe américain	4	24	Sous-types d'interrogatives Wh / nombre d'interrogatives Wh :		
			- Who, What?	.68	
			- Where?	.14	
			- When?	.11	
			- Why, How come?	.07	
			- What it, How about?	.00	
			- Whose, Wich?	.00	
- groupe israélien*	4	24	Catégories équivalentes en hébreux :		
			- Who, What?	.73	
			- Where?	.17	
			- When?	.05	
			- Why, etc.?	.02	
			- Whose, Which?	.02	

[1] En anglais, sauf indication contraire (*: en hébreu).
[2] Nombre de sujets.
[3] En pourcentages par rapport au nombre d'énoncés.
[4] Lorsqu'elle est fournie par l'auteur.

vée dans le langage avec une prédominance des items lexicaux à référence concrète. Ces caractéristiques sont modifiées avec le développement de l'enfant dans le sens d'une plus grande diversité lexicale et de l'utilisation de termes moins fréquents et à référence moins « transparente », pour ainsi dire. Sur le plan de la répartition des termes lexicaux selon la classe formelle, les rares informations disponibles font état également d'une évolution du langage maternel dans le sens d'une utilisation progressivement plus fréquente des adjectifs, des pronoms personnels de troisième personne et des adverbes, notamment des adverbes interrogatifs. Ces indications cadrent avec une conception du langage maternel comme élément facilitateur de l'acquisition du vocabulaire chez l'enfant. Elles reflètent sans doute également la marge restreinte des sujets de conversation entre mère et jeune enfant. Cross (1977) signale qu'environ 75 % des énoncés maternels adressés à l'enfant entre 19 et 36 mois portent sur la situation immédiate, avec environ 50 % des énoncés concernant les activités de l'enfant, 15 % celles de la mère, et 10 % environ celles de tierces personnes. La référence aux événements passés depuis un certain temps (à distinguer du passé immédiat) est rare dans la conversation avec le jeune enfant. Elle augmente progressivement vers deux ans dès que l'enfant commence à donner des signes qu'il comprend certaines références au passé médiat (Sachs, 1979). Nous reviendrons en détail au chapitre 3 sur les effets postulés et démontrés des adaptations observées dans le langage parental sur le développement du langage en général et sur l'acquisition du vocabulaire en particulier.

3. *Sémantique structurale*

Il est un grand nombre de significations qu'on ne peut exprimer adéquatement qu'en combinant les mots. La relation de possession « X appartient à Y » peut être exprimée en structure de surface de différentes façons. Par exemple, *X appartient à Y, Y possède X, Le X de Y, Mon X* si le locuteur et Y sont la même personne, *ton (ou votre) X* si l'interlocuteur et Y sont la même personne, etc. Mais quelle que soit l'expression utilisée, il faut qu'elle comporte plusieurs mots si on veut exprimer *clairement* la relation en question. L'enfant cherche à exprimer quelques relations sémantiques de base entre 12 et 14 mois environ avec un seul mot (holophrases) — cfr Rondal, 1978a — par exemple, dans le cas de la relation de possession « à-moi » ou « papa » (glose, « C'est le livre de papa »), mais l'ambiguïté est maximale quant à l'un des deux éléments de la relation, celui qui n'est pas exprimé, particulièrement si l'interlocuteur n'a pas accès au contexte situationnel.

Un certain nombre de « grammaires sémantiques » ont été écrites depuis quelques années de façon à rendre compte de l'organisation de la structure sémantique de base des énoncés et de la façon dont ces structures profondes sont réalisées en structure de surface par l'application d'une série d'opérations de réalisation et de transformation. Parmi ces grammaires, celles de Fillmore (1968, pour le texte de base) et de Chafe (1970) semblent les plus intéressantes et les plus pertinentes pour une application au développement du langage chez l'enfant et aux interactions verbales parent-enfant dans le cadre de ce développement.

Chafe (1970) — Fillmore (1968) propose un schéma génératif distinct mais proche — définit les structures sémantiques comme construites autour d'un élément prédicatif central (ce sont les verbes, les adjectifs, les adverbes et les prépositions de la structure de surface), lelquel régit un certain nombre d'éléments nominaux. En nous limitant aux verbes pour la simplicité de l'exposé (le lecteur verra Chafe, 1970, pour des détails sur le système descriptif en général et les autres catégories de prédicats en particulier), on peut distinguer un certain nombre de catégories sémantiques du type verbe *d'état, d'action, de processus, d'ambiance*, lesquels peuvent être complexifiés presque à volonté (par exemple, action-bénéfactif, action-processus-instrumental, etc., cfr tableau 3).

Quelques études récentes ont examiné les relations sémantiques présentes dans le langage maternel adressé au jeune enfant et la façon dont cette structure sémantique évolue en fonction de la croissance langagière de l'enfant (Glanzer et Dodd, 1975; Rondal, 1976, 1978b; Schwartz, 1978; Retherford et al., 1981). Nous résumons ces données sous forme tabulaire dans les pages suivantes.

Glanzer et Dodd (1975) et Rondal (1976, 1978b) ont utilisé le schéma analytique de Chafe (1970). Les données de Rondal sont reprises au tableau 4.

Les analyses faites indiquent que les types de verbes utilisés préférentiellement par les mères sont les verbes d'état et ceux qui impliquent un élément d'état, particulièrement les états locatifs. Mais la différence de fréquence d'utilisation n'est pas très importante avec les verbes d'action et de processus, si on totalise ces deux macrocatégories. Les associations des principaux types de verbes avec les différentes indications sémantiques varient en fréquence. Les asso-

*Tableau 3. Principaux types sémantiques de verbes
(et relations sémantiques de base) selon Chafe (1970)*

1. *Etat* («Le bois est sec»).
2. *Action* («Robert chanta»).
3. *Processus* («Le bois sécha»).
4. *Processus-action* («Robert fit sécher le bois»).
5. *Ambiant* («Il pleut»).
6. *Etat-expérientiel* («Michel voulait un verre d'eau»).
7. *Etat-bénéfactif* («Michel a les billets d'entrée»).
8. *Etat-locatif* («Le couteau est dans la boîte»).
9. *Etat-complétif* («La friandise coûte 10 francs»).
10. *Action-expérientiel* («Robert montra l'animal»).
11. *Action-bénéfactif* («Marie a chanté pour nous»).
12. *Action-instrumental* («Il coupa la branche d'un coup de hache»).
13. *Action-complétif* («Marie chanta une chanson»).
14. *Action-locatif* («Thomas s'assit dans le fauteuil»).
15. *Processus-expérientiel* («Michel vit un serpent»).
16. *Processus-bénéfactif* («Robert a trouvé les billets»).
17. *Processus-instrumental* («La porte s'ouvre avec une clef»).
18. *Processus-locatif* («Michel glissa bas du fauteuil»).
19. *Processus-action-bénéfactif* («Marie a écrit à Thomas»).
20. *Processus-action-instrumental* («Thomas ouvrit la porte avec une clef»).
21. *Processus-action-locatif* («Thomas lança la clef dans la boîte»).

ciations les plus fréquentes concernent les indications de location (environ 21 %), d'expérienciation (15 %), de bénéfaction (6 %), et d'instrumentation (1 %) dans les données de Rondal. Les données de Glanzer et Dodd (1975) qui concernent le langage maternel adressé à des enfants âgés de 20 à 30 mois en situation naturelle vont dans le même sens avec quelques variations dans les fréquences rapportées.

Si on examine les données selon les axes horizontaux du tableau 4, on ne note guère d'évolution dans la distribution des structures sémantiques dans le langage maternel. Les seules différences significatives selon l'axe développemental enfantin chez les mères concernent les catégories processus-locatif, action-locatif, et action-processus-locatif, la catégorie résiduelle qui regroupe essentiellement des associations plus complexes du type processus-expérienciel-bénéfactif-locatif («Jean a vu le chien de Jacques dans le sous-bois»), par exemple, et les nominalisations. Ces différentes catégories augmentent en fréquences avec le LMPV — Longueur Moyenne de Production Verbale — de l'enfant, sauf les nominalisations qui diminuent en fréquence. On observe une évolution assez semblable dans le langage

Tableau 4. *Distribution moyenne des principaux types sémantiques de verbes dans le langage maternel*[1,2] *adressé à l'enfant et dans le langage enfantin (modifié d'après Rondal, 1976, 1978b)*

Types sémantiques de verbes	Langage maternel LMPV (enfants)[3]			Langage maternel LMPV		
	1.00-1.50 N[4]=7	1.75-2.25 N=7	2.50-3.00 N=7	1.00-1.50 N=7	1.75-2.25 N=7	2.50-3.00 N=7
- Etat	27	23	21	21	20	26
- Action	04	03	05	01	04	03
- Processus	02	02	04	01	02	03
- Processus-action	05	06	09	04	06	07
- Etat-expérientiel	06	07	07	04	04	06
- Etat-bénéfactif	02	03	03	00	02	04
- Etat-locatif	10	10	08	07	14	10
- Etat-complétif et action-complétif	13	10	11	05	07	10
- Action-bénéfactif, processus-bénéfactif et processus-action-bénéfactif	04	05	02	00	01	03
- Action-instrumental, processus-instrumental et processus-action-instrumental	01	00	01	00	00	01
- Action-locatif, processus-locatif et processus-action-locatif	07	16	13	02	13	09
- Processus-expérientiel et action-expérientiel	07	09	08	03	04	09
- Nominalisations[5]	10	03	02	53	24	07
- Catégorie résiduelle[6]	02	04	05	00	00	02

[1] En pourcentages par rapport au nombre d'énoncés.
[2] En anglais.
[3] Longueur moyenne de production verbale (en monèmes, d'après Brown, 1973).
[4] Nombre de sujets.
[5] Cette catégorie regroupe les énoncés à un mot dénommant un objet, une personne ou un événement (réel, imagé ou imaginaire) (Brown, 1973).
[6] Cette catégorie regroupe des types sémantiques de verbes plus complexes, c'est-à-dire impliquant plus d'une catégorie verbale optionnelle à la fois (cfr Chafe, 1970; par exemple « Maman a vu quelque chose dans la boîte » - Processus-expérientiel-locatif).

des enfants. Ces modifications de part et d'autre reflètent les associations qui interviennent en plus grand nombre entre types principaux de verbes et indications sémantiques complémentaires au fur et à mesure du développement de l'enfant. Les données de Glanzer et Dodd (1975) sur le langage maternel font état d'une diminution dans les fréquences de nominalisations avec le développement de l'enfant mais ne signalent guère de modifications dans les fréquences d'utilisation des principaux types de verbes et indications sémantiques associées avec l'élévation du LMPV de l'enfant.

Il faut relever dans les deux études que les relations sémantiques relativement peu fréquentes dans le langage maternel adressé à l'enfant sont également peu fréquentes dans le langage enfantin. D'autres travaux confirment ce point. Ils ont été menés par Snow (1977) et par Retherford et al. (1981). Ces travaux ont utilisé un schéma d'analyse sémantique inspiré de Brown (1973) et qui constitue une version simplifiée des analyses sémantiques proposées en linguistique. Les données de Snow et celles de Retherford et al. sont résumées aux tableaux 5 et 6.

Tableau 5. Distribution moyenne des principales relations sémantiques dans le langage maternel[1,2] *adressé à l'enfant (modifié d'après Snow, 1977a).*

Relations sémantiques	(Exemples)	Distribution[3]
- Agent-action	(Le cheval court)	11.4
- Action-objet	(Le cheval tire le chariot)	2.8
- Action-location	(Le cheval court dans le pré)	1.6
- Entité-location	(Le blé dans le pré)	11.1
- Entité-attribution	(Le blé doré)	12.1
- Entité-possesseur	(La maison de pierre)	3.8
- Démonstratif-entité	(Cette maison)	23.1
- Agent-action-objet	(Le cheval tire le chariot)	4.1
- Agent-action-locatif	(Le cheval court dans la prairie)	3.1
- Agent-objet-locatif	(Le cheval tire le chariot sur le chemin)	.2
- Action-objet-locatif	(Le cheval tire le chariot sur le chemin)	1.7
- Agent-action-objet-locatif	(Le cheval tire le chariot sur le chemin)	1.3
- Autres relations		4.4

[1] En néerlandais.
[2] La recherche portait sur 9 enfants âgés de 23 à 35 mois.
[3] En pourcentages par rapport au nombre d'énoncés.

Tableau 6. Distribution moyenne des énoncés sémantiques dans le langage maternel[1,2] *adressé à l'enfant et dans le langage enfantin (modifié d'après Retherford, Schwartz et Chapman, 1981)*

Catégories sémantiques[4]	Distribution[3]			
	21 mois		25 mois	
	Mères	Enfants	Mères	Enfants
- Action	16.8	10.8	19.3	16.9
- Etat	4.0	2.3	3.3	1.1
- Entité	19.3	45.7	11.4	26.0
- Location	8.8	8.7	8.6	10.2
- Agent	10.0	2.4	12.6	6.7
- Objet	7.4	0.8	10.8	5.0
- Attribution	5.0	3.6	5.1	3.0
- Possession	4.2	1.6	3.6	2.1
- Expérienciation	3.4	3.5	2.7	0.8
- Bénéfaction	0.1	0.0	0.2	0.2
- Instrumentation	0.2	0.0	0.1	0.0

[1] En anglais.
[2] La recherche portait sur 6 enfants âgés de 19 à 28 mois.
[3] En pourcentages par rapport au nombre d'énoncés.
[4] Voir le texte et le tableau 3 pour l'explication des catégories.

Les données de Snow concernent le langage maternel adressé par des mères néerlandaises à leur enfant âgé de 23 à 35 mois. Les données de Retherford et al., en langue anglaise, concernent deux groupes d'enfants, le premier formé d'enfants âgés de 21 mois et le second d'enfants âgés de 25 mois. Les pourcentages rapportés par Snow (1977) diffèrent quelque peu de ceux de Glanzer et Dodd (1975) et de Rondal (1976, 1978b), notamment en ce qui concerne les catégories statiques (entité-location, entité-possesseur, entité-attribution, démonstratif-entité) qui dépassent en fréquence celles des deux études précédentes. Il faut rappeler à ce sujet que les études de Glanzer et Dodd et de Rondal ont fait appel à une tâche de jeu libre, tandis que les tâches utilisées par Snow comportaient la « lecture » d'un livre d'images avec le jeune enfant. On peut penser que cette activité entraînant un certain nombre de questions de type « C'est quoi cela ? », « Qu'est-ce que ceci ? », etc., c'est-à-dire des verbes statiques, est responsable au moins en partie des différences observées dans les trois études quant à la fréquence des relations sémantiques observées. L'étude de Retherford et al. (1980) ayant fait usage d'une situation de jeu libre retrouve en fait des proportions de relations statiques comparables à celles de Glanzer et Dodd et celles de Rondal. Une indication fournie par Snow (1977), non illustrée au tableau 5, est la relative absence de modifications dans le discours maternel entre 23 et 35 mois. Il s'agit d'une indication qui recoupe celles issues des études de Glanzer et Dodd (1973) et de Rondal (1976, 1978b) et qui correspond également aux données rapportées par Retherford et collaborateurs (1981).

On peut donc considérer qu'entre approximativement 20 et 35 mois, le langage maternel adressé à l'enfant ne change pas substantiellement en ce qui concerne les grandes tendances de la distribution des principales structures sémantiques. Pendant le même intervalle de temps, on observe chez l'enfant une augmentation notable, et le plus souvent significative dans les études mentionnées, de l'utilisation des verbes d'action et des catégories agentive et objective. L'emploi de ces dernières reflète évidemment l'allongement du discours et donc la plus grande capacité combinatoire de l'enfant plus âgé. Les autres types de verbes et de catégories sémantiques de base ne semblent guère évoluer en fréquence pendant cet intervalle d'âge. On manque de données de contrôle sur le langage échangé entre adultes du point de vue des structures sémantiques impliquées et de leur distribution fréquentielle. Cette lacune ne permet pas d'apprécier exactement le manque relatif d'évolution signalé ci-dessus dans le langage maternel adressé au jeune enfant. Il est assez clair intuitivement que le langage maternel adressé au jeune enfant est simplifié sur le plan sémantique structural et comporte un nombre restreint de relations sémantiques par énoncé. Il est vraisemblable que ces structures sont les mêmes que celles qui figurent à la base du langage échangé entre adultes. Dès lors, l'essentiel de la complexification sémantique qui intervient dans le langage échangé entre adultes ou dans le langage adulte adressé à l'enfant plus âgé (on manque également de données sur ce point) porte vraisemblablement non tant sur la distribution totale des types de structures sémantiques dans le discours que sur la «densité sémantique» des énoncés considérés isolément. S'il en est ainsi, l'information quantitative présentée ci-dessus est insuffisante pour documenter l'évolution qui intervient éventuellement dans le langage maternel adressé à l'enfant à mesure que se développent les capacités cognitives et linguistiques de ce dernier. Il conviendrait de mesurer la «densité sémantique structurale» moyenne par énoncé selon le niveau de développement de l'enfant. Il est possible aussi que l'intervalle développemental compris entre 20 et 35 mois approximativement ne comporte en fait guère d'évolution sur le plan sémantique structural dans le langage adulte adressé à l'enfant, reflétant ainsi le peu de modification observable à ce point de vue dans le discours de l'enfant durant cette même période de temps.

4. Morpho-syntaxe

Le langage maternel adressé au jeune enfant est généralement bien formé sur le plan grammatical, structuralement plus simple, et plus court en longueur moyenne que le langage adressé à l'enfant plus âgé ou que celui échangé entre adultes.

Les différents moyens utilisés pour évaluer la dimension morpho-syntaxique du langage maternel adressé à l'enfant portent sur la longueur moyenne des énoncés (LMPV) — Rondal, 1978a; l'équivalent français du MLU anglais, mean length of utterance; Brown, 1973 —, la complexité grammaticale des phrases et des énoncés et l'incidence des faux départs et autres «ratés» et interruptions intervenant dans le discours et le rendant plus difficile à comprendre et à analyser. A ces mesures «intraphrases», il convient d'ajouter une information sur les types de phrases utilisés dans le discours (déclaratives, interrogatives et impératives).

Le LMPV s'obtient en divisant le nombre de mots ou de monèmes obtenus dans un corpus de langage d'une longueur déterminée par le nombre d'énoncés. En pratique, on exploite des échantillons de langage contenant 100 ou 200 énoncés. La fiabilité du LMPV, au moins chez l'enfant, est satisfaisante dès qu'on dispose de 50 énoncés ou davantage (Rondal et Defays, 1978). Il n'existe pas de données comparables pour le langage adulte. Le LMPV calculé en nombre de mots donne des indications numériques inférieures au LMPV calculé en nombre de monèmes, sauf chez le jeune enfant où le marquage morphologique grammatical est inexistant ou peu développé. Chez l'adulte, on préférera le comptage en nombre de monèmes[6].

Le LMPV a été mis au point pour étudier l'allongement progressif du discours de l'enfant selon l'âge et le développement linguistique. On le considère actuellement (cfr par exemple, Brown, 1973) comme le meilleur indice *unique* du développement morpho-syntaxique jusqu'à LMPV 4.00 ou 4.50. Il est bien corrélé positivement avec les autres indices morpho-syntaxiques du langage (cfr Moerk, 1975; Newport, Gleitman et Gleitman, 1977; Rondal, 1978c; Rondal et Lambert, 1982, soumis pour publication).

Passé ce stade, l'enfant normal fait plus souvent usage de moyens qui permettent de raccourcir les phrases en en complexifiant la structure (par exemple, la coordination avec suppression, les relatives et les infinitives). Dès lors, le LMPV perd de sa valeur en tant que témoin univoque du développement morpho-syntaxique. Malgré la limitation mentionnée ci-dessus, on utilise le LMPV dans les études sur le langage parental adressé à l'enfant de façon à pouvoir rapporter cet indice à celui qu'on calcule sur le langage du jeune enfant et parce qu'il s'agit d'un indice relativement facile à calculer.

Le tableau 7 résume la littérature pertinente sur le sujet.

Comme le montre le tableau 7, le langage maternel adressé au jeune enfant est plus court en terme de nombre de mots ou de monèmes que le même langage adressé à l'enfant plus âgé. Les différences selon cette dimension sont le plus souvent significatives à l'intérieur des différentes études mentionnées. Elles le sont également dans les comparaisons faites entre le langage maternel adressé à l'enfant et le langage des mêmes mères adressé à un adulte, une vérification effectuée dans les recherches de Snow (1972) et de Phillips (1973). Comme d'autres indices langagiers, le LMPV varie sensiblement selon la tâche et le contexte linguistique ainsi que le montrent notamment les données de Fraser et Roberts (1973) et celles de Rondal (1980). Le contexte du jeu libre ou du jeu structuré (où une activité bien déterminée doit être menée à bien, par exemple, assembler une tour ou faire fonctionner un jouet compliqué) déterminent des échanges verbaux plus courts que celui où l'on raconte une histoire à l'enfant.

Comment évolue le LMPV maternel avec le développement linguistique de l'enfant, évalué lui aussi en termes de LMPV, et comment les deux séries d'indices se rapportent-elles l'une à l'autre?

Evolution du LMPV maternel. On n'observe que peu de modifications dans le LMPV maternel entre 8 et environ 18 ou 20 mois chez l'enfant dans les données de Phillips (1973), Longhurst et Stepanich (1975) et Snow (1977). Kaye (1980) rapporte cependant des différences de longueur moyenne dans le langage maternel adressé au tout jeune enfant (avant 6 mois) et à l'enfant plus âgé (2 ans). Cet auteur observe des énoncés maternels sensiblement plus courts dans le premier cas. Quelle peut être la raison de la simplification morpho-syntaxique du langage maternel adressé à l'enfant avant un an? Bingham (1971) signale que bon nombre de mères croient que même le bébé peut comprendre une partie de ce qu'elles disent dans un contexte approprié si elles parlent lentement et en énoncés courts avec les modifications prosodiques mentionnées plus haut. C'est sans

Tableau 7. *Résumé de la littérature sur la Longueur Moyenne de Production Verbale (LMPV) dans le langage maternel adressé à l'enfant et dans le langage de l'enfant adressé à la mère (modifié et mis à jour d'après Rondal, 1978b)* [1]

Etudes	N[2]	Ages moyens (mois)	LMPV Mères	LMPV Enfants	Différence	Base de comptage	Situation[4]	Tâches[5]
- Kaye (1980)	18	1 à 6	2.76	—	—	M	D	JL
- Philips (1973)	10	8	3.56	—	—	M	L	JL
- Longhurst et Stepanich (1975)	12	12	3.69	—	—	M	L	JL
- Fraser et Roberts (1973)	8	18	5.00	—	—	M	L	JD
			5.50	—	—	M	L	RH
- Philips (1973)	10	18	3.47	—	—	MN	D	JL
- Retherford, Schwartz et Chapman (1981)	6	21	4.24	1.32	2.92	MN	D	JL
- Glanzer et Dodd (1975)	6	22	3.53	1.46	2.07	MN	D	JL
- Seitz et Stewart (1975)	9	23	3.62	1.37	2.25	MN	L	JL
- Rondal (1978b)	7	23	4.24	1.27	2.97	MN	D	JL
- Snow (1972)	12	24	6.60	—	—	M	L	JD, TED[6]
- Longhurst et Stepanich (1975)	12	24	3.85	—	—	M	L	JL
- Chapman et Kohn (1978)	8	24	3.64	1.58	2.06	MN	L	JS
- Cunningham, Reuler, Blackwell et Deck (1981)	9	24	3.60	1.70	1.90	M	L	JL
- Glanzer et Dodd (1975)	6	25	4.03	2.21	1.82	MN	L	JL
- Retherford, Schwartz et Chapman (1981)	6	25	4.61	1.91	2.70	MN	D	JL
- Rondal (1978b)	7	27	4.64	1.96	2.68	MN	D	JL
- Philips (1973)	10	28	4.01	—	—	M	D	JL
- Rondal (1978b)	7	30	4.84	2.88	1.96	MN	D	JL
- Chapman et Kohn (1978)	10	32	4.20	2.46	1.74	MN	L	JS
- Cunningham, Reuler, Blackwell et Deck (1981)	9	34	4.40	3.10	1.30	M	L	JL
- Wanska (cité par Chapman, 1981)	20	41	4.73	3.73	1.00	MN	non précisé	JL
- Wanska (cité par Chapman, 1981)	20	56	5.14	4.20	85	MN	non précisé	JL
- Wanska (cité par Chapman, 1981)	20	73	5.32	4.28	1.04	MN	non précisé	JL
- Snow (1972)	12	120	9.63	—	—	M	L	JD, TED[6]

[1] En anglais.
[2] Nombre de sujets.
[3] LMPV calculé en nombre de mots (M) ou de monèmes (MN).
[4] Laboratoire (L), domicile des sujets (D).
[5] Jeu libre (JL), jeu dirigé (JD), raconter une histoire à l'enfant (RH), repas familial (RF), tâche d'enseignement ou de démonstration à l'enfant (TED).
[6] Les scores LMPV furent combinés pour les deux activités.

doute une croyance trop optimiste pour l'enfant de quelques mois. Mais on est étonné de la compréhension non verbale et même verbale que peuvent manifester beaucoup d'enfants vers la fin de la première année. Il est possible que les pratiques maternelles avec le tout jeune enfant portent leurs fruits quelques mois plus tard même si elles peuvent paraître prématurées dans les tout premiers mois. Il faut se souvenir également de la fonction affective remplie par le langage maternel adressé au bébé. Or cette fonction ne pourrait être remplie que beaucoup plus difficilement à partir d'un langage grammaticalement plus complexes et plus long. Une autre raison tient au mode conversationnel que les mères semblent vouloir imprimer aux interactions avec l'enfant dès les premiers mois de l'existence (cfr chapitre 2). Un discours maternel segmenté en énoncés relativement courts avec des pauses de l'ordre de quelques secondes est clairement un avantage à ce point de vue : il permet d'éviter autant que possible les co-vocalisations ou « collisions verbales » entre mère et enfant et fournit à l'enfant des intervalles de temps appropriés durant lesquels il peut vocaliser.

Quand disparaissent les simplifications morpho-syntaxiques dans le langage maternel adressé à l'enfant? En d'autres termes, quand l'enfant est-il considéré comme suffisamment adulte pour que les simplifications formelles disparaissent du langage maternel? On manque de données sur ce point. Une comparaison entre les données issues des études de Snow (1972) et de Newport, Gleitman et Gleitman (1977) suggère que ce phénomène n'intervient pas avant plus de 10 ans. Newport, Gleitman et Gleitman (1977) rapportent des LMPV — calculés en nombre de mots — de l'ordre de 12.00 entre adultes en conversation libre. Snow (1972) relève par ailleurs des LMPV — également calculés en nombre de mots — variant autour de 9.50 entre mères et enfants à 10 ans dans des tâches où il s'agit de raconter une histoire à l'enfant, de lui expliquer un phénomène physique naturel et de l'instruire sur la façon de classer un matériel composé d'une variété de petits jouets en matière plastique. On peut objecter, certes, que les situations des échanges verbaux entre adultes et entre parent et enfant dans les deux études ne sont pas vraiment comparables.

Relation entre LMPV maternel et enfantin. Comme l'indiquent le tableau 7 et la figure 1, cette relation varie quelque peu avec l'âge et le développement de l'enfant mais une différence notable existe dans le LMPV entre le parler maternel et le parler de l'enfant. Cette différence résume le chemin à parcourir par l'enfant sur le plan du développement morpho-syntaxique pendant les mois et les années à venir. On se souviendra que le LMPV est un indice moyen et en fait un indice plutôt sévère de la longueur du discours. Il peut facilement donner l'impression que les énoncés produits se ramènent à peu de chose. Il n'en est rien. Nombre d'énoncés échangés entre interlocuteurs même adultes ne comportent que quelques mots («oui», «non», «merci», «exactement», etc.), ce qui aboutit à faire baisser considérablement la moyenne. Une donnée qui vient corriger l'impression de sévérité donnée par le LMPV est la longueur maximum de production verbale (L-MAX) — upper bound en anglais; cfr Brown, 1973 — c'est-à-dire la longueur de l'énoncé le plus long obtenu dans un corpus de langage, longueur calculée en nombre de mots ou en nombre de monèmes. Chez l'enfant, L-MAX varie autour de 3 pour un LMPV de 1.50, de 6 pour un LMPV de 2.00, de 11 pour un LMPV de 3.00 et de 13 pour un LMPV de 4.00 (Rondal, 1978b; Brown, 1973), soit un rapport L-MAX/LMPV s'accroissant avec l'augmentation du LMPV.

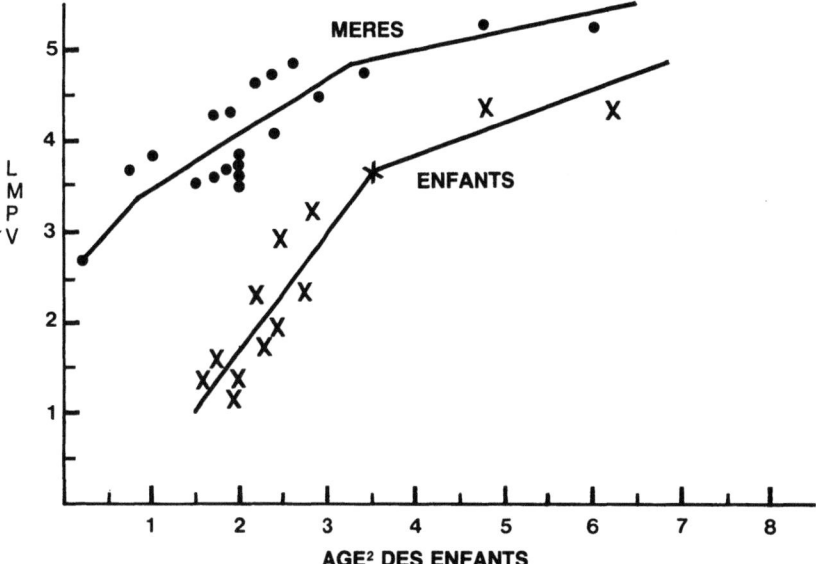

1. Longueur moyenne de production verbale calculée en nombre de monèmes ou en nombre de mots.
2. Il s'agit de l'âge chronologique exprimé en années.

Figure 1. Relation entre les LMPV[1] maternel et enfantin (basé sur les données reprises au Tableau 7 obtenues en situation de jeu libre).

Il convient de formuler une réserve vis-à-vis de la présentation des données à la figure 1. Cette présentation peut facilement donner l'impression qu'il s'agit de données longitudinales alors qu'il s'agit en fait de données transversales. On dispose de quelques études longitudinales sur ce point (Nelson, 1973; Lord, 1975; Newport, Gleitman et Gleitman, 1977; Snow, 1977a; Furrow, Nelson et Benedict, 1979; Nelson, 1980a). Elles couvrent un intervalle de développement compris approximativement entre 3 et 30 mois et sont en accord avec les données transversales présentées ci-dessus. Entre 6 mois et 1 an, les données longitudinales de Lord (1975) semblent faire état d'un allongement des énoncés maternels adressés à l'enfant.

Comme le montre la figure 1, l'évolution du LMPV maternel et celle de LMPV enfantin sont corrélées positivement (linéairement) à partir de 18 mois environ.

Moerk (1975) a mesuré cette corrélation entre 2 et 5 ans. Elle s'établit à .69 et est très significative statistiquement. Rondal (1978c) rapporte une corrélation du même ordre (.55, très significative) entre 20 et 32 mois, chez l'enfant normal et chez l'enfant mongolien (handicapé mental modéré et sévère) entre 3 et 12 ans. L'accroissement du LMPV maternel entre environ 18 mois et 10 ans chez l'enfant est linéaire ou presque. L'accroissement du LMPV intervenant chez l'enfant entre approximativement 2 ans et demi et 4 ans et demi (données disponibles) semble linéaire également. Avant 2 ans et demi, on peut distinguer deux périodes dans l'évolution du LMPV enfantin, une période d'évolution lente, avant 18 mois, et une période évolutive accélérée, entre approximativement 2 ans et 2 ans et demi ou 3 ans. Il conviendra certes de vérifier ces données, notamment celles qui concernent l'évolution du LMPV enfantin, à la lumière d'échantillons de sujets plus nombreux et plus représentatifs de la diversité sociale et culturelle de nos sociétés.

Entre environ 2 et 6 ans, le LMPV maternel surpasse le LMPV enfantin d'une valeur qui varie de .85 à 2.97 selon les études. Une partie de l'écart est comblée à partir de 3 ans approximativement. Il se réduit lentement au cours des années qui suivent (cfr tableau 7 et figure 1).

Le LMPV est un indice de tendance centrale. Nous avons signalé plus haut la limite supérieure de la marge de variation de la longueur des énoncés chez le jeune enfant (L-MAX). Il est intéressant d'examiner la distribution des énoncés selon la longueur dans le langage des mères adressé à l'enfant. Le tableau 8 reprend les données de Rondal (1978b) sur ce point.

Tableau 8. Distribution moyenne des énoncés [1] selon la longueur dans le langage maternel [2] adressé à l'enfant (modifié d'après Rondal, 1978b)

Longueurs d'énoncés	ENFANTS Niveaux du langage (LMPV[3])		
	1 (1.00 - 1.50) N[4] = 7	2 (1.75 - 2.25) N = 7	3 (2.50 - 3.00) N = 7
	Ages moyens (mois)		
	22.86	26.57	29.86
A. 1	19	17	19
B. 2-3	26	22	1
C. 4-6	37	38	32
D. 7-9	14	16	19
E. 10+	05	7	9
LMPV moyen	4.24	4.64	4.84

[1] En pourcentages par rapport au nombre d'énoncés.
[2] En anglais.
[3] Longueur Moyenne de Production Verbale (en nombre de monèmes).
[4] Nombre de sujets.

Entre 20 et 30 mois approximativement, chez l'enfant, le langage maternel contient une variété d'énoncés de longueur différente. Par exemple, lorsque le LMPV maternel atteint 4.84 monèmes en moyenne, les enfants étant âgés de 26 à 32 mois, un tiers environ des énoncés maternels ont une longueur proche de la longueur moyenne, un tiers une longueur inférieure et un tiers une longueur supérieure, parfois nettement supérieure (10 % des énoncés environ dans ce cas ayant une longueur au moins double de la longueur moyenne). La dispersion des énoncés autour de l'indice de tendance centrale est relativement gaussienne dans les données de Rondal (1978b) aux différents niveaux de développement langagier étudiés.

Un indice comparable au LMPV mais distinct est le *LMPV préverbal*, c'est-à-dire la longueur moyenne de la partie de l'énoncé qui précède le verbe. Plus cette partie de l'énoncé est longue et plus l'énoncé est tenu pour complexe structurellement parlant, plus difficile à percevoir en tant qu'unité et plus difficile à mémoriser. Quelques études font état de données sur le LMPV préverbal dans le langage maternel (Rondal, 1976, 1978b; Cross, 1977). Selon ces indications, le LMPV préverbal calculé en nombre de monèmes varie de 1.80 à 2.50 environ entre 19 et 32 mois chez l'enfant, reflétant une simplicité relative du syntagme nominal sujet qui ne semble guère s'allonger significativement avant 10 ans à en croire les données de Snow (1972).

Grammaticalité et fluidité du discours

La grande majorité des énoncés maternels adressés à l'enfant sont *grammaticalement bien formés* (Broen, 1972; Slobin, 1975; Newport, Gleitman et Gleitman, 1977). Entre 25 et 30 % en moyenne des énoncés maternels étudiés par Rondal (1978b) ne comportaient pas de verbe. Dans les données de Broen (1972) et de Newport et al. (1977), les exceptions à la grammaticalité du discours sont les énoncés à un seul mot (entre 10 et 17 %), les questions oui-non (voir infra) avec suppression du début de la question (entre 6 et 15 %), une tournure qu'on trouve avec une certaine fréquence dans la conversation familière en anglais (par exemple, « Got the key » au lieu de « Have you got the key? », « As-tu la clé? »; un exemple français correspondant serait « Vu le bateau? », pour « As-tu vu le bateau? »), et les répétitions par la mère de certaines parties de ses propres énoncés et/ou des énoncés de l'enfant (entre 15 et 25 %). Ces exceptions constituent donc des déviations relativement mineures sur le plan de la grammaticalité du discours.

Quant à la *fluidité* du discours, les faux départs, hésitations, ratés et autres interruptions indues dans le débit de la parole maternelle adressée à l'enfant sont rares. Ils ne dépassent guère 1 % en moyenne avec peu de variation autour de la moyenne pour des enfants dont les âges sont compris entre 12 et 32 mois (données de Broen, 1972; Newport et al., 1977 et Rondal, 1978b). Selon Broen (1972), on atteindrait approximativement 10 % sur ce point dans la plupart des conversations familières entre adultes.

ICS

Un indice (grossier) de complexité syntaxique (ICS) souvent utilisé consiste à rapporter le nombre de verbes composés et de propositions subordonnées relevés dans un échantillon de langage au nombre total d'énoncés figurant dans cet échantillon. Des données sur l'ICS dans le langage maternel ont été fournies par Snow (1972) et par Rondal (1976, 1978b) pour l'anglais et par Rondal (1980) pour le français. Ces données indiquent que l'ICS maternel progresse de .06 à .46 entre 20 mois et 10 ans chez l'enfant. Pour le français, on passe de .07 à 16 mois à .24 à 3 ans. La complexité formelle du langage maternel adressé à l'enfant appréhendée selon l'ICS augmente graduellement avec l'âge de l'enfant.

Types de phrases

Nous avons examiné jusqu'ici une série d'indications de complexité morpho-syntaxique relatives à la composition de la phrase ou de l'énoncé. Qu'en est-il des types syntaxiques de phrases observés dans le langage maternel adressé à l'enfant? La tableau 9 résume les principales données disponibles sur ce sujet.

Les phrases exclamatives n'ont pas été prises en compte dans les études reprises au tableau 9. Il y a deux raisons à cela. Premièrement, la structure syntaxique de la phrase exclamative est proche et parfois identique à celle de la phrase déclarative affirmative correspondante. Il s'y surajoute une courbe intonatoire particulière. Secondement, il peut être difficile, à moins de disposer d'enregistrements de haute qualité acoustique voire d'un appareil permettant d'établir avec précision la courbe intonatoire d'un énoncé, de différencier à chaque fois un énoncé déclaratif d'un énoncé exclamatif correspondant. Ne figure pas non plus au tableau 9 la fréquence des phrases complexes (coordonnées et subordonnées). Ces types de phrases constituent de 3 à 10 % du discours maternel adressé au jeune enfant entre 12 et 27 mois selon les données recueillies par Newport et al. (1977) et Retherford et al. (1981). Ces données sont compatibles avec celles rapportées plus haut quant à l'indice de complexité syntaxique (ICS).

Comme l'indique le tableau 9, les données anglaises sont relativement cohérentes entre elles avec une trentaine de % de phrases déclaratives, entre 10 et 25 % d'impératives, environ 20 % d'interrogatives oui-non (c'est-à-dire pouvant recevoir une réponse par « oui » ou par « non », par exemple, « A-t-il plu cette nuit ? ») et entre 10 et 25 % d'interrogatives Wh (l'équivalent des questions Q en français : « Quel temps fait-il ? », « Qui est venu ce matin ? », « Quand partons-nous ? », etc.). L'étude de Rondal (1980), menée en français, rapporte dans les trois situations exploitées (jeu libre, raconter une histoire à l'enfant, et repas familial), des pourcentages nettement plus élevés de phrases déclaratives — entre 50 et 75 % — le plus souvent affirmatives). Nous ne voyons à ce stade aucune explication pour ces différences entre les études anglaises et l'étude française.

La distribution des types de phrases dans le langage maternel adressé à l'enfant diffère de celle trouvée dans le langage échangé entre adultes. Ce dernier comporte une large majorité de phrases déclaratives selon les indications fournies par Broen (1972), Newport et

Tableau 9. Distribution moyenne des différents types de phrases[1] dans le langage maternel[2] adressé à l'enfant

Etudes	N[3]	Ages des enfants[4]	TYPES DE PHRASES			
			Déclaratives	Interrogatives		Impératives
				Oui-non[5]	Wh[6]	
- Broen (1972)	10	1.6-2.2	30.4	27.8	8.6	24.3
- Savic (1975)[7]	24	1.1-3.0	35.6	—	—	11.8
- Newport, Gleitman et Gleitman (1977)	15	1.0-2.3	30	21	15	18
- Cross (1977)	16	1.7-2.8	33.6	18.2	15.4	7.4
- Kauffman (1977)	12	18-24	—	52.6	18.5	—
- Rondal (1978b)	7	1.1	24	15	25	16
	7	2.3	33	24	18	13
	7	2.6	32	22	28	9
- Rondal (1980)	5	1.6-3.0		17		
		JL	52	16	18	15
		RH	61	13	21	5
		RF	74	07	08	11

[1] En pourcentages par rapport au nombre d'énoncés.
[2] En anglais, sauf indication contraire (*: en serbo-croate; **: en français).
[3] Nombre de sujets.
[4] En années, il s'agit d'âges moyens dans l'étude de Rondal (1978b).
[5] Ce sont les questions auxquelles il est possible de répondre par oui ou par non (par exemple « Fait-il beau aujourd'hui ? »).
[6] Ce sont les questions impliquant un adjectif, pronom ou adverbe interrogatif (Which, What, How much, When, Why, etc.). Leur équivalent français sont les Q. questions (quel, qui, combien, quand, pourquoi, quoi, lequel, où, etc.).
[7] La fréquence rapportée dans l'étude de Savic (1975) concerne la catégorie « interrogative » dans son ensemble.

N.B. Les études rapportées ont exploité une situation de jeu libre, sauf celle de Rondal (1980) pour laquelle les données sont fournies par situation : jeu libre (JL), raconter une histoire à l'enfant (RH), repas familial (RF).

al. (1977) et Cross (1977). On ignore l'évolution exacte de la répartition des différents types de phrases dans le langage maternel avec l'évolution linguistique de l'enfant. Savic (1975) rapporte, au terme d'une étude longitudinale concernant le serbo-croate, une diminution de la proportion des questions par rapport à celle des phrases déclaratives commençant aux environs de 30 mois. Cette indication trouve une confirmation dans les données transversales de Rondal (1978b). Cependant, comme l'illustre le tableau 9, la tendance en question semble déjà se manifester avant 30 mois. La fréquence des différents types de questions (oui-non, Q) reste relativement stable entre 20 et 30 mois (Rondal, 1978b). On note également une diminution notable de la fréquence des phrases impératives pendant le même intervalle développemental (Rondal, 1978b).

En résumé, le langage maternel adressé au jeune enfant est plus court que le même langage adressé à l'enfant plus âgé et que le langage correspondant adressé à l'adulte. En fait, l'allongement moyen du discours maternel et de la partie préverbale des énoncés suit avec l'élévation en âge de l'enfant et le développement linguistique concomitant. On notera cependant, comme nous l'avons fait, que l'adaptation de la longueur du discours maternel au niveau linguistique de l'enfant n'exclut nullement la présence d'énoncés de longueur variée ni d'énoncés relativement longs dans ce discours. Le langage maternel est essentiellement grammaticalement correct et fluide. Certaines indications spécifiques, comme l'indice de complexité syntaxique (ICS), relatives à la présence des verbes composés et des structures de subordination font état également d'une complexification progressive du discours maternel avec l'âge de l'enfant. Enfin, les types dominants de phrases différencient sensiblement le langage maternel adressé à l'enfant du langage échangé entre adultes. Ce dernier contient beaucoup plus d'énoncés déclaratifs que le langage maternel adressé à l'enfant, lequel comporte habituellement une proportion importante de questions et d'énoncés impératifs.

Certains auteurs (par exemple, Newport et al., 1977) affirment que la présence en nombre dans le langage maternel de questions oui-non et de questions Q rend ce langage plus complexe qu'un langage plus fourni en structures déclaratives, lesquelles seraient structuralement plus simples.

La notion de complexité structurale du langage adressé à l'enfant dépend sans doute en dernière analyse de ce à quoi l'enfant prête attention dans le discours qu'il reçoit. Si par manque de moyens linguistiques ou par défaut d'attention (les deux choses pouvant être étroitement liées), le jeune enfant ignore certains aspects du langage qui lui est adressé, ces aspects ne constituent évidemment pas pour lui des éléments de complexité. Ainsi, on peut penser que le jeune enfant entre 18 et 30 mois environ est surtout occupé à acquérir des mots de vocabulaire et à articuler ensemble deux ou trois mots par énoncés. S'il en est ainsi, la complexité structurale réelle ou non d'un point de vue linguistique des types d'énoncés dans le langage parental peut être complètement non pertinente pour l'enfant à ce stade. C'est donc par la question des effets du langage adulte sur l'ontogenèse du langage chez l'enfant que le problème de la simplicité ou de la complexité relative de l'input peut être le mieux abordé. Nous y reviendrons au chapitre 3. Une autre difficulté au sein du même problème concerne le fait que type d'énoncé et fonction discursive du langage adulte sont partiellement confondus au niveau des effets sur l'enfant. Une déclaration s'oppose à une interrogation sur un plan formel mais également sur un plan fonctionnel au sens où il y a appel explicite à l'intervention de l'interlocuteur dans le second cas. La fonction des énoncés maternels détermine le type d'interaction que la mère a préférentiellement avec son jeune enfant. Le type et le climat général des interactions ne sont sans doute pas sans influencer le développement de la communication et du langage chez l'enfant (cfr chapitre 3).

Quelle que soit la complexité structurale relative des différents types de phrases présentes en proportion importante dans le langage maternel adressé à l'enfant, il faut éviter de caractériser ce dernier comme un code syntaxiquement simpliste. Les données présentées plus haut sur l'ICS et sur la fréquence non négligeable des propositions subordonnées dans le discours maternel, témoignent de la diversité structurale relative de celui-ci.

5. *Pragmatique*

Nous avons isolé la section 5 sur la pragmatique de la section 6 sur les feedbacks verbaux parentaux pour la clarté de la présentation uniquement. On peut considérer à bon droit que les deux sections constituent un seul et même aspect des interactions verbales entre adultes et enfants.

Actes de paroles

Quels sont les actes de parole les plus fréquents en moyenne dans le langage maternel adressé au jeune enfant? Peu d'informations sont disponibles sur ce sujet. Folger et Chapman (1978) et Rondal (1978b) ont rapporté des données pertinentes utilisant, les premiers, un système de classification des actes de parole inspiré de Dore (1977), et le second un schéma d'analyse des requêtes en action inspiré de Garvey (1975). Le tableau 10 intègre ces deux séries de données.

Les requêtes en information regroupent les énoncés qui visent à obtenir de l'information de l'interlocuteur (par exemple, les questions). *Les requêtes en action* regroupent les énoncés qui visent à faire agir l'interlocuteur (par exemple, «Ouvre la porte», «Passez-moi le sel», etc.). *Les requêtes en permission* ont pour but d'obtenir une permission ou un assentiment de la part de l'interlocuteur. *Les déclarations* reprennent les énoncés déclaratifs non descriptifs. *Les descriptions* sont des énoncés déclaratifs ou exclamatifs descriptifs. Les *tournures conversationnelles* reprennent les tag-questions, en anglais (par exemple, «He did it, didn't he?», glose en français, «Il l'a fait, n'est-ce pas?») dont le principal objectif est d'assurer la relance conversationnelle. On verra Dore (1977) pour davantage de détails sur ces catégories d'actes de parole.

Gallagher (1981) a étudié les *requêtes en clarification,* une sous-classe des requêtes en information, et *les requêtes en confirmation* dans les réponses des adultes aux productions verbales d'enfants âgés de 23 à 36 mois. Elle observe que l'objet et le mode de la requête gagnent en complexité parallèlement au développement linguistique de l'enfant. Ainsi, les requêtes en confirmation du type question oui-non (par exemple, enfant: «Mets dedans», adulte: «Tu mets dedans?») ne requièrent pas une réponse spécifique ou élaborée. Elles sont les plus utilisées avec les jeunes enfants. On observe davantage de requêtes en clarification qui spécifient l'information à fournir (par exemple, enfant: «Ensuite on frappa à la porte», adulte: «On frappa quoi?»). Celles-ci exigent que l'enfant comprenne la requête, puisse se remémorer l'énoncé précédent et établisse à quoi la requête se rapporte dans celui-ci. Les adultes semblent donc adopter leurs requêtes en clarification et en confirmation selon le niveau développemental de l'enfant.

On peut avec Garvey (1975) spécifier davantage la catégorie générale *requêtes en actions* et définir à l'intérieur de cette catégorie une série de sous-catégories. Les requêtes en action peuvent être *directes* (par exemple, «Donne la belle main», «Je t'ordonne de donner la belle main», etc.). Elles peuvent être *indirectes*. Dans ce cas, la requête est insérée dans un énoncé qui fait référence soit au désir de l'interlocuteur de voir l'action s'accomplir («Je veux que tu fermes cette porte»), soit à l'obligation morale, hiérarchique, etc., ou encore à la simple nécessité pour l'interlocuteur d'accomplir l'action indi-

Tableau 10. *Distribution des actes de parole dans le langage maternel[1] adressé à l'enfant (basé sur les données de Folger et Chapman, 1978, et de Rondal, 1978b)*

Folger et Chapman (1978) (6 enfants âgés en moyenne de 1.9; situation: jeu libre)		Rondal (1978b) (7 enfants par groupe d'âge; situation: jeu libre)			
			Age moyen des enfants:		% moyens[3] Groupes
				1 1.11 an	2 2.3 ans	3 2.6 ans
Actes de parole[2]	% moyens[3]	Acte de parole				
		Requêtes en action				
- Requêtes en information	37.2	- Requête directe		12	8	6
- Requêtes en action	14.9	- Requête indirecte		4	4	2
- Requêtes en permission	.2	- Requête à inférence		0	0	0
- Déclarations	16.2	- Proposition d'action conjointe		3	2	2
- Descriptions	13.	- Adjonctions aux requêtes		12	19	22
- Tournures conversationnelles	9.7	- Adjonctions aux requêtes indirectes[4]		17	26	19

[1] En anglais.
[2] Voir le texte pour l'explication des catégories.
[3] Par rapport au nombre d'énoncés.
[4] Pourcentages calculés par rapport au nombre de requêtes indirectes.

quée (« Tu dois fermer cette porte »), soit encore à la capacité ou à la bonne volonté de l'interlocuteur d'accomplir l'action en question (« Peux-tu fermer cette porte ? », « Voudrais-tu fermer cette porte ? », etc.). Les requêtes en question peuvent encore être *inférées* (par exemple, « Cette porte devrait être fermée », « Il fait glacial dans cette pièce », « Je meurs de soif », etc.). Les *propositions d'action conjointe* impliquent à la fois le locuteur et l'interlocuteur dans l'exécution de l'action projetée (par exemple, « Allons boire un verre »). *Les adjonctions aux requêtes* sont des énoncés qui précèdent ou suivent immédiatement la requête et qui en stipulent la raison ou qui cherchent à vérifier la bonne volonté de l'interlocuteur (par exemple, requête : « Donne-moi ça » ; adjonction : « J'en ai besoin » ; requête : « Tu me téléphones » ; adjonction : « D'accord ? »). Les formules de politesse (« S'il te plaît », etc.) font partie de cette catégorie.

Comme le montre le tableau 10, ce sont, aux âges considérés, les requêtes en information qui dominent dans le langage maternel adressé à l'enfant. On retrouve ici l'observation précédente relative à la haute fréquence des questions maternelles dans les interactions verbales mère-enfant. D'une façon générale, la distribution observée par Folger et Chapman (1978) correspond bien à la distribution des types de phrases dans le langage maternel adressé au jeune enfant : large proportion de questions, un peu moins de déclaratives, et moins encore de requêtes en action. Le détail des requêtes en action adressées par les mères à leurs enfants entre 20 et 32 mois (données de Rondal, 1978b) indique que les requêtes directes sont les plus fréquentes. Ce sont aussi les plus faciles à comprendre. Les requêtes à inférence sont absentes du langage maternel à ces âges. On observe une proportion non négligeable d'adjonctions aux requêtes et notamment aux requêtes indirectes qui permettent souvent (en dehors des formules de politesse) de clarifier la requête et donc d'aider l'enfant à en comprendre le sens et, éventuellement, à s'y conformer. La proportion d'adjonctions aux requêtes double pratiquement entre 20 et 32 mois.

Catégories fonctionnelles

D'autres recherches (notamment celle de Moerk, 1975) fournissent des indications complémentaires sur les fonctions du langage maternel adressé à l'enfant sur le plan des apprentissages et de l'accroissement des connaissances en général, y compris les connaissances linguistiques. Le tableau 11 résume les données de Moerk sur le langage maternel et les données correspondantes sur le langage des enfants.

Tableau II. *Catégories fonctionnelles descriptives du langage maternel[1] adressé à l'enfant et du langage enfantin adressé à la mère (modifié d'après Moerk, 1975)[2]*

	Langage maternel à l'enfant				Langage enfantin à la mère		
Catégories	% moyens[3]	Déviation standard	Direction du changement avec l'augmentation du LMPV chez l'enfant	Catégories	% moyens[3]	Déviation standard	Direction du changement avec l'augmentation du LMPV
1. Verbalisations à partir d'un livre d'images	5.02	6.68	↗	1. Questions	9.62	6.88	↗↘
2. Descriptions d'objet ou d'événement	5.41	3.86	↕	2. Expressions d'un besoin	10.81	5.97	↑
3. Description de ses propres actes	1.03	1.04	↕	3. Réponses à une question	16.98	9.02	↕
4. Descriptions des actes de l'enfant	1.30	1.32	↗	4. Verbalisation à partir d'un livre d'images	8.34	11.39	↗
5. Feedbacks correctifs	4.18	4.83	↗	5. Descriptions d'objet ou d'événement	6.36	3.67	↑
6. Réponse à une question de l'enfant	5.17	6.73	↖	6. Description de ses propres actes	3.07	2.17	↕
7. Guidances de l'action de l'enfant	2.60	2.58	↓	7. Descriptions d'événements passés	2.71	2.41	↖
8. Explications données à l'enfant	3.54	2.54	↕	8. Descriptions d'événements futurs	3.41	2.88	↗

[1] En anglais.
[2] La recherche portait sur 20 enfants âgés de 1.9 à 5.0 ans.
[3] Par rapport au nombre d'énoncés.

Les catégories reprises par Moerk (1975) couvrent environ 30 % des comportements verbaux maternels et 60 % des comportements verbaux enfantins. Les différentes catégories fonctionnelles sont représentées à peu près équitablement dans la distribution des comportements verbaux maternels. On notera l'importance de l'écart type pour chaque catégorie fonctionnelle soulignant la variabilité dans les comportements des 20 mères étudiées. Du côté des enfants, la catégorie la plus fournie est celle « Réponse à une question », ce qui n'étonne pas si on se rappelle la haute fréquence des questions dans le discours maternel adressé au jeune enfant. Par comparaison, les questions posées par l'enfant à la mère sont nettement moins nombreuses (environ 10 % avec un écart type de l'ordre de 6 %). Une autre catégorie de comportements verbaux relativement fréquents chez l'enfant concerne « l'expression d'un désir » (par exemple, « Je veux le petit cheval ») qui reste stable sur le plan fréquentiel entre 23 mois et 5 ans selon les données de Moerk.

Autorépétitions et maintien de la référence

On ajoutera à ces données celles sur les autorépétitions maternelles, c'est-à-dire les répétitions par les mères de leurs propres énoncés adressés à l'enfant. Ces comportements ont vraisemblablement une fonction pragmatique. Ils permettent d'exercer un meilleur contrôle sur le comportement de l'enfant. Les autorépétitions maternelles partielles avec paraphrase (par exemple, mère : « Ne t'assieds pas là »; « Ne t'assieds pas sur le paillasson ») jouent peut-être un rôle également dans l'acquisition du langage chez le jeune enfant en fournissant des indices utilisables par ce dernier pour la segmentation des énoncés en unités selon l'axe paradigmatique du langage. Le tableau 12 reprend les données pertinentes.

La fréquence moyenne des autorépétitions maternelles adressées à l'enfant varie de 3 à 34 % selon les études entre 1 et 3 ans, une marge de variation considérable qui rend difficile l'évaluation du rôle de ces comportements maternels en rapport avec l'évolution langagière de l'enfant. La majorité des autorépétitions consiste vraisemblablement en répétitions partielles avec paraphrase comme l'indiquent indirectement les données de Rondal (1978b, 1980) par comparaison avec les autres données rapportées. La fréquence moyenne des autorépétitions exactes ne semble pas varier d'une situation à l'autre (Rondal, 1980). La fréquence des autorépétitions maternelles est négativement et significativement corrélée avec l'âge de l'enfant ainsi que le rapportent Newport et al. (1977) et Cross (1977).

*Tableau 12. Autorépétitions (exactes et partielles)
dans le langage maternel[1] adressé à l'enfant*

Etudes	Situations[2]	N[3]	Age des enfants[4] (en années)	Fréquence moyenne[5]
- Kobashigawa (1969)	JL	12	2-3	34
- Broen (1972)	JL	10	1.6-2.2	16
- Snow (1972)	JL	12	2	19
- Newport, Gleitman et Gleitman (1977)	JL	15	1-2.3	13
- Cross (1977)	JL	16	1.7-2.8	28
- Rondal (1978b)	JL	7	1.11	8
	JL	7	2.3	4
	JL	7	2.6	3
- Rondal (1980b)*[6]	JL	5	1.6-3	4
	RH	5	1.6-3	4
	RF	5	1.6-3	4

[1] En anglais, sauf indication contraire (* en français).
[2] Abréviations: JL: jeu libre; RH: raconter une histoire; RF: repas familial.
[3] Nombre de sujets.
[4] Lorsqu'une seule indication numérique est fournie, il s'agit d'un âge moyen.
[5] En pourcentages par rapport au nombre d'énoncés.
[6] Il s'agit d'autorépétitions exactes (verbatim).

Il faut mentionner également dans ce contexte les données obtenues par Messer (1981). Cet auteur a étudié le langage adressé par un groupe de mères à leurs enfants respectifs âgés de 11, 14 et 24 mois. Elle observe que le discours maternel est organisé en épisodes séparés par des pauses facilement repérables car d'une durée double environ des pauses entre énoncés. Le début de chaque épisode verbal correspond à la manipulation d'un nouvel objet. La moitié environ des énoncés dans un épisode se rapporte à un même objet. Celui-ci est nommé (par exemple, «Voilà une belle auto!), repris pronominalement («Que vas-tu faire avec elle?»), impliqué dans une action suggérée («Fais-la rouler»), détaillé par la dénomination d'une de ses parties («Regarde, les roues tournent!»), etc. Ainsi le langage maternel adressé au jeune enfant semble procéder en maintenant le référent constant pendant la durée d'un épisode tandis que les énoncés qui s'y rapportent varient quant à la fonction et au lexique utilisé. Messer (1981) suggère que ce type de «répétitivité» du langage maternel facilite la compréhension par l'enfant des énoncés figurant à l'intérieur d'un même épisode verbal.

6. *Feedback verbal*

Nous avons considéré jusqu'ici les modifications et les adaptations intervenant dans le langage maternel adressé à l'enfant. Les parents, cependant, font davantage que s'adresser à l'enfant. Ils réagissent verbalement et non verbalement aux productions verbales enfantines. Les réactions parentales portent soit sur les contenus soit sur les moyens formels utilisés par l'enfant. Elles jouent un rôle important dans les interactions adulte-enfant et sans aucun doute dans le développement du langage chez l'enfant (cfr chapitre 3). Nous examinons dans ce qui suit les approbations et les désapprobations verbales maternelles du langage enfantin, les répétitions maternelles du langage enfantin, les expansions, les corrections explicites et les extensions par la mère du langage produit par l'enfant.

Approbation et désapprobation verbales du langage enfantin

Il y a quantité de façons de renforcer positivement ou négativement les productions verbales de l'enfant, à savoir approuver ou désapprouver verbalement, donner des marques non verbales d'approbation ou de désapprobation, répéter exactement, partiellement ou approximativement ce que l'enfant vient de dire, abonder dans le sens de l'enfant au moyen d'un autre énoncé, verbaliser en sens contraire, corriger l'enfant, donner ou refuser satisfaction à l'enfant selon l'objet de sa demande, accorder ou refuser son attention à l'enfant, et à la limite simplement répondre à l'enfant. Il existe malheureusement très peu d'études sur ces aspects de la relation verbale adulte-enfant. C'est regrettable, car on peut suspecter que ces aspects jouent un rôle important dans l'établissement et le maintien de la motivation de l'enfant à parler et dans l'acquisition du code et de ses usages sociaux. Brown (1973) affirme sans véritable base empirique que le renforcement ne joue aucun rôle important dans l'acquisition du langage chez l'enfant parce que l'approbation ou la désapprobation du discours de l'enfant par l'adulte est peu fréquente. Nous ne partageons nullement ce point de vue. Sur le plan de la fréquence des évaluations verbales parentales du discours de l'enfant, les données existantes donnent tort à Brown.

Comme le montre le tableau 13, entre 18 et 31 mois, le langage maternel contient entre environ 10 et 20 % d'instances évaluatives verbales explicites selon la situation. La grande majorité de ces instances est faite d'approbations verbales. Ces dernières sont définies comme toute production par le parent de: «(C'est) juste», «(C'est) bien», «Oui», «(Très) bien», «Voilà», «Hmhm», «D'accord»,

Tableau 13. Approbations et désapprobations verbales explicites du langage de l'enfant dans le langage maternel[1] en situation d'interaction dyadique

Etudes	N[2]	Fréquence moyenne[3]		
		Approbations	Désapprobations	Total
- Rondal (1978b) Situation: Jeu libre				
Age moyen des enfants: 1.11 an	7	20	3	23
2.3 ans	7	14	2	16
2.6 ans	7	17	4	21
- Rondal (1980) Age des enfants: 1.6 à 3 ans	5			
Situation: Jeu libre		14	3	17
Raconter une histoire		14	2	16
Repas familial		4	3	7

[1] En anglais, sauf indication contraire (*: en français).
[2] Nombre de sujets
[3] En pourcentages par rapport au nombre d'énoncés.

«Evidemment», etc., intervenant isolément ou faisant partie d'un énoncé plus long. Une seule instance d'approbation ou de désapprobation verbale pouvait être comptabilisée par énoncé dans les deux études mentionnées. Si on ajoute aux données figurant au tableau 14 sur les fréquences d'approbation et de désapprobation verbale celles sur les fréquences des corrections explicites, expansions et répétitions du langage de l'enfant dans le langage maternel, on arrive à des pourcentages de l'ordre de 40 à 50 % environ dans l'étude de Rondal (1978b), variant selon le groupe d'âge (diminution avec l'évolution en âge) et de l'ordre de 15 à 38 % dans l'étude de Rondal (1980) — la catégorie répétitions par la mère des productions de l'enfant n'ayant pas été calculée dans ce travail — variant selon la situation (davantage d'interventions parentales pendant le jeu libre et l'échange verbal centré sur l'histoire racontée par la mère que pendant le repas familial). Donc environ 50 % des énoncés maternels adressés au jeune contiennent au moins un élément explicite ou implicite d'approbation ou de désapprobation. L'estimation est peut-être un peu forcée dans la mesure où les catégories reprises ne sont pas mutuellement exclusives. Selon toute probabilité, elle reste cependant en dessous de la réalité puisqu'on n'a pu prendre en compte, faute de données pertinentes, les aspects non verbaux de la relation mère-enfant. Il apparaît que la réserve de Brown sur le rôle possible du renforcement dans l'acquisition du langage en fonction de sa fréquence est sans fondement. On est étonné au contraire, à l'examen de quelques données disponibles, de l'importance quantitative de cet aspect du comportement parental, un aspect qui n'a pas reçu jusqu'ici l'attention qu'il mérite.

L'utilisation du terme « renforcement » dans le texte qui précède, comme dans celui de Brown (1973), est simplement descriptive. Le terme a valeur de concept explicatif dans la théorie du conditionnement operant (Skinner, 1937). On le définit comme tout événement entraînant l'accroissement de la probabilité d'émission d'une réponse. Aucun contrôle n'a été effectué dans les recherches mentionnées ci-dessus sur l'effet des comportements parentaux évaluatifs quant au comportement verbal de l'enfant. Dès lors, on ne peut se prononcer sur le statut de renforcement sensus stricto des comportements évaluatifs parentaux. C'est pourquoi nous préférons les expressions neutres « approbation et désapprobation verbales ». Les seules données actuellement disponibles sur les effets des approbations et désapprobations verbales du langage de l'enfant par les parents et la mère en particulier, et d'une façon générale sur la dimension acceptation-rejet par la mère des productions verbales de l'enfant, sont celles de Nelson (1973). Selon ces données qui concernent les interactions verbales entre plusieurs mères et leurs enfants respectifs, interactions appréhendées longitudinalement entre 12 et 24 mois, l'acceptation par la mère du langage de l'enfant est positivement et significativement corrélée avec un développement linguistique relativement rapide et harmonieux chez ce dernier. Nous reviendrons sur ce point au chapitre 3.

Répétitions maternelles des énoncés enfantins

Seitz et Stewart (1975) rapportent des productions moyennes de répétitions exactes (verbatim) par la mère des énoncés enfantins de l'ordre de 4 et 1 % à 1.11 et 4.8 ans respectivement. Kauffman (1977) rapporte des proportions moyennes de répétitions exactes par la mère du langage de l'enfant de l'ordre de 9 %. Les proportions moyennes sont de 6 % environ pour les répétitions partielles par la mère du langage de l'enfant. Les enfants sont âgés de 18 à 24 mois dans cette étude. Dans une étude similaire, Golinkoff et Ames (1979) signalent environ 15 % de répétitions exactes par la mère du langage d'enfants âgés de 20 mois. Rondal (1978b) obtient des proportions de l'ordre de 11,8 et 6 % de répétitions exactes ou partielles par la mère du langage de l'enfant pour des enfants âgés en moyenne de 1.11, 2.3 et 2.6 ans respectivement. Dans le même temps, les proportions moyennes de répétitions exactes ou partielles des énoncés maternels par les enfants s'élèvent à 28, 12 et 3 % respectivement. Une telle évolution décroissante est largement confirmée, et à peu près dans les mêmes proportions, par d'autres études (Seitz et Stewart, 1975; Moerk, 1975; Bloom, Rocissano et Hood, 1976). Une évolution du même type est observable dans les autorépétitions maternelles selon l'évolution en âge de l'enfant, comme on l'a vu plus haut.

Quels rôles peuvent jouer les répétitions maternelles des énoncés enfantins? Seitz (1975) suggère que les répétitions du langage enfantin par la mère fournissent une information en retour à l'enfant sur un ou plusieurs des éléments suivants: 1) correction du message sur le plan acoustique; 2) correction de sa référence perceptive ou conceptuelle; 3) compréhension de l'intention signifiante. Rees (1975) fait l'hypothèse que l'objectif des répétitions maternelles n'est pas tant de vérifier le message que de signaler qu'il a été enregistré et donc que l'échange peut continuer. Il y a diverses façons de signaler la réception d'un message. La forme la plus claire sinon la plus simple consiste à répéter directement le message ou une de ses parties. L'enfant répète certains énoncés maternels. La mère fait de même. La fréquence des répétitions tend à diminuer avec l'âge de l'enfant (sans qu'elles disparaissent cependant) dans la mesure où d'autres moyens de signalisation sont employés (acquiescement, refus ou dénégation, commentaire, avis de réception, réponse, etc.).

Expansion, corrections explicites et extensions du langage de l'enfant

Les données sur les expansions et les corrections explicites des énoncés enfantins par la mère sont résumées au tableau 14.

Les différents auteurs et chercheurs varient quelque peu dans leur définition du terme *expansion*. Pour certains (par exemple, Brown et Bellugi, 1964; Cazden, 1965), une expansion consiste en la répétition de l'énoncé produit par l'interlocuteur avec adjonction d'un ou plusieurs mots foncteurs et maintien de l'ordre des mots prévalant dans l'énoncé original. L'énoncé dérivé doit être bien formé en tous points («completely well formed», Brown et Bellugi, 1964, p. 313) et approprié pour la circonstance («appropriate for the circumstances», ibidem). D'autres auteurs (par exemple, Folger et Chapman, 1978) admettent l'adjonction de mots à (fort) contenu sémantique (substantifs, verbes, adjectifs et adverbes) ou des modifications dans l'ordre des mots (Cross, 1977). D'autres auteurs encore (par exemple, Rondal, 1978b, 1980) maintiennent le critère relatif au non-changement de l'ordre des mots dans l'énoncé dérivé mais permettent l'adjonction de mots à contenu sémantique et de mots foncteurs et négligent le

Tableau 14. Expansions et corrections explicites du langage de l'enfant par la mère [1]

				Fréquences moyennes [5]	
Etudes	Situations [2]	N [3]	Age des enfants [4]	Expansions	Corrections explicites [6]
- Brown et Bellugi (1964)	JL	3	18-40	30	—
- Seitz et Stewart (1975)	JL	9	23	10.3	—
	JL	12	56	1.5	—
- Cross (1977)	JL	16	19-32	17.7	—
- Newport, Gleitman et Gleitman (1977)	JL	15	12-27	6	—
- Folger et Chapman (1978)	JL	6	21	14.9	—
- Rondal (1978b)	JL	7	23	13	4
	JL	7	27	11	2
	JL	7	30	4	2
- Rondal (1980)*	JL	5	18-36	9	5
	RH	5	18-36	11	11
	RF	5	18-36	3	5

[1] En anglais, sauf indication contraire (*: en français).
[2] Abréviations: jeu libre (JL), lecture de livre d'images (LL), raconter une histoire (RH), repas familial (RF).
[3] Nombre de sujets.
[4] Il s'agit d'âges moyens sauf lorsqu'un intervalle d'âge est fourni.
[5] En pourcentages par rapport au nombre d'énoncés.
[6] Voir le texte pour l'explication des catégories.

critère selon lequel l'énoncé doit nécessairement être complètement bien formé grammaticalement et «approprié pour la circonstance»; ils prennent également en compte les modifications morphologiques de l'énoncé initial (par exemple, «chevaux» au lieu de «cheval» en référence plurale). Aucune recherche ne semble avoir pris en considération les expansions phonologiques des mots prononcés par l'enfant.

Comme on s'y attend en fonction de ce qui précède, les pourcentages d'expansions du langage de l'enfant par la mère varient notablement d'une étude à l'autre. Ces pourcentages semblent diminuer avec l'élévation en âge de l'enfant ainsi que l'indiquent les recherches de Seitz et Stewart (1975) et de Rondal (1978b). Les différences relevées dans ces deux recherches selon l'axe du développement de l'enfant sont d'ailleurs statistiquement très significatives.

On peut considérer que les expansions constituent autant de corrections implicites du langage de l'interlocuteur. Qu'en est-il des corrections explicites par la mère du parler enfantin? Par *correction explicite*, il faut entendre une réponse qui contient une correction d'un ou de plusieurs aspects d'un énoncé produit par l'interlocuteur lorsque la nature corrective de la démarche du locuteur est explicitée dans cette réponse (par exemple, *enfant* : « Voiture »; *mère* : « Non, c'est un camion »). Les corrections explicites peuvent porter sur les aspects phonologiques, lexicaux, morphologiques et/ou syntaxiques du parler de l'interlocuteur.

Comme l'indique le tableau 14, la fréquence moyenne des corrections explicites par la mère du langage de l'enfant à âge équivalent est le plus souvent inférieure à celle des expansions. Il s'agit de jeunes enfants dans les études reprises au tableau 14. Il est possible, mais aucune donnée n'est disponible sur ce point à notre connaissance, que la fréquence des corrections explicites augmente dans les réactions parentales au langage de l'enfant plus âgé au moins en ce qui concerne certains aspects de ce langage, notamment la prononciation correcte et l'usage lexical. On imagine mal, en effet, les parents « expandant »[7] patiemment les énoncés de leur enfant de 5 ou 6 ans pour des erreurs systématiques dans la prononciation des sons de base ou pour des usages incorrects répétitifs de termes lexicaux connus par la plupart des enfants du même âge. Quoi qu'il en soit de l'enfant plus âgé, il est factuellement inexact que les parents corrigent rarement leurs jeunes enfants d'une façon explicite et que ces corrections portent exclusivement sur la valeur de vérité des énoncés enfantins et non sur leurs aspects formels, comme le prétend Brown (1973)[8].

Quant aux *extensions* du langage enfantin, on ne dispose pas d'indications quantitatives sur leur fréquence dans le langage maternel. Par *extensions* du langage enfantin, il faut entendre la reprise par l'adulte de certains mots fournis dans l'énoncé précédent en les intégrant dans un nouvel énoncé qui prolonge la signification de l'énoncé enfantin, apporte une précision ou un commentaire. Il n'est pas facile de différencier expansions et extensions lorsque le terme expansion est défini d'une façon relativement large comme dans certaines des définitions fournies ci-dessus. Nelson (1977, 1980a, b) et Nelson, Carskaddon et Bonvillian (1973) confondent volontairement les deux catégories dans ce qu'ils appellent les « recast » parentaux des énoncés enfantins, une expression qu'on pourrait rendre en français par les *« reprises » parentales* du langage de l'enfant. Il sera question au chapitre 3 des études expérimentales de Nelson et collaborateurs sur l'efficacité des reprises parentales des énoncés enfantins dans la perspective du développement psycholinguistique.

De toute évidence les mères réagissent aux caractéristiques du langage enfantin. Leurs réactions prennent simultanément différentes formes. Elles approuvent et désapprouvent certains énoncés selon leurs caractéristiques formelles et/ou de contenu. Les proportions d'approbations dépassent assez nettement les proportions de désapprobations verbales explicites dans les comportements maternels, un facteur dont on rapporte par ailleurs (Nelson, 1973) qu'il est favorable au développement du langage chez le jeune enfant. Certes, il y a danger dans ce genre de recherche d'«angéliser» quelque peu le comportement maternel. Les mères se savent observées (directement ou au moyen d'un dispositif d'enregistrement) et il est possible qu'elles altèrent leur comportement dans un sens qui est valorisé culturellement. Il est peu plausible cependant que ces mères puissent transformer radicalement leurs modes d'interaction préférentiels avec l'enfant pour les besoins des études. On se souviendra que les familles et les enfants étudiés appartiennent presque exclusivement aux classes moyennes et favorisées de nos sociétés. Il reste à voir si les observations faites avec ces sujets sont valables, et dans la même mesure, pour les classes défavorisées. Un début d'information est disponible sur ce point. Nous le présentons et le discutons plus avant dans ce chapitre. Les mères expandent, corrigent et prolongent les énoncés enfantins de diverses façons mais avec une fréquence qui est loin d'être négligeable. Cumulées, les fréquences moyennes d'expansions et de corrections représentent environ 15 % des énoncés maternels adressés à l'enfant, avec de notables variations d'une étude à l'autre dans la tranche d'âge comprise approximativement entre 18 et 36 mois.

7. *Contexte gestuel*

Le contexte gestuel, un élément du contexte paraverbal des énoncés adressés par les parents à leurs enfants, n'a pratiquement pas été étudié. Une exception notable à cette indication est l'étude menée par Gutmann et Turnure (1979). Ces chercheurs ont enregistré au magnétoscope les interactions dyadiques verbales et gestuelles entre 32 mères et leurs enfants premiers-nés (garçons et filles) en situation de laboratoire. Les mères furent priées de décrire un événement représenté séquentiellement sur une série de petits cartons, de manipuler et de décrire des jouets (camion, poupée, etc.), le tout à l'adresse de l'enfant et de lui raconter une histoire. Les enfants étaient répartis en deux groupes: un premier groupe âgé de 31 mois en moyenne (LMPV moyen, calculé en nombre de mots, 2.84) et un second groupe âgé de 53 mois en moyenne (LMPV moyen 5.73). Les fréquences des types de gestes adressés par les mères à leurs enfants dans les quatre tâches sont fournies au tableau 15.

Tableau 15. *Fréquences moyennes*[1] *des différents types*[2, 3] *de gestes adressés par les mères à leurs enfants (modifié d'après Gutmann et Turnure, 1979)*

	Jeunes enfants Tâches				Enfants plus âgés Tâches			
Types de gestes	Descriptions d'événement	Manipulations de jouet	Descriptions d'objet	Histoires	Descriptions d'événement	Manipulations de jouet	Descriptions d'objet	Histoires
- Déictiques	.25	2.31	.31	.44	.44	1.31	.13	.63
- Pantomimiques	2.00	.13	6.75	3.13	3.75	.06	6.06	6.31
- Sémantiques	.75	.13	.38	.81	3.25	.06	1.75	2.88
- Totaux	3.00	2.56	7.44	4.38	7.44	1.44	7.94	9.81

[1] En valeur absolue.
[2] Voir les explications dans le texte.
[3] La recherche portait sur 32 enfants de 23 à 39 mois (moyenne 30 mois) pour le groupe jeune et de 49 à 63 mois (moyenne 53 mois) pour le groupe plus âgé.

On entend par *gestes déictiques* (Jankovic, Devoe et Wiener, 1975) les gestes qui signalent une orientation ou une position (par exemple, montrer de la main la direction à suivre), par *gestes pantomimiques* les copies gestuelles et mimiques des objets, personnes et événements (par exemple, lever l'avant-bras et le pouce dans la direction de la bouche pour représenter schématiquement l'action de boire), par *gestes sémantiques* enfin les gestes qui modulent, mettent en relief et contrastent les informations exprimées dans le message verbal concomitant. Cette dernière catégorie de gestes n'est pas compréhensible habituellement indépendamment du message verbal.

Les données reprises au tableau 15 (et leur analyse statistique) attestent d'un effet général du type de tâche et de l'âge de l'enfant sur la fréquence des différents types de gestes dans le comportement maternel adressé à l'enfant. Aucune différence notable ne fut relevée par contre dans la fréquence des gestes maternels selon le sexe de l'enfant. Le nombre total des gestes maternels ne paraît pas diminuer avec l'âge de l'enfant mais au contraire augmente légèrement. L'augmentation est notable et statistiquement significative dans le cas des gestes sémantiques. Ceux-ci se multiplient parallèlement à la complexification progressive du discours maternel adressé à l'enfant entre 31 et 53 mois tout en restant généralement moins fréquents que les gestes pantomimiques (donnée confirmée récemment pour les enfants de 4 ans et leurs mères par Elmslie et Brooke, 1952). En ce qui concerne les tâches et comme on s'y serait attendu, les gestes pantonomiques et sémantiques sont plus fréquents dans les tâches descriptives tandis que les gestes déictiques interviennent plus souvent dans la tâche où il s'agit de manipuler des objets.

Malgré son intérêt intrinsèque, la recherche de Gutmann et Turnure ne fournit pas d'informations sur les aspects qui nous semblent les plus intéressants dans le problème à l'étude, à savoir l'intégration temporelle des comportements verbaux et gestuels et leurs contributions respectives à la transmission de l'information signifiée et au déroulement de l'échange conversationnel. Cette étude fournit néanmoins une première série d'indications sur la sensibilité du comportement gestuel maternel au niveau de développement de l'enfant et aux caractéristiques des tâches servant de toile de fond à l'interaction dyadique.

8. *Compréhension du langage de l'enfant*

Nous avons traité exclusivement jusqu'ici des aspects productifs des modifications et adaptations maternelles à l'enfant. Qu'en est-il des aspects réceptifs de ces adaptations ? En d'autres termes, quelle compréhension a la mère du langage de son enfant ?

Nous ne connaissons que deux recherches publiées sur ce point en dépit de son importance. Il s'agit des travaux de Weist et associés (Weist et Stebbins, 1972; Weist et Kruppe, 1977) qui portent en fait sur la compréhension du langage du jeune enfant par les membres de la famille (père, mère et autres enfants) et par des étrangers (adultes et enfants). En résumant les résultats de ces recherches, nous anticipons donc quelque peu sur les environnements linguistiques du jeune enfant autres que maternel qui seront examinés plus avant dans ce chapitre.

Weist et Kruppe (1977) ont obtenu des échantillons de langage enregistrés au magnétoscope en provenance de 12 enfants (garçons et filles) âgés en moyenne de 3 ans. Dix énoncés furent sélectionnés pour chaque enfant et servirent à constituer une bande magnétoscopique expérimentale. La longueur moyenne des énoncés retenus était de 4.8 mots et variait de 2.2 à 7.0 mots. La bande expérimentale fut ensuite présentée à 5 groupes de sujets: les pères, les mères et les frères et sœurs des enfants enregistrés (ces frères et sœurs étaient âgés de 4 ans et demi à 7 ans et demi), un groupe d'étudiants et d'étudiantes d'université sans expérience ni contact récent avec des enfants, et un groupe d'enfants âgés de 4 ans et demi à 7 ans et demi étrangers aux enfants qui avaient servi de sujets pour les enregistrements. La tâche des juges était d'écrire ou de rapporter à l'expérimentateur les propos exacts des enfants enregistrés. Le tableau 16 résume les données obtenues par Weist et Kruppe (1977).

Comme on le constate à l'examen du tableau 16, les mères obtiennent de meilleurs scores de compréhension du langage des enfants en général que les pères et les frères et sœurs. Mais en fait la supériorité des mères sur les pères et les frères et sœurs porte surtout sur la compréhension des enfants étrangers, c'est-à-dire sur le meilleur transfert chez les mères de leur expérience réceptive avec leurs propres enfants vis-à-vis d'enfants étrangers de mêmes âges et d'âges différents. Les frères et sœurs se montrent supérieurs aux enfants de mêmes âges sans frères ni sœurs plus jeunes. Les mères présentent des scores de compréhension supérieurs à ceux des non-parents pour les enfants étrangers. Les différences mentionnées ci-dessus sont statistiquement significatives. Aucune comparaison des non-parents selon le sexe n'a été entreprise quant aux scores de compréhension. En effet, une étude préalable de Weist et Stebbins (1972) n'avait mis en évidence aucune différence chez les non-parents selon le sexe en

Tableau 16. Pourcentages moyens [1] *de compréhension du langage du jeune enfant chez différentes catégories d'auditeurs* [2,3] *(d'après Weist, R. et Kruppe, B.,* Parent and sibling comprehension of children's speech. Journal of Psycholinguistic Research, 1977, 6, *p. 53, traduit et reproduit avec permission)*

Auditeurs	Relations familiales	Relations avec l'enfant		
		Même famille	Etranger du même âge que l'enfant de la famille	Etranger d'âge différent
- Parent	Mère	72	64	65
- Parent	Père	71	56	57
- Frère / sœur	frère / sœur	73	52	54
- Non parent	—	—	—	56
- Non frère / sœur	—	—	—	22

[1] Par rapport au nombre d'énoncés.
[2] En langue anglaise.
[3] La recherche portait sur soixante sujets.

ce qui concerne la compréhension du langage d'un groupe d'enfants d'âge préscolaire. Par ailleurs, cette étude confirme les données de Weist et Krupps (1977).

Il n'est pas facile de tenter d'expliquer la supériorité des mères dans la compréhension d'enfants étrangers de mêmes âges (et donc de niveau linguistique approximativement équivalents). Faut-il invoquer une compréhension « en profondeur » des mères du langage de leur enfant, compréhension non évaluée par les épreuves de Weist et associés, qui se transférerait plus facilement à des enfants étrangers de niveaux linguistiques équivalents ? Et si oui, d'où viendrait-elle ? Ce qui est clair par contre, c'est la supériorité des familiers (mère, père, frère et sœur) sur les non-familiers dans la compréhension du langage du jeune enfant, une supériorité qui atteste de l'importance pour cette dernière du fait d'avoir accès au contexte linguistique et extralinguistique des productions de l'enfant.

Clôturant cette section, le tableau 7 résume les principales modifications mises en évidence dans le langage maternel adressé à l'enfant entre 1 et 10 ans approximativement en ce qui concerne le volet productif. En fait, comme le lecteur l'aura remarqué, l'essentiel des données disponibles à l'heure actuelle concerne l'enfant entre 1 et 3 ans avec une série de prolongements vers 5 ou 6 ans et 10 ans.

Tableau 17. Résumé des principales caractéristiques du langage maternel adressé à l'enfant entre 1 et 10 ans

Aspects	Caractéristiques
1. Phonétique et phonologie Langage adressé au jeune enfant	- Elévation de la hauteur tonale du discours et élargissement de l'éventail des fréquences fondamentales avec extension du côté des fréquences élevées. - Accentuation et allongement de la durée d'émission des substantifs et des verbes. - Rythme ralenti d'élocution et pauses séparant clairement les énoncés et les phrases. - Excellente intelligibilité du discours.
2. Lexique	- Réduction de la diversité lexicale. - Utilisation préférentielle de termes lexicaux fréquents dans la langue avec majorité de mots à référence concrète. - Moindre usage des sous-classes formelles les plus complexes sur le plan cognitivo-sémantique.
3. Structures sémantiques	- Réduction quantitative et qualitative des structures sémantiques exprimées en structure de surface.
4. Morpho-syntaxe	- Grammaticalité et fluidité du discours. - Réduction de la longueur moyenne de production verbale (LMPV) et du LMPV préverbal. - Réduction de la complexité syntaxique du discours. - Majorité de phrases interrogatives, suivies en fréquence par les phrases déclaratives, et ensuite les impératives.
5. Pragmatique	- En ce qui concerne les actes de parole, dominance en fréquence des requêtes en information suivies par les déclaratives et les descriptions, et ensuite les requêtes en action. - Réduction fréquentielle des sous-types de requêtes en action les plus complexes sur le plan pragmatique. - Répétitions maternelles.
6. Feedback verbal	- Approbation et désapprobation verbales du langage enfantin. - Répétition, expansion, correction explicite et extension des énoncés enfantins.

Ces données de même que la discussion plus avant dans ce chapitre sur leur valeur générale ne doivent pas induire le lecteur en erreur quant à notre position théorique. Lorsque nous postulons et illustrons la généralité des phénomènes adaptatifs en question, nous ne faisons nullement l'hypothèse que tous les parents sont interchangeables à ce point de vue. Nous pensons que les principes généraux des modifications et adaptations du comportement verbal parental adressé à l'enfant sont très répandus. Nous pensons aussi que les parents et les adultes en général varient très sensiblement quant à la qualité et la quantité de leurs adaptations verbales au niveau linguistique de l'enfant et de leurs réactions au langage de l'enfant. Nous pensons encore que cela est vrai aussi bien dans les comparaisons effectuées entre qu'à l'intérieur des différentes classes sociales. Une des sections suivantes dans ce chapitre examine les variations en ce sens observées chez les parents selon la classe sociale d'appartenance. Les effets sur le développement langagier des différences quantitatives entre parents de mêmes milieux sociaux en ce qui concerne divers aspects du langage adressé aux enfants et des réactions parentales au langage des enfants sont illustrés et analysés au chapitre 3. Ces variations parentales interindividuelles constituent vraisemblablement un déterminant important des notables différences interindividuelles entre enfants dans la chronologie de l'ontogenèse du langage.

1.1.2. Autres environnements linguistiques

La mère fournit sans doute dans la plupart des cas la part la plus importante de l'environnement linguistique du jeune enfant. D'autres sources entrent en ligne de compte cependant soit dès le début de l'existence de l'enfant, soit plus tard à mesure qu'il se développe et entreprend de participer à d'autres micro-milieux. Il s'agit du père, des frères, sœurs et amis plus âgés le cas échéant, des grands-parents, des voisins, des maîtres et maîtresses d'école aux niveaux pré-primaire et primaire. Les informations manquent totalement sur les interactions verbales (et non verbales) entre enfants et grands-parents. Elles sont presque inexistantes dans le cas des adultes étrangers à l'enfant. Il existe quelques données dans le cas des pères et des enseignants. Nous les examinons dans la suite de cette section. Les interactions verbales entre enfants plus âgés et enfants plus jeunes font l'objet d'une section ultérieure.

1. Langage paternel

Le nombre de données sur le langage paternel adressé à l'enfant est réduit. Selon Rebelsky (1967; Rebelsky et Hanks, 1971), les pères passent seulement quelques secondes ou quelques minutes par jour à parler à leur enfant pendant les premiers mois de l'existence. Une recherche menée par Friedlander et collaborateurs (Friedlander, Jacobs, Davis et Wetstone, 1972) indique également que les pères parlent moins et moins souvent à leurs enfants que les mères, même après les premiers mois. Lamb (1975), cependant, fournit une information contradictoire lorsqu'il rapporte que beaucoup de pères interagissent fréquemment à la maison avec leurs jeunes enfants aussi bien verbalement que non verbalement (jeux physiques et autres). Berko-Gleason (1975) mentionne les données non publiées de Stein (1975) et Kriedberg (1975) qui semblent indiquer que le langage paternel adressé à l'enfant à la maison et le langage d'enseignants (masculins) du niveau maternel présentent les mêmes caractéristiques communicatives et les mêmes simplifications syntaxiques que celles rapportées dans la littérature sur le langage maternel adressé à l'enfant[9]. Ces auteurs indiquent toutefois que le langage paternel contient davantage de menaces et de phrases au mode impératif que le langage maternel et le langage des enseignants masculins de l'école maternelle. Ces recherches fournissent nombre d'indications intéressantes et motivent une série d'hypothèses. Cependant, elles manquent par trop de systématicité et ne concernent que quelques aspects du langage paternel, ce qui ne permet pas de répondre clairement à la question suivante: observe-t-on les mêmes modifications et adaptations dans le langage paternel que dans le langage maternel adressé à l'enfant?

Trois études menées récemment autorisent un début de réponse à cette question. Il s'agit des études de Kauffman (1977) et de Golinkoff et Ames (1979), menées en langue anglaise et de celle de Rondal (1980), menée en langue française. La réponse à la question semble devoir être *positive*. Mais un petit nombre de différences entre langage paternel et langage maternel ont été relevées. Les tableaux 18, 19 et 20 résument les données pertinentes.

Les comparaisons effectuées par Kauffman (1977) entre le langage des pères et des mères adressé à leur jeune enfant ne révèle aucune différence significative quant à la complexité formelle du langage et les différents types de phrases échangées. En ce qui concerne l'enfant, la quantité de langage échangé avec chaque parent ne diffère pas significativement. Toutefois, les garçons imitent davantage le langage maternel que le langage paternel. De même, les filles tendent à répondre davantage à la mère qu'au père.

Tableau 18. Langage paternel et langage maternel[1] adressé à des enfants âgés de 18 à 24 mois[2,3] (modifié d'après Kauffman, 1977)

Indices	Fréquences moyennes[4]			
	Pères[5]		Mères[6]	
- Enoncés longs[7]	16.2	14.4	14.2	13.3
- Répétitions exactes du langage de l'enfant	8.3	10.9	8.1	9.4
- Répétitions partielles du langage de l'enfant	5.3	4.4	5.8	5.6
- Questions Wh	19.3	17.3	16.4	20.5
- Questions oui-non	11.1	12.5	13.5	8.4

[1] En anglais.
[2] Etudes menées au domicile des sujets en situation de jeu libre, chaque parent interagissant individuellement avec l'enfant dans un premier temps; les 2 parents interagissant simultanément avec leur enfant dans un second temps.
[3] La recherche portait sur 12 enfants premiers-nés, 6 garçons et 6 filles.
[4] En pourcentages par rapport au nombre d'énoncés.
[5] LMPV moyen (en nombre de monèmes): 3.51.
[6] LMPV moyen (en nombre de monèmes): 3.54.
[7] La longueur n'est pas définie par l'auteur.

Tableau 19. Langage paternel et langage maternel[1] adressé à des enfants âgés de 20 mois[2,3] (d'après Golinkoff et Ames, 1979).

	Fréquences moyennes[4]			
	Pères		Mères	
	JL	JS	JL	JS
- Nombre d'énoncés produits	70.3	192	120	201
- Nombre de tours conversationnels	32	35	42.3	36.8
- LMPV[5]	3.84	4.20	3.85	4.17
- Répétitions exactes du langage de l'enfant	15.6[6]		15[6]	

[1] En anglais.
[2] Etude menée en laboratoire selon 2 situations: jeu libre (JL) et jeu structuré (JS) (chaque parent étant prié d'aider son enfant à jouer avec un nouveau jeu en lui en expliquant le fonctionnement).
[3] La recherche portait sur 12 enfants premiers-nés, 6 garçons et 6 filles.
[4] En valeur absolue pour les deux premiers indices; en pourcentages par rapport au nombre d'énoncés pour le dernier indice.
[5] En nombre de monèmes.
[6] Il s'agit d'une indication moyenne pour les deux tâches, la seule indication fournie dans le rapport des auteurs concernant cet indice.

Tableau 20. *Langage paternel et langage maternel[1] adressé à des enfants âgés de 18 à 36 mois[2,3] (modifié d'après Rondal, 1980).*

			Fréquences moyennes[4] Situations			
	JL		RH		RF	
Indices	Pères	Mères	Pères	Mères	Pères	Mères
1. Nombre total de mots	1243	1608	1223	1839	453	933
2. Indice de diversité lexicale (IDL)	.46	.42	.51	.47	.49	.45
3. LMPV[5]	4.40	5.11	4.56	5.50	5.12	6.23
4. Indice de complexité syntaxique (ICS)[6]	.08	.12	.11	.15	.17	.21
5. Impératives	.15	.16	.11	.05	.09	.11
6. Questions oui-non	.13	.16	.13	.13	.18	.07
7. Déclaratives	.49	.52	.51	.61	.64	.74
8. Questions Q	.23	.18	.25	.21	.09	.08
9. Autorépétitions	.02	.04	.05	.04	.03	.04
10. Approbations verbales des énoncés de l'enfant	.09	.14	.12	.14	.03	.04
11. Désapprobations verbales des énoncés de l'enfant	.04	.03	.05	.02	.02	.03
12. Expansions des énoncés enfantins	.07	.09	.07	.11	.03	.03
13. Corrections explicites des énoncés enfantins	.03	.05	.05	.11	.02	.05
14. Requêtes en clarification	.08	.02	.07	.03	.05	.01
15. Nombre d'énoncés adressé par les enfants à chaque parent	176	148	218	260	35	63
16. LMPV[5] adressé par les enfants à chaque parent	2.84	2.42	3.19	2.58	2.82	2.53
17. Répétitions exactes et partielles par les enfants des énoncés paternels ou maternels	.07	.07	.05	.10	.02	.02

[1] En français.
[2] Etude menée au domicile des sujets selon 3 situations se succédant au hasard pour l'ensemble des sujets : jeu libre (JL), raconter une histoire à l'enfant (avec support graphique) - (RH), repas familial (RF). Cette dernière situation impliquait la présence simultanée des 2 parents et de l'enfant autour d'une table familiale à l'heure du souper.
[3] Les cinq enfants ayant participé à l'étude, tous les garçons, enfants uniques, étaient âgés respectivement de 18, 24, 27, 32 et 36 mois.
[4] En proportions par rapport au nombre d'énoncés, sauf pour les indices 1, 3, 4, 15 et 16.
[5] En nombre de mots.

Golinkoff et Ames (1979) ne trouvent aucune différence significative entre le langage paternel et le langage maternel adressé à l'enfant en situation de jeu dirigé. Quelques différences significatives ont été trouvées en situation de jeu libre, à savoir: les mères produisent environ deux fois plus d'énoncés que les pères et prennent davantage de tours conversationnels [10].

Les données de Rondal (1980) ne font état d'aucune différence significative entre langage paternel et langage maternel adressé à l'enfant tant du point de vue des indices formels que de ceux relatifs aux aspects pragmatiques et de feedback du langage parental. En d'autres termes, le langage paternel semble contenir les mêmes simplifications et au même degré que le langage maternel adressé au jeune enfant. Les différentes situations et tâches exploitées dans l'étude (jeu libre, raconter une histoire à l'enfant et le repas familial — cette dernière situation impliquant la présence simultanée des deux parents avec l'enfant —) affectent le langage paternel et le langage maternel de la même façon. En témoigne l'absence quasi totale d'interaction sexe du parent / situation dans l'analyse statistique des résultats (cfr tableau 20). Le langage paternel présente cependant plusieurs caractéristiques qui le différencient significativement du langage maternel. Les pères utilisent un lexique plus diversifié et adressent à l'enfant un nombre plus élevé de requêtes en clarification («Que veux-tu dire?»; «De qui s'agit-il?»; «Avec qui étais-tu?»; «C'est qui ça, Luc?»; «Quand es-tu parti?», etc.). Ils font aussi un plus large usage des «capteurs d'attention» («Ecoute», «Viens ici», «Regarde», «Tu vois?»; «Attention»; etc.). Les mères, par contre, adressent plus de mots à l'enfant, utilisent des phrases plus longues, et davantage de phrases déclaratives, ainsi que de requêtes indirectes, inférées et de propositions d'action conjointe. Elles corrigent davantage les énoncés de l'enfant. En ce qui concerne les enfants, un nombre significativement plus élevé d'énoncés sont adressés à la mère mais les énoncés les plus longs sont dirigés vers le père. Contrairement à l'indication de Kauffman (1977), les sujets de cette étude (tous des garçons) répètent approximativement les mêmes pourcentages d'énoncés paternels et maternels. De même, contrairement à la suggestion de Berko-Gleason (1975), le langage paternel dans cette étude, comme dans celles de Kauffman (1977) et de Golinkoff et Ames (1979), ne présente aucune caractéristique notable signalant une fonction de maintien de l'autorité qui serait l'apanage exclusif du père.

On peut raisonnablement conclure que le langage paternel adressé au jeune enfant est modifié comme le langage maternel de façon à mieux correspondre aux capacités linguistiques limitées de l'enfant. Mais le langage paternel évolue-t-il avec la croissance linguistique de l'enfant comme on l'a démontré pour le langage maternel? L'étude de Rondal (1980) permet de donner un début de réponse positive à cette question. Le tableau 21 illustre quelques-unes des données pertinentes. On pourrait élargir l'illustration avec d'autres données issues de la même étude.

Tableau 21. Evolution du langage paternel et du langage maternel [1] en fonction de l'âge et de la Longueur Moyenne de Production Verbale (LMPV) de l'enfant (d'après Rondal, 1980).

Indices		Enfants[3]				
	Ages[2]	18	24	27	32	36
	LMPV[4]	1.29	2.10	3.28	2.93	4.07
1. Diversité lexicale (IDL)	Père	.42	.40	.49	.55	.57
	Mère	.41	.36	.48	.46	.53
	Enfant	.28	.34	.45	.42	.46
2. Longueur Moyenne de Production Verbale (LMPV)[4]	Père	4.08	3.70	5.32	5.45	4.91
	Mère	5.17	5.26	5.96	5.95	5.73
3. Complexité syntaxique (ICS)[5]	Père	.04	.10	.18	.14	.15
	Mère	.07	.10	.18	.19	.24
4. Impératives	Père	.15	.18	.06	.06	.12
	Mère	.14	.16	.12	.04	.05
5. Autorépétitions	Père	.04	.04	.03	.03	.01
	Mère	.05	.06	.02	.04	.03
6. Expansions des énoncés enfantins	Père	.09	.06	.10	.03	.02
	Mère	.09	.12	.09	.05	.04

[1] Etude faite sur 5 sujets, en français.
[2] En mois.
[3] En proportions moyennes par rapport au nombre d'énoncés (sauf pour les indices 1 et 2).
[4] En nombre de mots.
[5] Nombre de verbes composés et de propositions subordonnées par rapport au nombre d'énoncés.

Les données présentées au tableau 21 illustrent l'évolution du langage paternel avec la croissance linguistique de l'enfant: augmentation progressive de l'IDL, LMPV et ICS; diminution graduelle des proportions de phrases impératives, d'autorépétitions et d'expansions du langage enfantin. Il convient d'apporter une réserve importante, sur ce point, à l'étude de Rondal (1980). En fait, le plan de travail utilisé avec un seul enfant par niveau d'âge ne permet pas d'établir strictement la part qui revient dans les résultats à l'évolution de l'enfant selon l'âge et la capacité linguistique et celle qui revient à la variabilité entre parents. L'hypothèse d'une évolution du langage paternel selon l'évolution linguistique du jeune enfant ne peut être testée sensu stricto dans une étude de ce type. C'est la nette impression de l'auteur cependant que les données présentées sont davantage représentatives de l'influence de l'évolution de l'enfant sur le langage paternel que de la variabilité entre parents, ce qui peut passer pour une démonstration bona fide de l'hypothèse évolutive.

Comment interpréter l'indication fournie par Rondal (1980) selon laquelle le langage paternel adressé à l'enfant présente significativement plus de requêtes en clarification que le langage maternel? On pourrait supposer que la compréhension par les pères du langage du jeune enfant est moins complète que celle des mères, d'où l'augmentation des requêtes en clarification dans le langage des premiers adressés à l'enfant. Une telle interprétation ne concorde pas avec les observations de Weist et associés (Weist et Stebbins, 1972; Weist et Krupps, 1977) sur la compréhension du langage de l'enfant par ses parents, compréhension qui ne semble pas différer notablement entre pères et mères (voir supra). D'autres hypothèses explicatives du pourcentage plus élevé de requêtes en clarification dans le langage paternel peuvent être avancées. Il se pourrait, par exemple, que les pères soient extrêmement curieux du détail des activités de leurs enfants (particulièrement dans les cas où ils les voient moins que les mères) et des idées que leurs enfants entretiennent sur toutes sortes de sujets. Il se pourrait également que les pères soient plus exigeants que les mères quant au degré d'élaboraion verbale et d'explication du langage de leur enfant. Quoi qu'il en soit, il est intéressant de relever dans la même recherche une différence significative dans la longueur moyenne des énoncés enfantins selon que ces énoncés sont adressés au père ou à la mère dans les situations étudiées (jeu libre, raconter une histoire à l'enfant et converser avec lui à ce sujet, repas familial). Les énoncés les plus longs, les plus élaborés et les plus détaillés sont adressés aux pères.

Il est difficile d'évaluer la portée des différences observées entre langage paternel et langage maternel dans les études mentionnées. D'autres travaux sont évidemment nécessaires à cette fin. Le problème général qui se pose est le suivant. Le langage maternel et le langage paternel semblent tous deux bien adaptés au niveau de l'enfant et évoluent progressivement avec le développement communicatif et linguistique de ce dernier. Sur cette toile de fond, existe-t-il des différences entre les deux sources d'input qui les rendraient plutôt complémentaires que supplémentaires dans leur contribution au développement psycholinguistique? Une situation semblable et un problème identique existent dans le domaine des interactions non verbales entre parents et enfant. Diverses études (par exemple, Greenberg et Morris, 1974; Parke et O'Leary, 1976; Clarke-Stewart, 1978; Pakizegi, 1978) indiquent que les pères sont aussi actifs, attentifs et responsables que les mères lorsqu'il s'agit de s'occuper de leur enfant. Les comportements parentaux de base sont essentiellement similaires même si quelques différences de fréquence peuvent être démontrées. Cependant, Lamb (1975, 1976, 1977) insiste dans ses comptes rendus de recherche et dans ses discussions théoriques sur les différences relatives dans les comportements maternels et paternels avec l'enfant. Les jeux du père avec l'enfant sont davantage physiques et présentent des caractéristiques particulières. Les jeux maternels avec l'enfant tendent à être plus conventionnels, plus orientés vers la manipulation et la description des objets et à être davantage verbaux. Peu d'observations, en dehors de celles de Lamb lui-même, confirment ou infirment l'existence de styles d'interactions différents chez les deux parents. Pour Lamb (1975), et pour d'autres chercheurs comme Lewis et Weinraub (1976) par exemple, le rôle maternel de base serait davantage en relation avec les soins à donner à l'enfant tandis que le rôle premier du père dans le développement du jeune enfant serait d'assurer une sorte de «pontage» vers le monde extra-familial. Berko-Gleason (1975) a proposé une hypothèse semblable en ce qui concerne le développement de la communication et du langage. La base empirique est encore trop peu développée à ce stade pour pouvoir évaluer l'hypothèse d'une complémentarité des deux parents dans leur influence linguistique sur le développement de l'enfant. Il importerait, notamment, dans cette perspective d'accorder une attention particulière aux modes d'organisation intrinsèques et extrinsèques de la famille (Qui travaille à l'extérieur? Quelle est la composition de la famille? Comment sont réparties les tâches familiales entre les parents? Qui s'occupe des enfants et quand? Les parents sont-ils aidés de l'extérieur par les grands-parents, d'autres familiers, ou par des tierces personnes? etc.).

2. *Langage magistral*

Peu de données existent sur le langage magistral adressé à l'enfant. On ne manque pas d'être surpris par cette étonnante carence dans la littérature psychologique et surtout pédagogique (Rondal, 1977). Qu'on le veuille ou non, l'échange verbal est le véhicule par excellence de la transmission pédagogique. Il y a donc une double raison impérieuse pour étudier les échanges verbaux en classe aux divers points de vue de l'analyse psycholinguistique (aspects formels, pragmatiques et de contenus de l'échange linguistique), à savoir, premièrement, le fait que l'enfant acquiert le langage de sa communauté culturelle pendant une bonne partie de sa scolarité maternelle et primaire et, deuxièmement, le caractère largement verbal de l'échange pédagogique [11]. On est loin du compte dans cette direction de recherche (cfr Rondal, 1978a).

Nous envisageons les quelques données disponibles dans la perspective suivante: comment se comparent les données sur le langage magistral à celles disponibles sur le langage parental adressé à l'enfant? Granowsky et Krossner (1970) ont étudié le langage des institutrices du niveau maternel dans plusieurs écoles aux Etats-Unis. Les études portaient sur une comparaison du langage adressé par ces institutrices à leurs collègues au cours de conversations familières en dehors de la classe et du langage adressé aux enfants (âgés de 6 ans environ) dans le cadre des échanges en classe. Les productions linguistiques des institutrices furent analysées selon différents paramètres dont la longueur moyenne de production verbale, la complexité syntaxique des phrases produites et le caractère commun ou non du vocabulaire utilisé. Le langage échangé dans les conversations entre institutrices surpasse nettement le langage d'institutrice à enfant en ce qui concerne les trois séries d'indices linguistiques utilisés. Les indices de longueur moyenne de production verbale obtenus varient entre 7.52 et 8.80 mots (moyenne 8.17 mots) dans les conversations avec les enfants et entre 11.78 et 18.48 (moyenne 13.50) dans les conversations entre adultes. Les pourcentages de phrases dites structuralement simples (ne comportant qu'une seule proposition), composées (comportant plusieurs propositions coordonnées) et complexes (comportant une ou plusieurs propositions subordonnées), varient sensiblement selon qu'il s'agit du langage adressé aux enfants ou du langage échangé entre adultes, ce dernier présentant une concentration nettement supérieure de phrases composées et complexes. Enfin, 75 % en moyenne des mots utilisés dans la conversation familière entre adultes contre 65 % dans la conversation avec les enfants appartiennent aux mille premiers mots des tables de fréquence lexicale établies pour l'anglais américain par Thorndike et Lorge (1944). Les données de Granowsky et Krossner (1970) semblent donc faire état d'une simplification lexicale et morpho-lexicale intervenant dans le langage des enseignantes du maternel lorsqu'elles s'adressent aux enfants dans le cadre de leur classe.

Plus récemment, Rondal et collaborateurs (Rondal, Adrao et Neves, 1980; Rondal, Adrao, Neves et Dalle, 1982) ont analysé le langage adressé par les institutrices aux enfants des classes du niveau maternel et du niveau de première année primaire dans deux écoles de la ville de Québec. Les milieux scolaires étaient contrastés selon la composition sociale, une des deux écoles recevant surtout des enfants de familles aisées et l'autre des enfants de la classe ouvrière. On a dans un premier temps enregistré un large échantillon de langage adressé par les enseignants aux enfants dans le cadre des diverses activités qui fournissent l'essentiel des échanges verbaux en classe. Les échantillons de langage ont été analysés selon divers paramètres linguistiques de façon à dégager un profil-type du langage des enseignantes. Le tableau 22 résume les principales données issues de cette étude.

On note à l'examen du tableau 22 de nombreux points commun entre les 4 profils du langage. Les indices LMPV sont commensurables et légèrement plus élevés en première année qu'en maternelle dans les deux écoles étudiées. Ils correspondent de façon satisfaisante aux LMPV rapportés par Granowsky et Krossner (1970) pour le niveau maternel (voir supra), LMPV également calculés en nombre de mots. La proportion des énoncés sans verbes est d'environ 20 à 25 %. Le langage magistral est fait en majorité de phrases déclaratives affirmatives et de questions oui-non et Q affirmatives. Il y a relativement peu de phrases négatives. Les énoncés syntaxiquement simples sur le plan propositionnel dominent largement. Les constructions sont le plus souvent à la voix active, au mode indicatif et au temps présent. Les profils de langage diffèrent dans les classes selon la nature de l'activité scolaire. La comparaison selon le niveau social entre les deux écoles étudiées ne révèle pas de différence notable dans le langage des enseignantes. Les indices calculés pour l'école 1 (milieu ouvrier) semblent en fait, et en général (par exemple, pour le LMPV et l'indice de complexité syntaxique) légèrement supérieurs à ceux qui caractérisent l'école 2 (milieu bourgeois).

De façon à établir si le langage des enseignantes dans les différentes classes est raisonnablement adapté au niveau de développement des enfants, on a extrait des corpus enregistrés, les termes de vocabulaire et les tournures les plus fréquentes pour constituer une épreuve de compréhension de vocabulaire et de compréhension morpho-syntaxique du langage de l'enseignante. Ces épreuves compor-

Tableau 22. *Profil de langage [1,2] en provenance de 4 enseignantes des niveaux maternel et de première année primaire dans deux écoles francophones de Québec contrastées selon le milieu socio-économique (d'après Rondal, Adrao et Neves, 1980; et Rondal, Adrao, Neves et Dalle, 1982).*

A. Classes maternelles (Ecole 1: milieu ouvrier; Ecole 2: milieu bourgeois).

Paramètres linguistiques	Activités de classe					
	1. Mise en train		2. Calcul		3. Expression graphique et plastique	
	E1	E2	E1	E2	E1	E2
1. *LMPV*[3]	8.4	7.1	5.5	7.3	9.6	6.6
2. *Enoncés sans verbes*	24	18	20	17	20	27
3. *Types syntaxiques de phrases:*						
- Déclaratives affirmatives	30	35	37	50	28	45
- Déclaratives négatives	9	9	2	11	6	8
- Impératives affirmatives	14	3	20	15	42	6
- Impératives négatives	0	0	1	0	0	0
- Interrogatives:						
- oui-non affirmatives	33	30	22	14	18	22
- oui-non négatives	2	1	0	0	0	1
- Questions Q. affirmatives	12	21	20	10	6	18
- Questions Q. négatives	0	0	0	0	0	0
4. *Complexité syntaxique:*						
- Enoncés simples	74	92	76	87	89	90
- Phrases complexes:						
- Coordonnées	7	2	7	3	4	2
- Subordonnées	18	6	18	10	7	8
5. *Voix:*						
- Actives	98	98	100	100	99	97
- Passives	2	2	0	0	1	3
6. *Temps du verbe:*						
- Présent	88	82	87	98	85	87
- Autre	13	8	13	2	14	13
7. *Modes:*						
- Indicatif	72	0	64	12	55	6
- Conditionnel	2	1	0	2	0	1
- Subjonctif	1	0	1	0	0	0
- Infinitif	18	16	17	16	20	16
- Impératif	7	3	16	10	26	5

B. Classes de 1ʳᵉ année primaire (Ecole 1: milieu ouvrier; Ecole 2: milieu bourgeois).

Paramètres linguistiques	1. Catéchèse		*Activités de classe* 2. Expression poétique		3. Activité de lecture et d'écriture	
	E1	E2	E1	E2	E1	E2
1. *LMPV*[3]	11.7	9.6	9.4	7.2	7.4	5.5
2. *Enoncés sans verbes*	15	16	22	19	20	15
3. *Types syntaxiques de phrases*						
- Déclaratives affirmatives	83	61	58	65	50	50
- Déclaratives négatives	10	9	6	0	10	5
- Impératives affirmatives	4	2	6	2	8	14
- Impératives négatives	0	0	0	0	1	0
- Interrogatives:						
- Oui-non affirmatives	4	8	18	6	20	2
- Oui-non négatives	0	2	0	5	1	3
- Questions Q. affirmatives	0	17	11	21	11	27
- Questions Q. négatives	0	1	0	1	0	0
4. *Complexité syntaxique*:						
- Enoncés simples	65	56	72	56	77	63
- Phrases complexes:						
- Coordonnées	8	19	8	14	8	7
- Subordonnées	27	25	20	30	15	30
5. *Voix*:						
- Actives	96	94	100	96	99	95
- Passives	4	6	0	4	1	5
6. *Temps du verbe*:						
- Présent	77	75	87	69	80	87
- Autre	24	25	12	31	19	13
7. *Modes*:						
- Indicatif	63	64	79	71	70	77
- Conditionnel	13	8	2	0	5	3
- Subjonctif	5	0	2	2	3	0
- Infinitif	15	21	11	25	15	0
- Impératif	5	1	6	3	8	14

[1] En français.

taient la présentation aux enfants pour chaque item lexical ou pour chaque phrase d'une planche avec plusieurs dessins y compris des dessins distracteurs en leur demandant de désigner le dessin correct. Seule une analyse lexicale ou une analyse de la structure morpho-syntaxique proposée dans la phrase selon le cas permettrait de choisir le «bon» dessin (cfr Rondal et al., 1980 et 1982 pour plus de détails).

Les termes lexicaux les plus fréquents dans le langage des institutrices sont bien compris par les enfants des différents niveaux et établissements scolaires. Les pourcentages moyens d'erreurs aux épreuves lexicales sont très modérés en règle générale (quelques % dans la plupart des cas). Il en va de même pour la compréhension des structures morpho-syntaxiques les plus fréquemment utilisées par les enseignantes. Parmi les structures relativement moins bien comprises dans les diverses classes figurent les questions introduites par les adverbes interrogatifs «combien», «comment», le passé simple, le passé composé, l'imparfait et les phrases passives renversables. Les erreurs relevées sont relativement peu fréquentes. Elles sont compatibles avec les niveaux de développement linguistique habituellement observés chez des enfants âgés de 5 à 7 ans.

Considérant les caractéristiques formelles du langage adressé par les enseignantes étudiées aux enfants de leur classe, on peut affirmer que ce langage est bien adapté au niveau de développement langagier des enfants. Les relevés qui se trouvent au tableau 22 vont dans ce sens si on les compare avec les données de la littérature sur les adaptations linguistiques parentales dans le langage adressé aux enfants en voie d'acquisition du langage. Les résultats obtenus par les enfants dans les épreuves de compréhension confirment cette interprétation. On retiendra également l'absence apparente de grosses différences dans le langage des enseignantes selon la composition sociale de la classe et dans les résultats des enfants aux épreuves de compréhension selon l'appartenance sociale.

Les données résumées ci-dessus sont préliminaires de toute évidence. Elles semblent cependant témoigner en faveur des intéressantes adaptations enseignants-enfants dans les classes de maternelle et de première année primaire. Il est vraisemblable que certaines caractéristiques de l'environnement linguistique familial de l'enfant se retrouvent dans d'autres environnements linguistiques comme l'école.

1.1.3. Généralités des données

Les indications fournies dans ce qui précède sur les modifications et les adaptations observables dans le langage parental adressé à l'enfant semblent avoir valeur générale pour autant qu'on puisse en juger sur la base d'un dossier insuffisamment étoffé en ce qui concerne le sexe de l'enfant, les différentes classes sociales et les différentes cultures.

1. Sexe de l'enfant

Les études rapportent des résultats divergents sur le point de savoir si le langage parental adressé à l'enfant est modifié de la même façon s'il s'agit d'un garçon ou d'une fille. Philips (1973) et Fraser et Roberts (1975) ont analysé le langage parental adressé à des enfants des deux sexes âgés de 8 mois à 4 ans. Ils ont surtout centré leurs études sur les aspects lexicaux et morpho-syntaxiques du langage maternel et ne rapportent aucune différence significative selon que l'interlocuteur est un garçon ou une fille.

De même, Gutmann et Turnure (1979) n'enregistrent aucune différence notable dans les fréquences de gestes déictiques, pantomimiques et sémantiques (voir supra) produits par les mères à l'adresse de leurs enfants âgés de 2 à 5 ans environ selon qu'il s'agit de garçons ou de filles.

Revenant au domaine verbal, on signalera d'autres études qui rapportent des différences dans le langage parental selon le sexe de l'enfant.

Plusieurs travaux indiquent que les mères parlent davantage à leur fille qu'à leur garçon. Lewis et Freedle (1973) relèvent davantage de vocalisations et de verbalisations adressées par les mères à leurs filles qu'à leurs garçons de 3 mois. Cherry et Lewis (1975) signalent que les mères parlent plus (nombre d'énoncés), formulent davantage de questions, répètent plus les énoncés de l'enfant et produisent des énoncés plus longs lorsqu'elles s'adressent à leur fille qu'à leur garçon. Les mères fournissent également davantage d'accusés de réception des messages verbaux produits par leur fille que leur garçon. S'adressant à leur garçon, les mères produisent davantage d'énoncés au mode impératif. Les enfants sont âgés de 2 ans dans l'étude de Cherry et Lewis (1975). Ces auteurs suggèrent que les mères cherchent davantage à impliquer leur fille dans la conversation. Les garçons seraient encouragés à agir non verbalement.

Kauffmann (1977) relève que les pères posent significativement plus de questions du type « What is this ? » (« Qu'est-ce que cela ? », « C'est quoi ça ? ») — requêtes en dénomination — à leurs fils qu'à leurs filles. Les enfants sont âgés de 18 à 24 mois dans cette étude. Golinkoff et Ames (1979) signalent que le nombre de tours conversationnels de chaque parent est plus élevé avec leur garçon qu'avec leur fille. Cependant, les parents produisent des tours conversationnels plus longs en moyenne avec les filles qu'avec les garçons. Les enfants sont âgés de 20 mois dans cette étude. Golinkoff et Ames (1979) suggèrent que les parents s'attendent à ce que les filles soient davantage capables de maintenir leur attention sur le langage qui leur est adressé que les garçons à âge chronologique équivalent. Mais ils ne fournissent aucune donnée à l'appui de cette hypothèse. Berko-Gleason (1979) émet également l'hypothèse qu'il est plus facile pour les mères d'interagir plus largement sur le plan verbal avec leurs filles qu'avec leurs garçons, les premières étant généralement plus attentives que les seconds, ceux-ci se montrant souvent plus actifs et plus irritables.

Des « influences croisées » ont été rapportées également. Par exemple, Mc Laughlin, Schutz et White (1980) ont étudié les interactions verbales entre 24 parents et leurs filles ou garçons âgés de 5 ans dans une situation de jeu structuré. Ces chercheurs trouvent que les parents présentent des scores plus élevés à une série de mesures de langage (longueur moyenne de production verbale, nombre moyen de mots par tour conversationnel, nombre moyen de verbes par phrase et indice de diversité lexicale) lorsque l'enfant avec lequel ils interagissent (il s'agissait toujours de leur propre enfant) est du sexe opposé. La complexité linguistique des échanges serait donc plus élevée dans les dyades où parents et enfants sont de sexes opposés.

En conclusion, les données disponibles actuellement ne permettent pas de répondre clairement à la question de savoir si le langage parental est adapté et modifié de la même façon dès lors qu'il s'agit d'un garçon ou d'une fille. *Il semble bien que les mêmes mécanismes adaptatifs jouent pour les garçons et pour les filles.* Il est possible cependant que les filles reçoivent « davantage de langage » de la part des parents soit parce qu'il est plus facile de prolonger l'échange verbal et le tour conversationnel avec elles qu'avec les garçons, soit encore parce que les parents considèrent que les filles sont toujours un peu plus avancées sur le plan du développement du langage que les garçons à âge chronologique équivalent. Une telle opinion est largement répandue dans le grand public.

Est-elle fondée? Il n'est pas facile de répondre à cette question. Un nombre non négligeable d'études menées dans la première partie du siècle concluent à une avance développementale des filles concernant la fréquence des vocalisations durant la première année, la fréquence des verbalisations ensuite, la diversité lexicale et la complexité grammaticale du discours (Mc Carthy, 1930; Young, 1941). Les différences filles-garçons semblaient être plus marquées parmi les enfants de niveaux socio-économiques inférieurs (Davis, 1937; Young, 1941). Les données récentes toutefois sont loins d'être unanimes. Par exemple, Lewis et Freedle (1973) confirment au moins partiellement l'observation selon laquelle la fréquence des vocalisations est plus importante chez les garçons que chez les filles de la naissance à 3 mois. Mais d'autres études ne retrouvent pas cette tendance (Jones et Moss, 1971; Rheingold, Gewirtz et Ross, 1967). De même, Schachter, Shore, Hodapp, Chaflin et Bundy (1978) relèvent des longueurs moyennes de productions verbales significativement plus élevées chez les filles que chez les garçons entre 15 et 30 mois. Cependant, Golinkoff et Ames ne trouvent qu'une faible différence en faveur des filles chez des enfants âgés de 20 mois. De nombreuses études ont abordé la différenciation sexuelle des capacités linguistiques chez l'enfant d'âge scolaire à l'aide de tests de langage (échelle verbale du test de Weschsler, épreuves d'association verbale de vocabulaire, épreuves de compréhension de récits, etc.). Maccoby et Jacklin (1974) ont soigneusement revu cette littérature. Elles concluent qu'il existe pratiquement autant d'études ne rapportant pas de différence selon le sexe de l'enfant que d'études mettant en évidence un avantage linguistique développemental chez les filles. Les études montrant une supériorité des garçons toutefois sont exceptionnelles. Au vu de cette synthèse rapide, il semble bien qu'il faille éviter de surestimer l'importance des différences dans le développement langagier selon le sexe de l'enfant comme on l'a fait par le passé. Comme l'indique Reuchlin (1979), il ne se dégage des données qu'une «tendance majoritaire: lorsqu'une différence de moyenne apparaît elle s'établit le plus souvent en faveur des filles» (p. 379).

Si les deux hypothèses ci-dessus devaient être vérifiées dans le futur, à savoir: 1) l'environnement linguistique des filles diffère substantiellement de celui des garçons quant à la quantité et à la qualité du langage adressé; 2) le développement linguistique des filles est plus rapide en général que celui des garçons, il faudrait s'interroger sur les relations qui peuvent exister entre elles.

On pourrait se demander si, et si oui dans quelle mesure, (1) détermine (2). Cependant, d'autres déterminismes qu'environnementaux peuvent être envisagés. Il est évidemment possible qu'une avance développementale linguistique attestée chez les filles renvoie en tout ou en partie à une plus grande précocité maturationnelle sur le plan du système nerveux chez ces dernières par rapport aux garçons. Bien qu'on puisse citer un certain nombre d'arguments physiologiques en faveur de cette explication, la façon dont elle pourrait s'appliquer au domaine des fonctions cognitives en général et à celui des fonctions langagières en particulier n'est pas claire du tout. L'hypothèse d'une différence d'origine génétique au niveau de la structure anatomique du cerveau a aussi été émise. On a rapporté une asymétrie au niveau du planum temporale en faveur de l'hémisphère gauche chez le nouveau-né plus marquée pour les filles que pour les garçons (Witelson, et Pallie, 1973, cité par Berko-Gleason, 1979). Or, on pense que cette zone est impliquée de façon importante dans l'analyse réceptive du langage. Kimura (1967), utilisant la technique bien connue de l'écoute dichotique, relève un avantage significatif de l'oreille droite sur l'oreille gauche pour l'analyse de la parole apparaissant plus tôt chez les filles que chez les garçons. On sait qu'une telle supériorité de l'oreille droite traduit la dominance de l'hémisphère cérébral gauche pour l'analyse des sons du langage. Il est donc possible que la spécialisation hémisphérique cérébrale pour les fonctions langagières soit plus précoce chez les filles que chez les garçons. Une telle précocité, notons-le au passage, peut être la résultante plutôt que la cause des différences développementales entre garçons et filles sur le plan du langage. En effet, il est possible que le fait de parler plus tôt et plus, quelle qu'en soit la raison, détermine une latéralisation hémisphérique cérébrale plus précoce et plus marquée pour les fonctions langagières. Ces indications sont très préliminaires. Quoi qu'il en soit, les éventuelle pratiques différentielles parentales à l'égard des garçons et des filles sur le plan du langage n'excluent évidemment pas l'influence possible de facteurs physiologiques généraux et neurologiques dans le déterminisme multiple d'une hypothétique avance développementale des filles sur le plan du langage.

2. *Classe sociale*

Les données existantes font état de différences notables dans les interactions verbales et non verbales entre mère et enfant selon la classe sociale. Aucune information n'est disponible sur le langage paternel adressé à l'enfant selon cette même dimension. Tulkin et Kagan (1972) rapportent des fréquences proches en ce qui concerne les comportements maternels non verbaux adressés à des enfants de sexe féminin âgés de 10 mois environ dans les différentes classes sociales (classe moyenne par opposition à classe ouvrière). Cependant, la fréquence des verbalisations maternelles dans la même situation est significativement inférieure dans la classe ouvrière. Les auteurs mettent cette observation en rapport avec une sous-estimation des capacités communicatives du jeune enfant par les mères de la classe ouvrière (sous-estimation exprimée dans les interviews des mères ayant participé à l'étude).

Une étude de Clarke-Stewart (1973) menée au domicile des enfants confirme et étend les indications de Tulkin et Kagan (1972). L'auteur signale des fréquences d'interactions verbale et non verbale significativement moins nombreuses entre mère et enfant dans la classe ouvrière que dans la classe bourgeoise. Elle rapporte également une corrélation positive et significative entre la stimulation verbale maternelle de 9 à 17 mois et le niveau de langage des enfants à 17 mois. D'autres études font également état d'une réduction de l'input linguistique chez les jeunes enfants issus de milieux sociaux ouvriers, particulièrement avant le début du langage productif chez l'enfant (Cohen et Beckwith, 1976; Snow, 1977b; De Blauw, Dubler, Van Roosmalen et Snow, 1979).

Sentilhes, Winsberg et d'Anglejan (1978) observent les mêmes types d'interaction entre des mères et leurs enfants âgés de 6 à 12 mois en situation de jeu dans deux classes sociales (bourgeoise et ouvrière). Il s'agit de sujets anglophones de la banlieue de Montréal. Mais les couples mère-enfant diffèrent très sensiblement d'un milieu social à l'autre quant à leur préférence pour certaines modalités de communication: ainsi l'utilisation des jouets sans guère d'échange interpersonnel est plus fréquente dans les dyades de niveau socio-économique inférieur. De même, les interactions mère-enfant dans la classe bourgeoise sont nettement plus diversifiées, avec davantage de contacts oculaires, de sourires et rires, de vocalisations, de verbalisations (du côté de la mère) et de contacts physiques entre les partenaires.

Snow, Arlman-Rupp, Hassing, Jobse, Joosten et Vorster (1976) ajoutent aux données précédentes pour des enfants plus âgés (18 à 34 mois). Il s'agit de sujets néerlandophones. L'essentiel des résultats de cette étude est présenté au tableau 23.

Les mêmes tendances générales se retrouvent dans le langage maternel adressé à l'enfant dans les différentes classes sociales étudiées. Des différences existent cependant entre les classes sociales dans

Tableau 23. Résumé[1] des données de Snow, Arlman-Rupp, Hassing, Jobse, Joosten et Vorster (1976) sur le langage maternel[2,3] adressé à l'enfant entre 18 et 34 mois selon la classe sociale.

Indices	Groupes					
	Bourgeois élevés		Bourgeois moyens		Ouvriers	
	JL	RH	JL	RH	JL	RH
1. LMPV[4]	3.92	4.47	4.03	3.95	4.17	4.41
2. Questions	.24	21	36	35	20	23
3. Impératives	.11	.09	.12	.05	.25	.14
4. Déictiques[5]	.21	.18	.22	.18	.15	.15
5. Adjectifs / noms	.35	.23	.25	.26	.35	.29
6. Verbes / énoncés	1.05	1.04	1.04	1.05	1.04	1.05
7. Copules / verbes	.51	.37	.49	.49	.46	.45
8. Verbes modaux[6] / verbes	.16	.15	.12	.16	.26	.19
9. Verbes au présent / verbes	.96	.90	.98	.96	.96	.91
10. Répétitions exactes des énoncés de l'enfant	.05	.08	.08	.07	.02	.02
11. Autorépétitions partielles	.15	.14	.10	.08	.15	.17
12. Autorépétitions exactes	.04	.03	.06	.03	.07	.09
13. Expansions des énoncés enfantins	.08	.06	.08	.06	.03	.04

[1] En proportions moyennes par rapport au nombre d'énoncés (sauf pour les indices 1, 5, 6, 7, 8 et 9).
[2] Etude menée en néerlandais.
[3] La recherche portait sur 18 enfants. Les situations utilisées étaient le jeu libre (JL) et raconter une histoire à l'enfant (RH) en s'aidant d'un livre d'images.
[4] En nombre de mots.
[5] Il s'agit des formes verbales comme les pronoms personnels démonstratifs et les adverbes spatiaux et temporels qui ne renvoient qu'indirectement à la réalité extralinguistique par le biais des instances du discours.
[6] Les équivalents néerlandais de « pouvoir », « vouloir », « falloir », « devoir », etc.

certains aspects syntaxiques et pragmatiques du langage maternel examinés par les auteurs: les mères de la classe ouvrière utilisent significativement plus d'impératives et de verbes modaux («can, will, may, shall», etc.) et moins de déictiques que les mères de la classe bourgeoise. Les premières répètent et expandent environ deux fois moins le langage de l'enfant que les secondes.

Donc, bien que la même tendance à l'adaptation du langage maternel au langage enfantin semble exister dans les différentes classes sociales, il est vraisemblable que les enfants de la classe ouvrière reçoivent un input linguistique plus réduit dès la première année de vie. Plus tard, des différences spécifiques semblent se marquer selon la classe sociale dans plusieurs aspects du langage maternel adressé à l'enfant.

Il est possible qu'une partie au moins du retard relatif de langage présenté par de nombreux enfants issus des milieux ouvriers lorsqu'on les compare aux enfants des milieux favorisés (Rondal, 1978a, pour une revue de la littérature) trouve son origine dans les pratiques interactives parentales au sein des différentes classes sociales. Il est encore trop tôt sans doute pour chercher à établir l'origine précise de telles différences linguistiques dans les interactions mère-enfant selon les classes sociales. Un faisceau de facteurs sont potentiellement pertinents: des différences socio-culturelles dans les styles interactifs parent-enfant et d'autres caractéristiques de l'organisation familiale selon le niveau social dont les variables linguistiques ne sont qu'un reflet et une composante (on verra Bernstein, 1975, sur ce point), le manque de temps des mères des classes ouvrières dû à diverses raisons familiales et professionnelles avec pour effet une réduction des interactions verbales avec l'enfant, un manque d'informations chez ces mères concernant les besoins et les capacités communicatives du jeune enfant et le processus d'acquisition du langage.

On pourrait se demander, certes, s'il ne convient pas de renverser l'hypothèse explicative. Il est tout aussi possible que les mères de la classe ouvrière réagissent au niveau du développement communicatif et linguistique de leur enfant, celui-ci étant généralement inférieur à celui des enfants issus des milieux plus favorisés. Une telle explication ne concorde pas avec l'observation selon laquelle des différences sont déjà observables dans le langage maternel selon la classe sociale au cours des 15 premiers mois, c'est-à-dire avant que l'enfant ait commencé à s'exprimer selon le lexique de la langue (Cohen et Beckwith, 1976; Snow, 1977b). A moins évidemment que les enfants issus des milieux défavorisés ne démontrent un développement linguistique relativement ralenti au cours des 15 premiers mois, développement ralenti auquel les mères ne feraient en fait que s'adapter. Des indications en faveur de l'hypothèse d'un développement prélinguistique relativement ralenti pendant les 15 premiers mois chez ces enfants ont été fournies par Golden et Birns (1976). Les différences relevées concernent, durant la première année, la plus grande capacité des jeunes enfants de la classe bourgeoise de localiser la source du son entendu, leur plus grande fréquence de vocalisation en valeur absolue (De Blauw et al., 1979, rapportent cependant les données contradictoires sur ce point concernant des enfants âgés de 3 à 6 mois), la plus grande fréquence de vocalisation des mêmes enfants après que la mère ait cessé de parler par opposition aux enfants de la classe ouvrière qui tendent davantage à vocaliser à l'unisson avec la mère, et, durant la seconde année, la plus grande capacité des enfants de la classe bourgeoise d'imiter spontanément des mots proposés pour désigner des objets familiers.

Le problème est complexe. Il n'est pas impossible que le développement prélinguistique de l'enfant issu d'un milieu défavorisé soit relativement ralenti par rapport au développement moyen des enfants issus de milieux favorisés pour des raisons qui nous échappent encore, de la même façon qu'une série de paramètres du développement organique (taille, etc.) font état également de différences entre les enfants selon la classe sociale, différences en faveur des sujets issus des milieux favorisés (Reuchlin, 1976). Dès lors, le niveau communicatif de l'enfant ajouté à une série d'autres variables socioculturelles, éducatives, relatives à l'organisation de la famille et professionnelles détermineraient un certain nombre de caractéristiques linguistiques maternelles (et sans doute parentales) comme une modification de l'input linguistique de l'enfant, avec comme conséquence un ralentissement du développement linguistique, lequel freinerait à son tour de nouvelles adaptations parentales, et ainsi de suite.

3. *Variables culturelles*

Blount (1971, 1972) a étudié le langage parental, et le langage adulte en général, adressé aux enfants par les Luos du Kenya. Le même auteur a analysé dans la même perspective des données similaires obtenues par Kernan dans le cas d'une famille de Samoa. Omar (1973) a rapporté des observations du même ordre pour le langage parental adressé à l'enfant dans la langue arabe parlée en Egypte. Ces données, bien que peu systématiques, font état de simplifications dans le langage adulte adressé à l'enfant quant aux mots utilisés, au nombre de monèmes produits par énoncé, aux structures syntaxiques produites et aux distinctions sémantiques exprimées. Un certain nombre d'indications sont fournies également attestant de l'évolution du langage parental avec le développement linguistique des enfants.

Une étude plus récentes et plus systématique a été menée par Harkness (1977). Cet auteur a observé une communauté agricole Kipsigis dans les hauts plateaux kenyans. Elle a enregistré 20 enfants âgés de 2 à 3 ans et demi dans leurs contextes familiaux respectifs pendant une durée d'environ deux heures. Ces contextes familiaux incluaient la mère et les enfants plus âgés (entre 4 et 8 ans) dans la moitié des cas approximativement et d'autres femmes (secondes épouses, grand-mères, voisines) une fois sur 4 environ. Il apparaît à l'analyse des données recueillies que les mères et les enfants plus âgés modifient leur langage adressé à l'enfant plus jeune d'une façon qui semble correspondre aux pratiques parentales et à celles de la frâtrie (voir supra) dans les cultures occidentales. Les indices moyens suivants furent relevés pour les mères sans qu'il n'y ait guère de différences sur ces points avec les enfants plus âgés: LMPV: 2.84; proportion de répétitions (exactes et partielles) du langage de l'enfant: 17 %; expansions: 3 %; proportion de questions: 29 %; impératives: 44 %; déclaratives: 20 %. Si on compare ces données avec celles obtenues dans diverses études menées dans les cultures occidentales (cfr tableaux 7, 9 et 14), on constate qu'elles sont assez comparables à l'exception toutefois de l'indice de longueur moyenne de production verbale, moins élevé dans les observations faites par Harkness, et la proportion d'impératives dans le discours maternel, plus élevée dans l'étude de Harkness. Harkness (1977) relève quelques différences entre le langage maternel et le langage des enfants plus âgés adressé aux enfants plus jeunes: le langage maternel comporte davantage de questions et l'interaction avec le jeune enfant est plus continue; les enfants plus âgés adressent moins de questions mais davantage de déclaratives à l'enfant plus jeune; le dialogue entre enfant plus âgé et enfant plus jeune comporte davantage de silences et d'énoncés adressé par l'enfant plus âgé à lui-même (langage «intérieur à voix haute» de Vygotsky) que les échanges mère-enfant plus jeune.

Slobin (1981) cite une étude non publiée de Ochs (1980) comme allant à l'encontre de l'hypothèse du caractère universel de l'adaptation du langage parental aux capacités linguistiques en évolution du jeune enfant. Selon les observations de Ochs, l'attitude des Samoans par rapport à leurs enfants et au langage de ceux-ci serait fondamentalement opposée à la nôtre. Ainsi, les Samoans ne chercheraient pas à interpréter le discours de leurs enfants ni à adapter leur propre langage à la compréhension enfantine. Ces données contrastent avec celles de Kernan, rapportées par Blount (1972). Slobin (1981) ne fournit pas d'autres information sur la recherche d'Ochs sinon l'indication que selon cette dernière ce serait aux enfants plus âgés que reviendrait dans la culture étudiée la tâche de s'occuper des enfants plus jeunes et de leur parler.

Les données présentées dans cette section, bien qu'en nombre tout à fait insuffisant eu égard à la complexité et à l'extension ethnoculturelle du problème, autorisent hypothétiquement la conclusion suivante : les phénomènes de simplification et d'adaptation du langage parental au langage de l'enfant semblent avoir valeur générale. Il convient dans cette orientation ethnographique d'éviter toute naïveté « occidentalo-centrique ». Il semble exister en effet nombre de cultures non occidentales où la mère n'est pas la principale source d'input langagier pour le jeune enfant. C'est le cas notamment pour les peuples Luo, Samoan et Koya (Indes) (Brukman, 1973; Blount, 1977). Dans ces sociétés, la socialisation du jeune enfant est l'affaire de la famille au sens large (y compris les oncles, tantes et cousins) et parfois de personnes ne faisant pas partie de la famille (voisins, voisines). Il conviendra évidemment d'adapter les recherches et les questions posées aux réalités culturelles étudiées.

1.2. LES INTERACTIONS VERBALES ENFANT-ENFANT

Nous limiterons notre propos aux interactions verbales entre enfants plus âgés et enfants plus jeunes. A partir de 4 ans environ, les modes d'interactions et le langage de l'enfant plus âgé adressé à l'enfant plus jeune reflètent singulièrement les modes d'interaction et le langage adressé au jeune enfant. On retrouve sur une plus grande échelle l'observation faite par Harkness (1977) à propos des échanges entre enfants plus âgés et enfants plus jeunes chez les Kipsigis du Kenya.

Cependant, on peut observer un début d'adaptation à l'interlocuteur chez des enfants plus jeunes. Ainsi Berko-Gleason (1973) et Weeks (1971) rapportent que des enfants de 3 ans sont capables de modifier spontanément certains éléments de leurs discours en s'adressant à un bébé : ils tendent à ralentir leur débit de parole, à élever le ton et à exagérer l'intonation. Nous avons nous-mêmes observé une élévation du ton et une exagération de l'intonation chez notre fils David, âgé de 30 mois, lorsqu'il s'adresse à sa sœur Amélie, âgée de 4 mois.

Vers 5 ans, les enfants sont capables de modifier considérablement la nature et la complexité de leurs discours selon qu'ils s'adressent à un enfant plus jeune ou à un adulte. Le langage échangé entre enfants plus âgés et enfants plus jeunes est sensiblement plus court en ce qui concerne la longueur moyenne des productions verbales et plus simple grammaticalement que le langage adressé à l'adulte. Il contient également un pourcentage important de «capteurs d'attention» (par exemple, «Hé», «Regarde», «Ecoute», etc.). Par contre, le langage adressé par les enfants de ces âges à leurs pairs ne diffère pas sensiblement en complexité de celui adressé par les mêmes enfants aux interlocuteurs adultes (Shatz et Gelman, 1973). Des données comparables ou correspondantes ont été obtenues par Sachs et Devin (1976), Brami-Mouling (1977), et Beaudichon, Sigurdsson et Trelles (1978) — cfr Brédart et Rondal, 1981, 1982, pour des revues et discussions de cette littérature.

Dans le même ordre d'idées, Guralnick et Brown (1977) ont montré que des enfants normaux de 4 ans étaient capables de modifier sensiblement la complexité et la diversité de leurs discours en s'adressant à des enfants du même âge chronologique mais retardés mentaux et donc moins développés linguistiquement, dans le contexte des activités d'un jardin d'enfants «intégré» aux Etats-Unis. De même, Masur (1978) rapporte que des enfants de 4 ans sont capables d'ajuster différentiellement leur langage selon qu'ils s'adressent à des enfants de 2 ans caractérisés indépendamment comme «avancés linguistiquement» (LMPV compris entre 1.8 et 4) ou comme «moins avancés linguistiquement» (LMPV compris entre 1 et 1.5) — les deux groupes d'interlocuteurs ne se différenciant pas en ce qui concerne l'intelligence pratique que demandait la manipulation des jouets dont il fallait leur expliquer le fonctionnement. Le langage le plus complexe est adressé aux interlocuteurs les plus évolués sur le plan linguistique. Hoy et McKnight (1977) rapportent des modifications du même type chez des enfants et des adolescents retardés mentaux âgés de 11 et 15 ans placés en situation d'interaction linguistique avec d'autres enfants retardés du même âge mais inférieurs quant au niveau de développement linguistique atteint.

Ce faisceau de données infirme les conclusions de Piaget (1923) et celles plus récentes de Flavell, Botkin, Fry et Jarvis (1968) sur la présumée incapacité des jeunes enfants à adapter leurs discours à l'interlocuteur. Dès trois ans comme l'indiquent les données ci-dessus, le point de vue de l'interlocuteur est intégré dans le comportement linguistique de l'enfant (cfr également Slama-Cazacu, 1975).

On rappellera les données de Weist et Krupps (1977) sur la bonne compréhension du langage du jeune enfant par les enfants plus âgés (entre 4 ans et demi et 7 ans et demi), compréhension équivalente à celle des pères et mères à l'intérieur de la même famille et seulement légèrement inférieure pour les jeunes enfants issus d'autres familles (cfr tableau 16).

Une étude récente de Bastyns (1981) s'est centrée sur les aspects *gestuels* de la communication entre enfants. Elle a observé 12 enfants de 3e gardienne (maternelle) — âge moyen 5 ans et 5 mois — et 12 enfants de 2e année primaire — âge moyen 7 ans et 5 mois — de Q.I. compris entre 83 et 138 (sans différence marquée entre les Q.I. partiels obtenus aux sous-échelles verbale et de performance du test WISC) en interaction dyadique. Six tâches furent proposées: raconter une histoire, décrire un événement (à partir d'une séquence de 3 images mises à la disposition de «l'émetteur»), décrire un objet familier, manipuler des jouets (poupée, camion, etc.), reconstituer une scènette d'après modèle (avec un matériel constitué d'une dizaine de gommettes plastiques) et reproduire un dessin d'après modèle. L'analyse des gestes a été faite en recourant à la classification de Jankovic, Devoe et Wiener (1975) qui distinguent des gestes déictiques, pantomimiques et sémantiques (voir supra, ces catégories ont été définies à l'occasion de la présentation de la recherche de Gutmann et Turnure, 1979).

Bien qu'on puisse définir un «style comportemental gestuel» propre à chaque enfant — certains tendent à gesticuler en tous sens, d'autres maîtrisent davantage leur expression gestuelle —, il existe une évolution développementale dans le sens d'un endiguement des gesticulations désordonnées et d'une canalisation de l'expression motrice dans le sens de la communication. Au total, l'expression gestuelle symbolique est presque deux fois plus importante en 2e année primaire qu'en 3e gardienne. Les gestes pantomimiques dominent en fréquence chez les enfants de 2e année primaire (environ 45 %) tandis que les gestes déictiques dominent chez les enfants du niveau gardien (environ 40 %). Les gestes sémantiques sont plus fréquents chez les premiers que chez les seconds mais leur proportion par rapport à l'ensemble des gestes symboliques reste identique d'un niveau à l'autre (environ 17 %). L'âge de l'interlocuteur n'influence pas significativement le comportement symbolique de l'émetteur. On note cependant des répétitions plus fréquentes d'un même type de gestes, une plus grande précision dans l'exécution des gestes et d'un «débit» gestuel ralenti dans les interactions où l'émetteur est un enfant plus âgé s'adressant à un enfant plus jeune. Le type de tâche influence sensiblement la fréquence des comportements gestuels observés. En maternelle comme en 2e année primaire, ce sont les situations où il s'agit de décrire un jouet, de reconstruire une scènette et de reproduire un dessin qui déterminent le plus d'échanges informatifs et gestuels.

En résumé, les données disponibles sur le plan de la communication verbale entre enfants plus âgés et enfants plus jeunes établissent clairement que dès 4 ou 5 ans les premiers se comportent vis-à-vis des seconds d'une façon qui rappelle les adaptations langagières parentales à l'adresse des jeunes enfants. Sur le plan gestuel, les indications sont encore trop rares pour qu'on puisse se prononcer. Mais il est probable qu'une évolution développementale de même nature puisse être observée là aussi. Les enfants plus âgés paraissent capables de fournir aux enfants plus jeunes un environnement verbal, et sans doute communicatif en général, adapté aux possibilités de ces derniers lesquels profitent alors chez leurs aînés d'une sorte de prolongement de l'environnement linguistique parental.

NOTES

[1] Ces citations ont été traduites par nous.
[2] Il s'agit d'une simplification. Le contexte situationnel et la tâche dans lesquels les échanges verbaux et non verbaux prennent place entre adultes et entre enfants et adultes sont rarement sinon jamais vraiment comparables (relations statutaires et de rôles entre partenaires, activités au sein desquelles interviennent les échanges, bonne volonté réciproque des partenaires, connaissances extralinguistiques, objectifs et motivations, etc.). Les comparaisons expérimentales ne peuvent être entièrement satisfaisantes à ce point de vue. C'est l'opinion générale cependant qu'elles permettent une caractérisation suffisamment valide des modes dominants d'échanges verbaux et non verbaux entre adultes, d'une part, et entre adultes et enfants, d'autre part.

³ Rappelons la distinction habituelle entre *phrase* et *énoncé*. Un énoncé est toute production verbale séparée par une pause de part et d'autre. Une phrase est un énoncé qui contient minimalement un syntagme nominal et un syntagme verbal dans une relation sujet-verbe. Les phrases impératives font exception en ce sens qu'elles n'ont pas de sujet en structure de surface. Pour une discussion de la notion de phrase diachroniquement et synchroniquement, on verra Marcello-Nizia (1979).

⁴ Par *contexte extralinguistique*, nous entendons la situation immédiate ou médiate de l'énonciation verbale, c'est-à-dire l'endroit, l'événement en cours, la trame relationnelle dans lequel l'objet, l'action, l'état ou l'événement référé s'inscrit, et le «présupposé» qui s'y attache indépendamment de l'énoncé. Par *contexte paraverbal*, nous entendons la toile de fond immédiate de l'énoncé, à savoir la mimique et l'attitude qui l'accompagnent et éventuellement le modulent, la distance entre les interlocuteurs et les gestes parallèlement au discours. Pour une présentation détaillée du contexte de l'énonciation, on verra notamment Rondal et Lambert (1981). Le contexte extralinguistique et le contexte paraverbal constituent les aspects non verbaux de la communication verbale.

⁵ Nous reprenons ici la terminologie de Martinet (1970). Ceci n'implique évidemment pas que nous fassions nôtre les théories linguistiques de cet auteur. On entend par *monème* une unité minimale de sens constituée d'un certain nombre de phonèmes. Certains monèmes peuvent apparaître isolément dans la chaîne du discours (par exemple, *sur*, *par*, *œuf*, *plat*, etc.). D'autres sont obligatoirement associés syntagmatiquement au sein d'unités comportant deux ou plus de deux monèmes (par exemple, *pêch-er*, *prun-ier*, *pomm-ier*, *gard-ien*, etc.). Par *morphème*, il faut entendre une sous-classe de monèmes dont le rôle est essentiellement grammatical (par exemple, les marqueurs du genre, du nombre et du temps dans les items suivants: *mang-erai*, *mang-eront*, *lion-s*, *ferm-ièr-e*, etc.). Un mot est constitué d'un monème isolé (dans ce cas, mot et monème se confondent) ou de plusieurs monèmes (et morphèmes), comme dans les exemples précédents.

⁶ Pour la facilité, ce comptage donne des résultats très proches du comptage en nombre de syllabes (cfr Lambert et Rondal, 1980; et Rondal et Lambert, 1981).

⁷ Qu'on nous permette ce néologisme à seule fin de faciliter l'exposé.

⁸ Une opinion encore largement répandue dans la littérature récente (par exemple, Slobin, 1981).

⁹ Malheureusement, sans fournir de relevé quantitatif.

¹⁰ On entend par «tour conversationnel» les énoncés émis par un locuteur entre deux interventions de son interlocuteur.

¹¹ Nous n'entendons nullement minimiser l'importance des aspects paraverbaux de la relation maître-élève. On verra notamment sur ce point l'ouvrage de De Landsheere et Delchambre (1980).

Chapitre 2
L'explication des adaptations linguistiques parentales

Comment expliquer les adaptations linguistiques parentales au niveau de langage de l'enfant ?

Snow (1977a) et Cross (1977, 1980) ont proposé chacune une hypothèse explicative générale. L'hypothèse de Snow est une *hypothèse conversationnelle* centrée sur le comportement maternel. L'hypothèse de Cross, dite du *«feedback linguistique»* (linguistic feedback hypothesis), est centrée sur les réactions de la mère aux comportements enfantins. En fait, les deux hypothèses sont complémentaires. Il convient de les articuler l'une à l'autre en les spécifiant davantage. Mais elles ne peuvent suffire à expliquer les faits observés. C'est pourquoi nous y ajouterons une troisième hypothèse, dite de «l'enseignement implicite du langage».

2.1. L'HYPOTHESE CONVERSATIONNELLE

L'hypothèse de Snow stipule que les parents (Snow, en fait, se réfère à la mère) se comportent avec l'enfant (prélinguistique aussi bien que linguistique) selon un modèle conversationnel semblable à celui qui est d'application entre adultes. L'objectif de la mère est de converser avec l'enfant et au-delà de la conversation de contrôler le comportement de l'enfant.

Toute conversation implique au minimum une prise de tours régulière de la part des interlocuteurs. La mère supplée aux carences interactives du jeune enfant au cours de la première année en fournissant elle-même les répliques et en interprétant tout un éventail de comportements non verbaux enfantins, les sourires, les vocalisations, et même les rots (mais non certains autres comportements comme le fait de crier ou de pleurer ou de frapper des pieds), comme autant d'interventions communicationnelles ayant valeur de tour conversationnel. Progressivement, l'éventail des comportements enfantins acceptables comme instances de conversation est restreint jusqu'à inclure seulement les comportements verbaux et paraverbaux habituellement reconnus comme ayant valeur communicationnelle dans l'environnement socioculturel. En fait, la structuration par la mère des interactions avec le jeune enfant sur le mode conversationnel est étonnamment précoce et systématique. C'est la mère qui initie la majorité des échanges, qui maintient un silence entre ses interventions pour permettre à l'enfant de répondre et qui incite ce dernier à participer. Pour ce faire, elle emploie des moyens non verbaux, relance continuellement l'enfant au moyen de questions, renforce dûment les vocalisations de celui-ci, etc. L'enfant apprend la structure relationnelle comme sous le nom de conversation (au sens large) au cours de la première année dans l'interaction avec la mère. On verra sur ce point les travaux de Trevarthen (1977), Newson (1977), Snow (1977), Stern, Beebe, Jaffe et Bennett (1977), Hayes (1978), Hayes et Elliott (1979), Kaye (1980) et Kaye et Fogel (1980); sur le plan théorique, on verra Bateson (1975). Le jeune enfant reprend ensuite à son compte les «comportements conversationnels» appris de la mère et devient progressivement un partenaire interactif à part entière. On passe alors de ce que Hayes et Elliott (1979) appellent un *mode « d'engagement »*, dans lequel la structuration de l'échange est essentiellement le fait de l'adulte, à un *mode d'interaction* proprement dit où les partenaires font chacun et réciproquement leur part de travail dans la structuration de l'échange et concourent à son prolongement lorsqu'il y a effectivement motivation à prolonger l'échange. L'asymétrie conversationnelle (la mère faisant la plus grande partie du travail de structuration et de relance dans les épisodes conversationnels) se prolonge au moins jusque dans la troisième année à en croire des données récentes publiées par Kaye et Charney (1981). Elle concerne également le domaine gestuel (ibidem).

Un second aspect du modèle conversationnel prévoit que le parent cherche à maximiser l'échange conversationnel avec l'enfant par l'usage d'une série de stratégies ad hoc: par exemple, aborder des thématiques simples et transmettre des contenus analysables par l'enfant de façon à lui permettre de participer activement à la conversation, situer l'échange linguistique au niveau de complexité formelle qui convient aux capacités de l'enfant, expliciter les messages transmis au moyen d'une symbolique paraverbale adéquate, parler clairement et intelligiblement, stimuler l'enfant au moyen d'un grand nombre de questions et de requêtes de divers types, répéter les énoncés de l'enfant, les approuver explicitement, etc. La simplification des thématiques et des contenus du langage parental adressé au jeune enfant contribue secondairement à déterminer les simplifications formelles présentes dans ce langage. Celles-ci sont donc surdéterminées: elles sont recherchées activement par les parents, d'une part; elles coïncident avec une simplification des thématiques et des contenus du langage parental, d'autre part.

2.2. ENSEIGNEMENT IMPLICITE DU LANGAGE

En admettant que l'hypothèse précédente puisse rendre compte d'une partie importante du déterminisme des adaptations verbales parentales, il reste à expliquer un certain nombre de caractéristiques du langage parental adressé à l'enfant, notamment 1) le décalage général entre le niveau formel du langage parental et celui du langage enfantin, et 2) les aspects pragmatiques et de feedback verbal (autorépétitions, expansions, corrections explicites) du langage parental. Il ne semble pas possible d'expliquer la présence de ces caractéristiques sans faire appel à un souci chez beaucoup de parents, et peut-être chez beaucoup d'adultes en général, d'apprendre au jeune enfant le langage de la communauté culturelle (Rondal, 1981). Il ne peut s'agir, évidemment, d'un enseignement explicite et programmatique de type scolaire. Il s'agit d'un enseignement implicite mais mené avec une certaine systématicité.

Comment expliquer, en effet, la fréquence élevée des expansions et des corrections explicites par les parents du langage enfantin sans faire appel à une volonté parentale d'intervenir activement dans le processus d'acquisition du langage. Le décalage entre le niveau de complexité formelle du langage parental adressé à l'enfant et celui du langage enfantin (cfr, par exemple, la figure 1 supra et la figure 2 infra) ne peut s'expliquer sans faire appel au même principe. Les parents pourraient se contenter de converser avec l'enfant en situant leur discours au même niveau de complexité formelle que celui de l'enfant. Une telle démarche serait assurément curieuse sur le plan des apparences mais elle est compatible avec l'hypothèse conversationnelle définie plus haut. Or, les parents maintiennent un décalage substantiel sur le plan formel entre leurs énoncés adressés à l'enfant et ceux produits par l'enfant. Ce décalage constitue à tout moment du développement la marge proposée à fin d'acquisition langagière (immédiate ou médiate). Nous ne discutons pas ici de la question du décalage *optimum* entre langage parental et langage enfantin mais seulement de l'existence d'un tel décalage. La question du décalage optimum sera abordée au chapitre suivant.

2.3. L'HYPOTHESE DU FEEDBACK LINGUISTIQUE

L'hypothèse conversationnelle et celle de l'enseignement implicite du langage expliquent le *pourquoi* des adaptations parentales au langage de l'enfant. Ces deux hypothèses sont muettes sur le *comment* de ces adaptations, c'est-à-dire sur les connaissances et les informations spécifiques qui permettent aux parents de calibrer le langage adressé à l'enfant selon le niveau linguistique de ce dernier. L'hypothèse du feedback linguistique répond au moins partiellement à cette question. Cette hypothèse stipule que les parents réagissent assez ponctuellement au niveau linguistique productif et réceptif de leur enfant.

1. Le niveau réceptif

Cross (1977, 1980) estime que c'est le niveau réceptif de l'enfant qui détermine principalement les adaptations langagières parentales. Cet auteur a étudié le langage maternel adressé à 16 enfants anglophones de la classe bourgeoise (6 garçons et 10 filles) âgés de 19 à 32 mois. Les 16 enfants furent sélectionnés pour l'étude parce qu'ils donnaient des signes d'avancement rapide dans l'acquisition du langage, une impression confirmée par l'administration du Developmental Sentence Analysis, un test lexical et syntaxique mis au point par Lee (1974) et du Peabody Picture Vocabulary Test, un test de vocabulaire réceptif. Le LMPV des enfants étudiés était compris entre 1.49 et 3.44 au moment de l'étude. Chaque enfant expérimental avait un frère ou une sœur plus âgé(e) fréquentant l'école maternelle ou l'école primaire et dont les enseignants avaient indiqué qu'ils étaient en avance sur le plan du langage par rapport aux enfants d'âges correspondants. On a procédé à un enregistrement sonore et visuel des conversations spontanées entre mères et enfants à domicile en situation de jeu libre pendant une durée d'environ une heure.

Le langage enfantin fut évalué au moyen de quatre mesures: LMPV, L-MAX, IDL (indice de diversité lexicale), l'intelligibilité du langage de l'enfant (nombre total d'énoncés dont on a soustrait le nombre d'énoncés inintelligibles), ainsi qu'une indication du niveau de capacité réceptive verbale de l'enfant (établie séparément au moyen d'une épreuve de compréhension de phrases spécialement mise au point à cet effet). Le langage maternel fut évalué au moyen d'une grille d'analyse comportant une variété d'indices portant sur la complexité syntaxique du discours maternel, le style conversationnel (nombre d'énoncés matériels par tour conversationnel, nombre d'énoncés maternels divisé par le nombre d'énoncés enfantins) caractéristiques référentielles des énoncés maternels (énoncés se rapportant au contexte immédiat des interactions mère-enfant, énoncés se référant au contexte non immédiat des mêmes interactions), répétitions exactes et partielles du langage enfantin, autorépétitions exactes et partielles, expansions, ainsi que les énoncés maternels sans relation avec les énoncés enfantins, etc.

Les résultats indiquent que de nombreux aspects du langage maternel (32 indices sur 62 calculés) sont significativement corrélés avec les variables productives et réceptives mesurées concernant le langage des enfants. Les niveaux de corrélation les plus élevés sont observés entre différents aspects du langage maternel et le niveau de compréhension verbale des enfants. Ainsi, par exemple, les proportions d'expansions et d'autorépétitions maternelles du langage enfantin sont corrélées négativement avec toutes les mesures du langage de l'enfant et particulièrement avec le niveau de compréhension. Les énoncés maternels se rapportant au contexte non immédiat de l'interaction augmentent en fréquence avec l'âge, la capacité réceptive et la capacité productive des enfants. Inversement les énoncés maternels se référant au contexte immédiat de l'interaction (et notamment aux actions de l'enfant) diminuent significativement en regard de la même évolution chez l'enfant. Les indices syntaxiques maternels (notamment le LMPV maternel) sont généralement bien et significativement corrélés aux mesures productives et réceptives du langage enfantin. Par contre, les mesures portant sur le style conversationnel maternel ne présentent aucune relation significative avec les mesures du langage enfantin dans l'intervalle d'âge et d'évolution linguistique étudiés.

Cross, Morris et Nienhuys (1980) trouvent des raisons supplémentaires de mettre en avant le rôle du niveau de langage réceptif dans le contrôle du langage parental dans l'étude du langage maternel adressé à l'enfant sourd. Ces auteurs ont observé trois groupes de mères en interaction dyadique avec leurs enfants. Les enfants du premier groupe étaient âgés de 26 mois en moyenne et disposaient d'une capacité auditive comprise dans les limites de la normale. Les enfants du deuxième groupe étaient âgés de 29 mois en moyenne et présentaient une insuffisance auditive sévère ou profonde (dépassant 70 décibels aux fréquences qui circonscrivent la zone de la parole, c'est-à-dire 500, 1.000, 2.000 et 4.000 Hertz). Les enfants du troisième groupe étaient âgés de 65 mois en moyenne et présentaient les mêmes déficits auditifs que ceux du second groupe. Un échantillon de langage fut obtenu pour chaque enfant. Le LMPV des enfants du groupe 1 (calculé en nombre de monèmes) s'élevait à 1.73 en moyenne et celui des enfants du groupe 3 à 1.41 en moyenne. Cross et al. (1980) ne fournissent pas le LMPV moyen des enfants du groupe 2. Deux autres mesures du langage des enfants furent également effectuées, concernant le langage réceptif cette fois. Il s'agissait du Peabody Picture Vocabulary Test — un test de vocabulaire en image — et un test de compréhension de phrases mis au point par Cross (1977). Les conversations spontanées entre mère et enfants furent enregistrées au moyen d'un magnétophone et d'un magnétoscope pendant une période d'une demi-heure au domicile des sujets en situation de jeu libre utilisant les jouets favoris des enfants.

Le langage maternel fut analysé à une série de points de vue: longueur moyenne de production verbale, complexité syntaxique, contenus propositionnels, types syntaxiques de phrases, fluence verbale, nombre d'énoncés par tour conversationnel, etc.

Les données de Cross et al. (1980) indiquent que pour chaque mesure calculée, le langage maternel adressé aux enfants normaux âgés de deux ans est significativement plus complexe que celui adressé aux enfants sourds, même aux enfants sourds les plus âgés. Ces données témoignent clairement du fait que l'âge chronologique des enfants n'est pas en soi un déterminant des adaptations linguistiques parentales à l'enfant. On trouvera une autre démonstration allant dans ce même sens dans le travail de Rondal (1978b) exposé en détail dans les pages qui suivent.

Qui plus est, Cross et al. (1980) signalent en comparant leurs données avec celles de Cross, Morris et Nienhuys (en préparation) que la complexité formelle du langage maternel adressé aux enfants sourds des groupes 2 et 3 est de l'ordre de celle du langage maternel adressé à des enfants normaux âgés de 3 à 6 mois. Il semble donc que le langage maternel adressé à l'enfant sourd profond est particulièrement simplifié et ne varie pas malgré les différences signalées (mais mal documentées) entre les deux groupes d'enfants sourds. Cette absence de variation significative entre le langage maternel adressé aux enfants sourds du groupe 2 et du groupe 3 se retrouve pour toutes les mesures du langage maternel envisagées par Cross et al. (1980). Les auteurs y voient un support important pour leur hypothèse du rôle particulier des capacités réceptives dans le contrôle des adaptations linguistiques parentales au niveau développemental de l'enfant. Il est difficile de les suivre sur ce point. En effet, on concevrait mal que les capacités réceptives d'enfants normaux âgés de 3 à 6 mois et d'enfants sourds, par ailleurs normalement intelligents, âgés de 29 et de 65 mois en moyenne soient équivalentes. Dès lors, elles ne peuvent être invoquées comme déterminant pour justifier le stagnation observée sur le plan formel dans le langage maternel adressé aux enfants sourds. Tout au plus pourrait-on considérer que l'écart relativement mince entre les niveaux verbaux productifs respectifs des enfants normaux âgés de 26 mois (LMPV: 1.73) et des enfants sourds du 3e groupe, âgés de 65 mois (LMPV: 1.41) ne justifie peut-être pas les différences observées dans le langage maternel adressé à l'un et l'autre groupes d'enfants, ce qui laisserait place aux déterminants réceptifs puisqu'on peut supposer que les niveaux réceptifs des enfants normaux et des enfants sourds sont probalement différents et ce en défaveur des enfants sourds. Mais tout cela paraît fort spéculatif. On objectera également à la recherche de Cross et al. qu'elle n'a considéré les adaptations maternelles aux niveaux communicatifs des enfants sourds qu'en fonction de la seule modalité auditivo-orale, alors que les nombreuses interactions entre enfants sourds et leurs parents (particulièrement les parents sourds eux-mêmes) dans la modalité visuo-gestuelle sont attestées (cfr par exemple, Maestas Y Moores, 1980; Maestas Y Moores et Rondal, 1981).

Cette critique de l'interprétation de Cross et al. (1980) ne doit pas être comprise comme une tentative de minimiser le rôle éventuel des variables liées aux capacités linguistiques réceptives dans le déterminismes des adaptations linguistiques parentales dans l'interaction avec l'enfant. D'autres recherches indépendamment de Cross (1977) supportent une telle hypothèse. Furrow, Nelson et Benedict (1979), par exemple — voir le chapitre suivant pour un résumé détaillé de cette recherche — relèvent une corrélation significative (.71) entre le LMPV maternel adressé à l'enfant à 18 mois et le niveau de compréhension verbale des enfants au même âge établi indépendamment à l'issue d'une épreuve de compréhension d'ordre verbal. Certes, une donnée corrélative ne peut passer pour une démonstration d'une éventuelle relation causale entre deux ordres de phénomène. Mais elle est compatible avec une telle hypothèse causale. Il est donc vraisemblable que le niveau de compréhension verbale de l'enfant détermine au moins en partie le niveau de complexité du langage maternel (cfr également Wedell-Monnig et Westerman, 1977). Une telle relation est d'autant plus vraisemblable que le niveau de compréhension de l'enfant détermine l'efficacité des instructions et des consignes parentales et donc contribue à contrôler et à façonner les comportements parentaux par le jeu du renforcement différentiel (cfr Rheingold, 1969).

2. Le niveau productif

S'il est légitime d'insister sur l'influence du niveau réceptif de l'enfant dans la détermination des adaptations linguistiques parentales, il convient aussi de mettre en évidence le rôle du niveau productif de l'enfant sur ces mêmes adaptations. On se rappellera que dans les données de Cross (1977) la plupart des indices du langage maternel qui entretiennent une association statistique significative avec le niveau de langage réceptif de l'enfant *le font également avec le niveau de langage productif (et notamment le LMPV)*.

En fait, le niveau productif et le niveau réceptif de l'enfant apparaissent tous deux comme des déterminants importants des adaptations linguistiques maternelles.

L'observation et l'expérimentation invoquées avec des enfants handicapés mentaux modérés et sévères, permettent de dissocier la variable niveau productif de l'enfant d'autres variables comme l'âge chronologique et les variables associées (maturité physique, apparence générale) dans leurs effets sur les adaptations linguistiques parentales. Les enfants handicapés mentaux sont en retard de développement intellectuel et linguistique par rapport aux enfants normalement intelligents de même âge chronologique (Rondal, 1975; Rondal et Lambert, 1981). Il est intéressant d'examiner si les mères modulent différemment leur langage suivant que leur enfant est retardé ou normalement intelligent. Le tableau 24 résume les données disponibles sur ce point.

La figure 2 reprend les mêmes données sous forme graphique et schématique. Elle présuppose l'acceptation de l'hypothèse selon laquelle ce qui est vrai dans le cas des données transversales le serait également pour les données longitudinales correspondantes si celles-ci étaient disponibles en plus grand nombre.

Tableau 24. *Evolution de la Longueur Moyenne de Production Verbale (LMPV) maternelle selon l'âge chronologique et le LMPV des enfants handicapés mentaux modérés et sévères (mongoliens et non mongoliens)* [1].

Etudes	Ages chronologiques moyens des enfants [2]	N [3]	Tâche [4]	Situation [5]	LMPV enfantins	LMPV maternels	Base de comptage [6]	LMPV maternels de référence [7]
- Gunn et al. [8] (1980)	4	1	J	D	—	2.64	M	2.75
	4	1	SJ	D	—	3.10	M	—
- Mahoney (1981)	12	20	JL	D	—	3.28	M	3.50
- Buckhalt (1978)	14	10	JL	L	—	3.50	M	3.50
- Gunn et al. (1980)	17	1	J	D	—	3.37	M	3.50
- Mahoney (1981)	24	20	JL	D	—	3.05	M	3.75
- Buium, Rynders et Turnure (1974)	24	11	JL	L	—	3.50	M	3.75
	24	11	TED	L	—	3.35	M	—
- Mahoney (1981)	36	20	JL	D	—	3.65	M	4.50
- Cunningham, Reuler, Blackwell et Deck (1981)	46	9	JL	L	1.50	3.60	M	5.00
- Rondal (1978b)	48	7	JL	D	1.26	3.96	MN	5.00
- Cunningham, Reuler, Blackwell et Deck (1981)	59	9	JL	L	2.00	4.07	M	5.25
- Rondal (1978b)	78	7	JL	D	1.94	4.39	MN	5.50
- Rondal (1978b)	116	7	JL	D	2.87	5.52	MN	9.50

[1] En anglais.
[2] En mois.
[3] Nombre de sujets.
[4] Jeu libre (JL), tâche d'enseignement ou de démonstration à l'enfant (TED), jeu avec jouets (J), jeu sans jouets (SJ).
[5] Domicile (D), laboratoire (L).
[6] LMPV compté en nombre de mots (M) ou de monèmes (MN).
[7] Nous entendons par là le LMPV approximatif adressé par leurs mères aux enfants normalement intelligents d'âges chronologiques équivalents (cfr tableau 7 supra).
[8] Il s'agit d'une étude longitudinale dans le cas de Gunn et al. (1980).

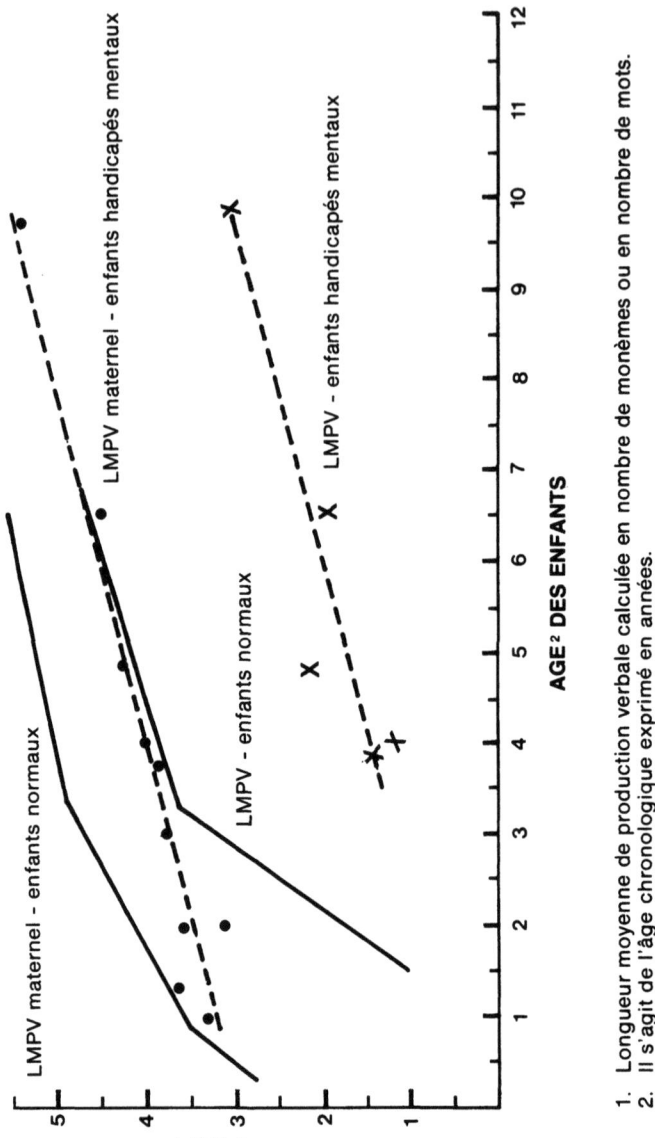

Figure 2. Représentation schématique de l'évolution du LMPV[1] maternel selon l'âge chronologique et le LMPV enfantin dans le cas des enfants normaux et handicapés mentaux modérés et sévères (mongoliens et non mongoliens) - (basé sur les données fournies aux Tableaux 7 et 24 et à la Figure 1 obtenues en situation de jeu libre).

Comme l'indiquent les données reprises et illustrées au tableau 24 et à la figure 2, le langage maternel adressé aux enfants handicapés mentaux correspond, sur le plan de la longueur moyenne des énoncés, au langage maternel adressé à des enfants normaux plus jeunes chronologiquement (mais cognitivement proches des premiers). L'expérience de Rondal (1978b) montre qu'à niveaux linguistiques productifs équivalents, le langage maternel adressé aux enfants normaux est très comparable au langage maternel adressé aux enfants mongoliens (handicapés mentaux modérés et sévères). Dans cette étude, on a apparié deux groupes d'enfants américains de niveau socio-économique moyen à supérieur, un groupe d'enfants normaux et un groupe d'enfants mongoliens — trisomique 21 — pour la longueur moyenne de production verbale, à trois niveaux de LMPV. Ce faisant, inévitablement, les âges chronologiques des enfants normaux et des enfants mongoliens différaient très sensiblement. Le tableau 25 résume les informations relatives à la constitution des échantillons expérimentaux.

Une heure de conversation entre mère et enfant fut enregistrée au domicile des sujets, en situation de jeu libre. Les données recueillies concernant le langage maternel furent analysées à divers points de vue: lexical, sémantique structural, morpho-syntaxique, pragmatique; on a pris aussi en considération le feedback verbal contingent aux énoncés enfantins [1]. Aucune différence significative, et en fait peu de différences en valeur absolue, furent trouvées aux divers points de vue analytiques considérés (en tout une cinquantaine d'indices) entre le langage maternel adressé aux enfants mongoliens et aux enfants normaux à chacun des trois niveaux linguistiqes productifs considérés. De nombreuses différences significatives se firent jour dans le langage maternel selon le niveau de développement linguistique des enfants, et ce pour les enfants mongoliens comme pour les enfants normaux. Le tableau 26 résume une partie des données obtenues.

Un certain nombre de mesures effectuées quant au langage des enfants normaux et mongoliens ne révèle aucune différence significative entre les deux groupes de sujets à chaque niveau linguistique (sauf pour l'indice de diversité lexicale, favorable aux enfants mongoliens [2]). De nombreuses différences significatives existent dans les deux groupes de sujets entre les trois niveaux de langage productif considérés. Le tableau 27 reprend ces données, qui attestent, d'une part, de la validité du LMPV comme indice global de niveau linguistique productif pour les enfants mongoliens comme pour les enfants

Tableau 25. *Longueur Moyenne de Production Verbale (LMPV), âges chronologiques (AC) et déviations standard (DS) des enfants dans l'expérience de Rondal (1978b)[1] (modifié d'après Rondal, 1978b).*

Niveaux de langage productif	Indices		Enfants Mongoliens	Normaux
1	LMPV[2]	$\bar{X}$	1.26	1.27
- LMPV : 1.00-1.50		DS	.23	.22
N[3] : 7 enfants mongoliens et 7 enfants normaux	AC[4]			
		$\bar{X}$	.49	.23
		DS	9	2
2	LMPV			
- LMPV : 1.75-2.25		$\bar{X}$	1.94	1.96
N : 7 enfants mongoliens		DS	.19	.21
et 7 enfants normaux	AC	X	78	27
		DS	25	2
3	LMPV			
- LMPV : 2.50-3.00		$\bar{X}$	2.87	2.88
N : 7 enfants mongoliens		DS	.14	.19
et 7 enfants normaux	AC	$\bar{X}$	117	30
		DS	21	3

[1] Etude menée en langue anglaise.
[2] En monèmes.
[3] Nombre de sujets.
[4] En mois.

N.B. Aucune différence n'est significative en ce qui concerne les LMPV des enfants mongoliens et des enfants normaux à chacun des niveaux de langage considérés.

Tableau 26. *Eventail de mesures faites sur le langage maternel adressé à des enfants normaux et mongoliens appariés pour la Longueur Moyenne de Production Verbale — LMPV (d'après Rondal, 1978b)* [1, 2].

Indices	Niveau de langage de l'enfant	Enfants [3]	
		Normaux	Mongoliens
1. LMPV (en monèmes)	1	4.24	3.96
	2	4.64	4.39
	3	4.84	5.52
2. Complexité syntaxique (ICS) [4]	1	.06	.06
	2	.08	.07
	3	.10	.12
3. LMPV préverbal	1	1.86	1.96
	2	2.11	2.15
	3	2.43	2.43
4. Enoncés sans verbes	1	.28	.31
	2	.25	.32
	3	.28	.28
5. Adjectifs et adverbes	1	.55	.57
	2	.68	.58
	3	.68	.84
6. Déclaratives	1	.24	.23
	2	.33	.25
	3	.32	.33
7. Impératives	1	.16	.18
	2	.13	.11
	3	.09	.06
8. Questions oui-non	1	.24	.21
	2	.22	.17
	3	.17	.21
9. Questions Wh	1	.25	.26
	2	.18	.30
	3	.28	.24
10. Mots mal prononcés	1	.01	.01
	2	.01	.01
	3	.01	.03
11. Enoncés inintelligibles	1	.03	.01
	2	.03	.02
	3	.04	.04
12. Approbations verbales des énoncés enfantins	1	.20	.27
	2	.14	.21
	3	.17	.23

[1] Etude menée en langue anglaise.
[2] L'étude portait sur 21 enfants normaux et 21 enfants mongoliens appariés à trois niveaux de langage: LMPV 1.00-1.50; 1.75-2.25; 2.50-3.00.
[3] Il s'agit de proportions moyennes par rapport au nombre d'énoncés (sauf en ce qui concerne les indices 1, 3 et 16).
[4] Nombre de verbes composés et de propositions subordonnées par rapport au nombre d'énoncés.

Indices	Niveau de langage de l'enfant	Enfants[3]	
		Normaux	Mongoliens
13. Désapprobations verbales des énoncés enfantins	1	.03	.06
	2	.02	.04
	3	.04	.03
14. Enoncés spécialement destinés à capter l'attention de l'enfant	1	.13	.17
	2	.14	.10
	3	.09	.12
15. Autorépétitions maternelles exactes	1	.08	.09
	2	.04	.03
	3	.03	.02
16. Auxiliaires frontaux[5]	1	1.50	1.38
	2	3.08	2.34
	3	2.19	3.14
17. Expansions des énoncés enfantins	1	.13	.15
	2	.11	.09
	3	.04	.06
18. Corrections explicites des énoncés enfantins	1	.04	.03
	2	.02	.03
	3	.02	.00
19. Répétitions exactes et partielles des énoncés enfantins	1	.11	.14
	2	.08	.10
	3	.06	.09

[5] Nombre de questions oui-non avec inversion de l'ordre canonique sujet-verbe par rapport au nombre de phrases impératives affirmatives (cfr Newport, Gleitman et Gleitman, 1977; Rondal 1978a).

normaux (Brown, 1973), et, d'autre part, de la validité de l'opération d'appariement effectué quant au niveau productif des enfants normaux et mongoliens dans cette étude.

Les résultats de l'étude de Rondal (1978b) indiquent clairement qu'à niveau productif équivalent chez l'enfant, le langage maternel est fondamentalement similaire sur le plan des caractéristiques formelles et fonctionnelles quels que soient l'âge chronologique, la maturité physique de l'enfant, etc.

Des données correspondantes ont été obtenues par Cramblit et Siegel (1977) pour le langage maternel adressé à un enfant normalement intelligent mais présentant un retard caractérisé de langage.

Tableau 27. *Mesures effectuées sur le langage d'enfants normaux et mongoliens appariés pour la Longueur Moyenne de Production Verbale — LMPV (d'après Rondal, 1978b)* [1, 2].

Indices	Niveaux de langage	Enfants [3]	
		Normaux	Mongoliens
1. LMPV (en monèmes)	1	1.27	1.26
	2	1.96	1.94
	3	2.88	2.87
2. Nombre de mots produits en soixante minutes	1	671	586
	2	1000	1207
	3	1633	1633
3. Diversité lexicale (IDL)	1	.36	.37
	2	.40	.50
	3	.55	.58
4. Enoncés sans verbes	1	.90	.87
	2	.74	.76
	3	.55	.58
5. L-MAX (en momènes) [4]	1	3.57	2.86
	2	6.29	6.14
	3	11.00	10.57
6. Adjectifs et adverbes	1	.19	.21
	2	.35	.29
	3	.41	.43
7. Répétitions exactes et partielles des énoncés maternels	1	28.17	25.70
	2	11.49	7.71
	3	3.17	2.86

[1] Etude menée en langue anglaise.
[2] L'étude portait sur 21 enfants normaux et 21 enfants mongoliens à trois niveaux de langage : LMPV 1.00-1.50; 1.75-2.25; 2.50-3.00.
[3] Il s'agit de proportions moyennes par rapport au nombre d'énoncés (sauf en ce qui concerne les indices 1, 2, 3 et 5).
[4] Longueur de l'énoncé le plus long obtenu dans le corpus de langage recueilli.

On versera également au même dossier le fait que les enfants normaux adaptent leur langage au niveau linguistique productif des enfants handicapés mentaux avec lesquels ils sont placés en situation d'interaction et également les quelques données disponibles sur les mêmes adaptations verbales entre enfants handicapés mentaux à différents niveaux de compétence linguistique [3]. Le tableau 28 résume quelques données sur ce point.

Tableau 28. Adaptations verbales entre enfants normaux et enfants handicapés mentaux et entre enfants handicapés mentaux à différents niveaux de langage.

Etudes[1]	Sujets[2]	Résultats[3]
- Longhurst et Berry (1975)	Arriérés légers et modérés (AC: 14 à 16 ans)	Réactions différentes à une procédure de feedback selon le niveau développemental. Les arriérés légers apportent plus de corrections à leurs messages verbaux que les arriérés modérés.
- Beveridge et Miller (1977)	Arriérés modérés et sévères (AC: 11 à 16 ans)	Influence positive du feedback sur la réorganisation des productions verbales des locuteurs.
- Hoy et McKnight (1977)	18 arriérés modérés (AC: 15 ans et 5 mois) et sévères (AC: 11 ans et 2 mois)	Adaptation (simplification lexicale et syntaxique) du langage des arriérés modérés au niveau des arriérés sévères. Inversement les arriérés sévères éprouvent certaines difficultés à communiquer verbalement avec les arriérés modérés. Ces difficultés ont un effet désorganisateur sur leurs productions verbales.
- Guralnick et Brown (1977, 1978)	12 arriérés légers modérés et sévères (AC: 5 ans et 6 mois) 8 enfants normaux (AC: 4 ans et 3 mois)	Adaptation du langage des enfants normaux au niveau de langage des enfants arriérés mentaux. Plus le niveau linguistique des enfants handicapés est bas plus les enfants normaux utilisent des productions lexicalement peu diversifiées, syntaxiquement simples et comportant de nombreuses répétitions.

[1] En langue anglaise.
[2] AC: âge chronologique moyen.
[3] Les quatre premières études ont exploité une situation expérimentale dite de « communication référentielle » (cfr Glucksberg, Krauss et Weisberg, 1966) dans laquelle deux sujets sont en présence séparés par un écran prévenant tout contact visuel mais permettant les échanges verbaux. Les deux interlocuteurs ont devant eux une série de dessins (abstraits ou concrets). Le locuteur doit décrire un dessin au récepteur. Celui-ci choisit parmi les alternatives le dessin qu'il considère correspondre à la description fournie par le locuteur. Une série de variantes sont possibles de même que l'introduction de feedbacks du récepteur au locuteur ainsi que la manipulation de ceux-ci par l'expérimentateur.

Sur cette base empirique, on peut conclure que le niveau linguistique productif de l'enfant est une variable qui intervient dans le contrôle des adaptations linguistiques du partenaire dans l'interaction. On a vu plus haut que le niveau de compréhension linguistique de l'enfant est susceptible également d'exercer un contrôle sur les adaptations linguistiques parentales. Nous reviendrons plus loin sur les relations entre ces deux variables.

Pour l'instant, nous profitons de l'occasion pour reprendre une question controversée à la lumière des données résumées à la figure 2: les mères d'enfants handicapés leur fournissent-elles un environnement linguistique adéquat?

On a affirmé à plusieurs reprises (par exemple, Siegel, 1967; Buium, Rynders et Turnure, 1974; Dolley, 1974; Mahoney, 1975; Seitz, 1975; Mahoney et Seely, 1976; Mitchell, 1976; Levi et Zollinger, 1981; cfr aussi la réponse de Rondal, 1982b, à Levi et Zollinger) que l'environnement linguistique des enfants handicapés mentaux, c'est-à-dire la façon dont les mères notamment parlent à leur enfant handicapé mental, est inadéquat au sens où cet environnement linguistique ne favoriserait pas le développement langagier de l'enfant. La base empirique pour cette affirmation est l'observation répétée qu'à âge *chronologique* équivalent, les enfants normaux se voient adresser un langage formellement plus complexe que les enfants retardés mentaux. Cette indication apparaît clairement à la figure 2. Mais l'histoire ne s'arrête pas là. Comme le montre expérimentalement l'étude de Rondal (1978b) et comme l'illustre schématiquement la figure 2, à LMPV enfantin équivalent, le LMPV maternel est similaire quels que soient l'âge chronologique de l'enfant et son «statut» d'enfant se développant normalement ou d'enfant handicapé mental[4]. Comme c'est le cas pour les enfants normaux, l'accroissement du LMPV maternel chez l'enfant retardé est linéaire ou presque dans les tranches d'âge étudiées. Dès lors, étiqueter le langage maternel adressé à l'enfant handicapé mental modéré et sévère de «défavorable au développement linguistique» revient à commettre la même erreur de raisonnement que celle qui consisterait à reprocher à la mère d'un enfant de 2 ans de ne pas adresser à ce dernier un langage d'un même niveau de complexité relative que celui qu'elle réserve à son enfant plus âgé. *En fait, les données disponibles permettent de soutenir l'hypothèse selon laquelle l'environnement linguistique de l'enfant handicapé mental modéré et sévère est favorable au développement linguistique*[5]. Cette conclusion n'exclut nullement que cet environnement ne puisse être rendu plus efficace pour le développement linguistique au moyen de pratiques d'interventions appropriées ni qu'on ne doive s'efforcer de travailler en ce sens avec les enfants retardés[6]. Il semble d'ailleurs à l'examen de la figure 2 (et ce même en tenant compte du caractère schématique de cette figure) que l'intervalle de longueur moyenne (et donc de complexité structurale) qui sépare le langage maternel adressé aux enfants et le langage enfantin adressé aux mères est sensiblement plus important dans le cas des enfants handicapés mentaux que dans le cas des enfants se développant normalement après deux ans et demi ou LMPV 3 chez les enfants normaux[7]. Si cette observation est fondée, c'est vers une simplification plus poussée encore du langage parental adressé à l'enfant handicapé mental qu'il faudrait aller de façon à favoriser son développement linguistique et non l'inverse comme le préconisaient implicitement et parfois explicitement les auteurs mentionnés ci-dessus à commencer par Siegel (1967). Cette même indication peut avoir valeur générale pour l'intervention langagière avec l'enfant handicapé mental. On verra au chapitre suivant le compte rendu d'un travail de Cheseldine et Mc Conkey (1979) où on a réussi à faire avancer assez rapidement des enfants handicapés mentaux modérés et sévères d'un niveau d'expression essentiellement à un mot à un niveau d'expression comportant une fréquence raisonnable d'énoncés à deux mots en réduisant sensiblement la longueur et la complexité de l'input parental aux cours de séances expérimentales à domicile.

Mais revenons au problème du *contrôle des adaptations linguistiques parentales par le niveau langagier productif et réceptif de l'enfant* pour nous interroger sur les relations entre compréhension et production linguistique chez l'enfant. S'il existe une relation systématique et stable entre ces deux macro-variables, il devrait être possible de les intégrer l'une à l'autre mathématiquement et de se servir de l'indice ainsi constitué pour prédire les adaptations parentales selon le niveau linguistique « global » de l'enfant. En fait, la relation entre compréhension et production n'est pas simple. Elle l'est moins encore dans une perspective développementale. On admet que la compréhension langagière dépasse en extension la production et est en avance développementalement sur cette dernière. Il convient de distinguer entre production spontanée et imitation et de réserver les généralisations qui précèdent pour la production spontanée. Il s'agit cependant d'un principe général qui peut être pris en défaut dans certains cas particuliers. L'enfant, par exemple, peut produire spontanément un terme ou une structure dont il n'a que peu ou pas de compréhension et en inférer la signification ou une signification approchée à partir de la réaction de l'interlocuteur. La principale difficulté dans ce problème est que la compréhension d'une structure linguistique n'est pas un phénomène unitaire. Il existe une variété de niveaux de compréhension (de superficielle à complète) et une variété de démarches utilisables pour comprendre. La démarche peut porter sur une analyse du contexte extralinguistique et/ou du contexte paraverbal, au mépris de toute analyse du message verbal et de toute connaissance du code. Elle peut porter électivement ou en combinaison sur une analyse des aspects lexicaux, morpho-syntaxiques, pragmatiques et prosodiques du message verbal. Il paraît difficile, à première vue au moins, d'intégrer les niveaux réceptif et productif de l'enfant pour prédire les adaptations linguistiques parentales.

On pourrait chercher à approcher le problème en dégageant les corrélations entre variables productives et variables réceptives verbales chez les enfants. Il reste également à étudier plus en détail la relation entre les niveaux réceptif et productif de l'enfant dans leurs effets conjugués sur les adaptations linguistiques parentales. On pourrait spéculer que le décalage entre le LMPV maternel dans le langage adressé à l'enfant et le LMPV enfantin correspond au décalage entre compréhension et production langagière chez l'enfant. Le langage maternel doit pouvoir être compris en grande partie par l'enfant sous peine de ruiner le modèle conversationnel qui est de mise entre parents et enfants et de rendre impossible le progrès linguistique de l'enfant. Il est possible que la complexité du langage maternel soit calibrée par les mécanismes du feedback de façon à correspondre au niveau de compréhension de l'enfant en situation naturelle, c'est-à-dire avec le bénéfice de la facilitation par les facteurs extra-linguistiques (contexte situationnel et aspects paraverbaux de l'interaction parent-enfant).

L'hypothèse du feedback linguistique telle que formulée jusqu'ici ne fait pas la distinction entre ce qu'on pourrait appeler, d'une part, le *feedback immédiat* en provenance de l'enfant, c'est-à-dire les informations sur le niveau linguistique réceptif et productif obtenues dans le cours de l'échange verbal avec l'enfant et, d'autre part, le *feedback médiat*, c'est-à-dire l'ensemble des informations accumulées concernant le même enfant, en d'autres termes les connaissances parentales concernant les capacités linguistiques productives et réceptives de leur enfant à un moment de son développement. A ces informations viennent s'ajouter éventuellement les connaissances sur le développement du langage que les parents ont accumulées avec un ou plusieurs enfants précédents, par un voisinage soutenu avec un ou plusieurs enfants, dans l'échange avec les grands-parents, etc., et éventuellement les informations fournies par les media (livres, magazines, émissions de radio et de télévision, etc.). Il importe, si on veut expliquer les adaptations linguistiques parentales, de spécifier le rôle joué par chacune des sources d'informations mentionnées. La tâche est impossible actuellement car les données descriptives et expérimentales nécessaires font largement défaut.

Dans une des seules expériences faites sur le sujet, Snow (1972) a comparé le langage maternel adressé à des enfants de 2 à 3,4 ans et de 9,5 à 12,4 ans en la présence de l'enfant, d'une part, et en l'absence de l'enfant, d'autre part (dans ce dernier cas, les mères devaient s'adresser à un enregistreur sonore, en faisant comme si elles s'adressaient à leur enfant). Le tableau 29 résume les données issues de cette comparaison expérimentale.

Tableau 29. Gain adaptatif en matière de langage maternel [1, 2] *déterminé par la présence physique et verbale de l'enfant dans l'échange langagier (d'après Snow, 1972).*

	Valeurs moyennes [3]			
	Enfants			
Indices	2 ans		10 ans	
	Présence	Absence	Présence	Absence
1. Nombre de mots produits	1448	427	861	390
2. LMPV [4]	6.60	9.84	9.63	11.25
3. Complexité syntaxique (ICS) [5]	.19	.47	.46	.54
4. LMPV préverbal [4]	2.04	2.66	2.45	2.59
5. Enoncés sans verbes	.17	.07	.12	.04
6. Pronoms de 3ᵉ personne	.04	.05	.05	.06
7. Répétitions exactes des énoncés enfantins	.03	.01	.01	.00
8. Répétitions partielles des énoncés enfantins	.16	.28	.11	.14

[1] Etude menée en anglais.
[2] L'étude menée en laboratoire, portait sur 24 enfants; 12 enfants étaient âgés de 2 ans à 3 ans et 4 mois; 12 autres enfants étaient âgés de 9 ans et 5 mois à 12 ans et 4 mois. Les tâches proposées en présence de l'enfant consistaient en jeux dirigés et en activités où il fallait apprendre ou montrer quelque chose à l'enfant. En l'absence de l'enfant la tâche maternelle consistait à s'adresser à un enregistreur magnétophonique comme s'il s'agissait d'un enfant d'un niveau déterminé.
[3] En proportions par rapport au nombre d'énoncés (sauf pour les indices 1, 2, 3 et 4).
[4] En nombre de mots.
[5] Nombre de verbes composés et de propositions subordonnées par rapport au nombre d'énoncés.

Un effet significatif de la présence/absence de l'enfant a été obtenu pour toutes les mesures du langage maternel effectuées. Les mères, tant à 2 ans qu'à 10 ans, adressent plus de langage en la présence de l'enfant que lorsqu'elles s'adressent directement au magnétophone. Elles raccourcissent notablement leur LMPV dans la même situation. De même, elles réduisent la complexité syntaxique de leurs énoncés et répètent davantage de façon exacte mais moins souvent de façon partielle leurs propres énoncés.

L'expérience de Snow permet de dissocier l'effet sur le langage maternel de la présence physique et verbale de l'enfant par opposition à la connaissance maternelle relative aux capacités langagières productives et réceptives de l'enfant en général. Le feedback linguistique et paraverbal en provenance de l'enfant permet une adaptation nettement plus poussée du langage maternel au niveau développemental de ce dernier, ce qui atteste de l'importance du feedback immédiat dans le contrôle des adaptations verbales maternelles.

Une autre façon expérimentale d'aborder le même problème est de comparer le langage adressé aux jeunes enfants par les parents et par d'autres adultes non parents en situation d'interaction avec l'enfant. Cette démarche a reçu un début de réalisation dans une étude menée par Sachs, Brown et Salerno (1972). Ces auteurs ont demandé à 5 adultes non parents (hommes et femmes, âgés de 20 à 30 ans) de raconter individuellement une histoire au même enfant, une fille de 22 mois dont le vocabulaire consistait en environ 30 mots. Les interlocuteurs adultes furent mis au courant de l'âge de l'enfant et de son niveau de vocabulaire expressif avant le début de la séance d'interaction. Après cette séance, les sujets adultes s'entretinrent individuellement pendant quelques minutes avec un des expérimentateurs. Les données obtenues indiquent que les adultes non parents ralentirent significativement leur débit de parole, utilisèrent des phrases plus simples et bien formées, le plus souvent au présent et posèrent davantage de questions lorsqu'ils interagissaient avec l'enfant que lorsqu'ils s'entretenaient avec l'adulte. Les données de Sachs et al. ne peuvent être comparées à celles revues au chapitre 1 concernant les parents de jeunes enfants, car elles sont fournies en valeurs absolues sans que les auteurs indiquent le nombre total d'énoncés obtenus. Le profil de langage rapporté pour les sujets adultes non parents semble globalement correspondre aux données disponibles sur les aspects linguistiques des interactions entre parents et jeunes enfants, ce qui, sous réserve de vérification plus précise, tendrait à indiquer que le feedback immédiat (en relation éventuellement avec les informations sur le développement de l'enfant et son langage présentes dans les media culturels et probablement actualisées dans l'expérience de Sachs et al. par l'information donnée sur l'âge et le niveau de vocabulaire expressif de l'enfant) est le déterminant principal des adaptations verbales adulte-enfant. On recoupe la conclusion tirée à la suite de l'expérience de Snow (1972).

De nombreuses autres expériences et enquêtes sont évidemment nécessaires pour avancer dans la connaissance des facteurs déterminant les adaptations verbales parentales. Elles devraient porter sur les rôles respectifs des variables physiques (cfr De Paulo et Coleman, 1981), verbales (et à ce dernier point de vue sur la contribution respective des niveaux linguistiques productifs et réceptifs de l'enfant) et paraverbales qui interviennent dans le feedback immédiat en provenance de l'enfant, sur la composition et le rôle respectif des informations que nous avons regroupées plus haut sous le nom de feedback médiat. On pourrait, dans ce but, placer expérimentalement les parents en situation d'interaction verbale avec un enfant d'un niveau linguistique différent du leur et voir comment ils s'adaptent à cette nouvelle situation. Il serait utile également de tenter de répertorier et d'évaluer la quantité et la qualité des informations culturelles sur le développement du langage utilisées par les parents.

Quelques travaux ont cherché à cerner de façon descriptive les connaissances des parents sur le langage de leur enfant. Ils fournissent la base encore rudimentaire d'un dossier qu'il conviendra d'étoffer considérablement. Ces travaux sont résumés à la section suivante.

2.4. CONNAISSANCE DES PARENTS SUR LE LANGAGE DE LEUR ENFANT

De façon à pouvoir adapter leur langage au niveau développemental de l'enfant, il est souhaitable que les parents disposent d'une série de connaissances intuitives sur le développement du langage en général et sur le langage de leur enfant en particulier.

Les études de Berko-Gleason (1976), Golinkoff et Ames (1979), Rondal (1979) et Adrao (1980) fournissent un début d'information sur les connaissances parentales en matière de langage chez leur enfant. Golinkoff et Ames (1979) ont remis à un groupe de parents d'enfants âgés de 19 mois un questionnaire portant sur le langage de l'enfant, ses usages, de même que sur les pratiques éducatives parentales concernant le langage. Malheureusement, les auteurs ne fournissent pas le questionnaire, ni le relevé des réponses obtenues. Ils ne rapportent aucune différence notable entre les réponses des pères et des mères, réponses obtenues séparément. Les parents sont apparemment bien au courant des caractéristiques du langage de leur enfant et des usages que celui-ci en fait. Cette étude ne contrôle cependant pas si le langage des enfants correspond effectivement aux indications fournies par leurs parents. En revanche, Berko-Gleason (1976) a vérifié le degré de correction des prédictions parentales concernant divers comportements verbaux et non verbaux d'enfants âgés de 2 à 5 ans. Après que les parents aient complété un questionnaire, on vérifiait l'exactitude de leur information en demandant à l'enfant d'accomplir un certain nombre de tâches verbales et non verbales dans une pièce séparée. Certaines questions posées aux parents étaient particulièrement difficiles (par exemple, prédire le choix que fera l'enfant parmi une série de jouets, de noms de couleur, d'émissions de télévision pour enfants, prédire le résultat de l'enfant dans une variété de tâches de classification, assemblage, etc.). La correction des prédictions parentales fut de l'ordre de 50 % pour les comportements non verbaux et de 60 % pour les comportements verbaux. Aucune différence ne fut notée selon le sexe de l'enfant, pas plus qu'entre les pères et les mères. Les parents des enfants plus âgés obtinrent en général de meilleurs scores prédictifs que les parents des enfants plus jeunes. Ce résultat peut être interprété au moins de deux façons. Les tâches proposées aux enfants peuvent être inégalement difficiles quant aux prédictions demandées selon l'âge de l'enfant. Il est vraisemblable que les tâches demandées aux enfants variaient en difficulté intrinsèque selon l'âge, bien que l'auteur ne fournisse aucune information sur ce point. Par ailleurs, il semble plausible que plus longtemps on vit avec l'enfant, mieux on peut prédire ses réactions dans une situation déterminée.

Rondal (1979) a vérifié systématiquement une série de prédictions spécifiques faites par un groupe de mères de langue française en rapport avec les caractéristiques articulatoires et morpho-syntaxiques du langage de leur enfant. Les enfants étaient âgés de 27 à 38 mois. On a obtenu indépendamment un échantillon de langage de chaque enfant en conversation avec la mère à domicile. Le tableau 30 reprend les questions posées et les résultats obtenus.

Dans l'ensemble, les prédictions faites par les mères sont correctes. Sur un total de 148 prédictions obtenues, 140 correspondent aux faits et 8 ne se vérifient pas. Les erreurs prédictives concernent sur-

Tableau 30. *Connaissances des mères sur les aspects phonologiques et syntaxiques du langage de leurs enfants* [1] *(d'après Rondal, J.A., « Maman est au courant » : une étude des connaissances maternelles quant aux aspects formels du langage du jeune enfant. Enfance, 1979, 2, p. 101, reproduit avec permission).*

Questions				Evaluation [2]					
Phonologie	M1	M2	M3	M4	M5	M6	M7	M8	M9
1. Production des consonnes ch, j, s, z, f, v	+	+	−	−	+	−	+	+	−
2. Substitution de consonnes	+	−	+	+	+	+	+	−	+
3. Suppression de consonnes	+	−	+	+	+	+	+	−	+
4. Articulation des doubles consonnes	+	+	+	+	+	+	+	+	+
Syntaxe									
5. Production des articles	+	+	+	+	+	+	+	+	+
6. Accord en genre entre articles et substantifs	*	+	+	+	+	+	+	+	+
7. Accord en nombre entre articles et substantifs	*	+	+	+	+	+	+	+	+
8. Production des épithètes	+	+	+	+	+	+	+	+	+
9. Accord en genre des épithètes et des substantifs...	+	+	+	+	+	*	+	+	+
10. Production des pronoms personnels	+	+	+	+	+	+	+	+	+
11. Production des prépositions	+	+	+	+	+	+	+	+	+
12. Production des adverbes	*	+	+	+	+	+	*	*	+
13. Production de l'auxiliaire être	*	+	+	+	+	+	*	*	+
14. Production de l'auxiliaire avoir	*	+	+	+	+	+	*	*	+
15. Production d'énoncés interrogatifs formés au moyen de l'intonation	+	+	+	+	+	+	+	+	+
16. Production d'énoncés interrogatifs par un mot interrogatif	+	+	+	+	+	+	+	+	+

[1] Etude menée en langue française et portant sur 9 enfants. Les enfants étaient âgés de deux ans et trois mois à trois ans et deux mois.

[2] + signale que l'indication fournie par la mère est confirmée dans le corpus de langage recueilli. − signale que l'indication fournie par la mère n'est pas confirmée dans le langage recueilli. * indique que la mère n'a pu fournir de réponse à la question posée.
Mère 1 : garçon 2 ans 3 mois, enfant unique; Mère 2 : garçon 2 ans 6 mois, frère 4 ans; Mère 3 : fille 3 ans, enfant unique; Mère 4 : fille 2 ans 9 mois, enfant unique; Mère 5 : garçon 3 ans 2 mois, frère 6 ans; Mère 6 : garçon 3 ans 1 mois, frère 5 ans; Mère 7 : fille 2 ans 4 mois, sœur 12 mois; Mère 8 : garçon 2 ans 7 mois, enfant unique; Mère 9 : garçon 2 ans 9 mois, frère 6 mois.

Questions	Evaluation[2]								
Phonologie	M1	M2	M3	M4	M5	M6	M7	M8	M9
17. Production d'énoncés interrogatifs formés au moyen de l'inversion de l'ordre habituel du sujet et du premier élément verbal	+	+	+	+	+′	*	*	+	+
18. Production d'énoncés négatifs	+	+	+	+	+	+	+	+	+
Total −	0	2	1	1	0	1	0	2	1 soit 8/162 (5 %)
Total +	13	16	17	17	18	15	14	13	17 soit 140/162 (86 %)

tout l'articulation. Elles semblent faire état d'une légère tendance parmi les mères à surestimer la capacité articulatoire de l'enfant.

Adrao (1980) a étudié de la même façon le degré de correction des prédictions des mères quant aux caractéristiques formelles du langage de leur enfant. Il s'agissait des mères de langue française. Les enfants étaient âgés de 44 à 66 mois. Les enregistrements (conversation entre mère et enfant) furent effectués au domicile des sujets. Adrao confirme pour l'essentiel les données de Rondal (1979). Les estimations de la correction prédictive des mères se situent aux environs de 75 % en moyenne, avec relativement peu d'écart autour de l'indication de tendance centrale. Adrao a également interrogé les mères au sujet des caractéristiques formelles de leur propre langage adressé à l'enfant. Il a également vérifié ces « autoprédictions » par rapport au langage maternel adressé à l'enfant dans une situation de jeu libre et dans une autre situation où il s'agissait de raconter une histoire à l'enfant en s'aidant d'un matériel pictural. L'auteur rapporte que les mères sont parfaitement conscientes des simplifications et adaptations linguistiques présentes dans leur langage adressé à l'enfant.

Les résultats exposés ci-dessus sont de toute évidence préliminaires. D'autres données sont nécessaires avant de pouvoir conclure. Les données disponibles semblent confirmer, cependant, la présence (au moins) chez les parents de niveaux sociaux moyen à supérieur de connaissances détaillées portant sur le développement du langage de leur enfant.

Les connaissances parentales évoluent-elles du premier au second enfant, au 3ᵉ enfant éventuellement, etc., et si oui, comment évoluent-elles? Aucune donnée ne permet actuellement de répondre à cette question. Celle-ci n'est pas sans intérêt. Supposons que les connaissances parentales relatives au langage de l'enfant en général et au développement du langage s'accroissent avec l'accumulation des feedbacks d'un enfant à l'autre, que cet accroissement de connaissances favorise une meilleure adaptation du langage parental au niveau développemental (la notion de «meilleure adaptation linguistique parentale» au niveau de l'enfant ne peut être définie avant le chapitre 3) et qu'une meilleure adaptation parentale favorise le développement du langage chez l'enfant, on serait alors amené à prédire un développement langagier plus rapide et plus harmonieux chez le 2ᵉ ou le 3ᵉ enfant et éventuellement une fréquence plus grande des troubles et retards de langage de type exogène chez les aînés, toutes choses étant égales par ailleurs. Un relevé rapide de la littérature ne permet pas d'extraire des données pertinentes quant à cette double hypothèse qui mérite un examen plus approfondi.

2.5. LA CONSTRUCTION DU LANGAGE DANS UNE PERSPECTIVE INTERPERSONNELLE

Il est possible, à partir des données exposées dans les sections précédentes, d'envisager un macro-mécanisme général de la construction du langage chez l'enfant.

Nous définissons un tel mécanisme dans ce qui suit.

1. Composantes du modèle

La figure 3 reprend le modèle et ses principales composantes.

Nous considérons comme évidente la proposition selon laquelle l'essentiel de l'acquisition du langage chez l'enfant intervient dans le contexte de l'interaction avec les adultes et, d'une façon plus générale, dans le contexte de l'interaction avec des interlocuteurs plus évolués. La figure 3 expose un certain nombre de relations pertinentes pour le processus général de l'acquisition du langage dans le contexte de l'interaction adulte-enfant. Le support figuratif fourni est évidemment arbitraire.

Le schéma présenté doit être lu de la façon suivante. L'évidence comportementale verbale, productive et réceptive, à laquelle il faut

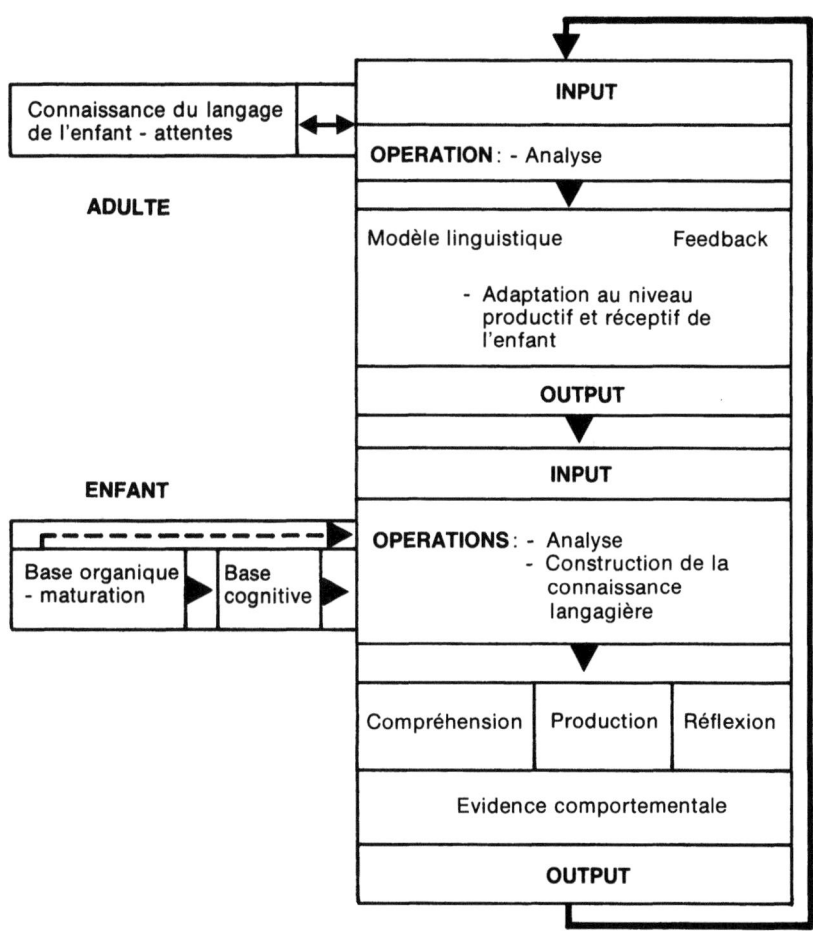

Figure 3. Mécanisme général de l'acquisition du langage chez l'enfant (d'après Rondal, 1979, «*Maman est au courant. Une étude des connaissances maternelles quant aux aspects formels du langage du jeune enfant*», *Enfance*, 1979, 2, 95-105, reproduit et modifié avec permission).

ajouter les manifestations expressives et communicatives paraverbales fournies par l'enfant constitue l'input analysable par l'adulte. Cet input est nécessairement *multivarié* au sens où il comporte tout un spectre d'informations sur les sons, les monèmes, les éléments lexicaux, les structures syntaxiques et les éléments pragmatiques et de contenu produits et/ou compris par l'enfant à un moment de son évolution développementale.

L'input en provenance de l'enfant est analysé et évalué, implicitement ou explicitement, par l'adulte qui y réagit verbalement et/ou non verbalement. Ces opérations alimentent les connaissances spécifiques de l'adulte sur le langage de l'enfant avec lequel il interagit et moyennant généralisation sur le langage des enfants du même âge. Ces connaissances jointes aux connaissances du même ordre déjà accumulées conditionnent les attentes particulières de l'adulte en matière de performance linguistique de l'enfant. Il s'agit d'un domaine qu'il conviendrait d'étudier en détail. A un niveau très général, on s'attend par exemple à voir l'enfant prononcer ses premiers mots reconnaissables vers un an ou 15 mois. De même, la plupart des parents s'attendent à voir leur enfant de 22 mois ou 2 ans commencer à combiner plusieurs éléments verbaux dans le même énoncé. De telles attentes s'expliquent aisément chez les parents qui ont déjà eu un premier enfant. Pour les autres, les attentes générales de ce type et d'autres plus spécifiques (qui restent à documenter) proviennent sans doute de l'héritage culturel, des media et dans une large mesure du voisinage et de l'échange verbal avec d'autres parents plus expérimentés, à commencer par les grands-parents. Les connaissances et les attentes de l'adulte en relation avec les résultats de l'analyse et de l'évaluation de l'évidence comportementale fournie par l'enfant déterminent en grande partie les caractéristiques formelles du modèle linguistique présenté à l'enfant par l'adulte et notamment le niveau de l'adaptation linguistique de l'adulte à l'enfant. Une partie du langage adulte adressé à l'enfant est constitué des réponses et des réactions de l'adulte au langage de l'enfant. Ce feedback comporte les accusés de réception, les corrections explicites et implicites (encore appelées expansions), les reformulations et expatiations des productions immédiatement précédentes de l'enfant et les commentaires et réactions approbatrices et désapprobatrices émises quant à ces productions (évaluation). On y ajoutera toutes les marques non verbales d'approbation et de désapprobation contingentes aux productions verbales de l'enfant.

Le parler adulte adressé à l'enfant dans un contexte extralinguistique et paraverbal déterminé constitue l'input analysable par l'enfant en situation de communication linguistique. La plupart des auteurs sont d'accord pour considérer que cette opération d'analyse et l'apprentissage du langage en général sont largement basés sur le développement cognitif. Il importe également de prendre en considération les dispositions organiques caractéristiques de l'espèce humaine qui permettent (au sens strict) l'acquisition et l'utilisation du langage (conditions nécessaires). La connaissance langagière de l'enfant aux différents moments de son développement se définit comme le produit actuel et historique de l'application des opérations d'analyse linguistique et des apprentissages linguistiques. Cette connaissance sous-tend les démarches de production et de compréhension verbale. Elle prend une forme réflexive explicite, qualifiée maintenant de métalinguistique, à partir d'un certain âge et selon un certain calendrier développemental chez l'enfant[8]. Production, compréhension et éléments de réflexions explicites fournissent l'évidence comportementale ou output qui sert d'input à la démarche de l'adulte.

2. *Principe de fonctionnement dynamique continu*

Le mécanisme présenté à la figure 3 est *continu*. On peut supposer qu'il est mis en branle dès les premiers contacts entre parents et enfant et en tout cas dès le stade proto-conversationnel de la première année. Il perdure dans la forme indiquée ci-dessus jusqu'à la fin du développement linguistique, c'est-à-dire en ce qui nous concerne jusqu'à la fin du développement linguistique tel qu'il intervient dans la relation entre adulte et enfant. Concrètement, le mécanisme cesse de fonctionner lorsque le langage de l'enfant est suffisamment proche du langage adulte sur un plan formel pour ne plus justifier traitement et adaptation particulière de la part de l'adulte et apprentissage dans ce contexte interactif de la part de l'enfant. On ne peut préciser à quel âge intervient cet épisode terminal, sans doute vers 12 ans avec probablement de sensibles différences selon les individus.

Le mécanisme présenté est continu dans un second sens: il correspond aussi au déroulement de la conversation entre adulte ou interlocuteur évolué et enfant en voie d'acquisition du langage. L'output d'un des deux interlocuteurs sert d'input à l'autre lequel fournit à son tour un output déterminé qui sert d'input au premier, et ainsi de suite.

Le fonctionnement du mécanisme illustré schématiquement à la figure 3 est *dynamique* au sens où il fournit les moyens du progrès linguistique à condition de supposer chez l'adulte une motivation à interagir verbalement avec l'enfant d'une façon qui favorise le développement langagier et chez l'enfant un certain nombre de moyens permettant d'analyser le langage reçu et d'en dériver une connaissance langagière (en plus, certes, d'une motivation de base pour la communication et le langage). C'est en analysant le langage qui lui est adressé et plus particulièrement les aspects de ce langage qui dépassent le sien propre selon un calendrier développemental déterminé à la fois de l'intérieur, par les moyens cognitifs à sa disposition, et de l'extérieur, par la complexité relative du code et les fréquences d'utilisation dans le parler adulte qui lui est adressé, que l'enfant progresse dans sa connaissance de la langue et des usages qui en sont faits autour de lui.

La figure 3 fournit un mécanisme général dont le mérite est de faire une place claire au rôle des interactions adulte-enfant dans l'acquisition du langage. Il s'agit d'un macromécanisme dont les composantes principales sont simplement esquissées à ce stade. Elles exigent encore beaucoup de données empiriques avant de pouvoir être tracées plus fermement. Le chapitre suivant examine les données disponibles sur les *effets* du langage parental adressé à l'enfant et des feedbacks parentaux relatifs aux énoncés enfantins sur l'ontogenèse du langage. En les analysant, on débouche sur deux questions. La première concerne les caractéristiques pertinentes du langage parental pour le développement du langage chez l'enfant; ces caractéristiques peuvent varier suivant le développement de l'enfant. La deuxième question concerne la sensibilité de l'enfant et sa sélectivité analytique lorsqu'il traite l'input parental. Ce traitement peut également varier suivant son développement et le cumul des connaissances langagières issues des étapes de développement précédentes.

Du côté de l'enfant, un certain nombre de micromécanismes dont la nature et le fonctionnement exact nous échappent encore s'inscrivent dans le cadre du macromécanisme défini ci-dessus. Ils concernent essentiellement, d'une part, la base extralinguistique (organique et cognitive) du développement langagier qui doit fournir un nombre de conditions nécessaires de divers ordres pour ce développement et, d'autre part, des opérations impliquées dans l'analyse de l'input adulte par l'enfant et dans la construction de la connaissance langagière. Ces derniers micromécanismes sont de nature cognitive. Ils sont sous la dépendance du développement intellectuel général mais n'excluent pas pour autant l'intervention de certains principes d'apprentissage[9].

NOTES

[1] Une partie de ces données, celle concernant le langage maternel adressé aux enfants normaux, a été exposée au chapitre 1.

[2] Cette observation trouve une confirmation dans une étude de Ryan (1975) qui a comparé le langage d'un groupe d'enfants handicapés mentaux modérés et sévères — mongoliens et non mongoliens — avec le langage d'un groupe d'enfants normaux appariés avec les premiers pour LMPV. Dans cette étude, les enfants normaux étaient âgés de 2 à 3 ans, les enfants handicapés mentaux de 5 à 9 ans.

[3] Le terme compétence linguistique est utilisé au sens large sans référence à la distinction entre compétence et performance proposée par Chomsky (1965).

[4] Cunningham, Reuler, Blackwell et Deck (1981) rapportent des données correspondantes dans une étude récente dont nous prenons connaissance en terminant la rédaction de l'ouvrage. Ces auteurs ont comparé le langage maternel adressé à 18 enfants normaux et à 18 enfants handicapés mentaux modérés appariés pour l'âge mental et le vocabulaire réceptif (le premier indice étant calculé à partir du second après passation du Peabody Picture Vocabulary Test). Les enfants normaux et handicapés étaient répartis en deux groupes (quatre groupes d'enfants au total) d'âges mentaux équivalents (24 et 40 mois). L'âge chronologique des enfants était compris entre 24 et 34 mois pour les enfants normaux et entre 46 et 59 mois pour les enfants handicapés mentaux. La complexité du langage maternel adressé aux enfants normaux et handicapés ne diffère pas en termes de LMPV et de score global au Developmental Sentence Analysis (Lee, 1974) à âge mental équivalent. Elle diffère cependant, dans le sens attendu, à âge mental différent tant pour les enfants normaux que pour les enfants handicapés mentaux (LMPV maternel adressé aux enfants normaux: 3.6 et 4.4 suivant les deux niveaux d'âge mental; LMPV maternel adressé aux enfants handicapés mentaux: 3.6 et 4.7 suivant les deux niveaux d'âge mental). Les données font état, cependant, d'une plus grande directivité verbale et d'une moindre fréquence des initiatives maternelles chez les mères des enfants handicapés mentaux (ce qui peut paraître contradictoire mais ne l'est pas nécessairement au sens où la seconde catégorie ne renvoie qu'au démarrage de chaque intervalle codé d'interaction par un ou l'autre des partenaires) par rapport aux mères des enfants normaux à âge mental équivalent chez les enfants.

[5] On évitera de conclure qu'il en va nécessairement de même dans le cas d'autres troubles développementaux de la communication (cfr par exemple, Cross, Morris et Nienhuys, 1980, pour les enfants sourds. L'hypothèse étant dans ce cas qu'il peut être très difficile pour les parents de se faire une bonne idée des capacités réceptives et productives de l'enfant sourd, d'où les difficultés d'adaptation langagières rapportées).

[6] Cfr Rondal et Lambert, 1981.

[7] Je sais gré à Ernst Moerk d'avoir attiré son attention sur ce point qui m'avait échappé à première analyse de la figure malgré la «clarté» de celle-ci.

[8] On se reportera à Sinclair, Jarvella et Levelt (1978) et à Brédart et Rondal (1982) pour des revues de la littérature en métalinguistique développementale.

[9] On consultera plus particulièrement Staats (1975) et Bandura (1980) sur ce point.

＃ Chapitre 3
Les effets des interactions parent-enfant sur la construction du langage

Quels effets ont à court, à moyen et à plus long terme les caractéristiques du langage parental sur la construction du langage chez l'enfant? Quels sont les éléments du langage parental les plus pertinents à ce point de vue et cette pertinence se modifie-t-elle avec le temps? Telles sont les principales questions auxquelles nous tentons d'apporter une réponse dans le présent chapitre. On remarquera que la question des effets du langage parental sur le langage enfantin est potentiellement indépendante de l'explication des modifications observables dans le langage parental adressé à l'enfant. On peut chercher à converser avec l'enfant avec la meilleure volonté du monde et tenter de lui enseigner le langage sans réussir à influencer en aucun cas le processus développemental.

3.1. LES EFFETS DU LANGAGE PARENTAL

Il est commode de reprendre ici la disposition de présentation utilisée au chapitre 1 en ce qui concerne les différentes composantes du langage parental et de chercher à établir leurs effets sur le langage de l'enfant et son développement composante par composante. Nous prions le lecteur de se rapporter aux données descriptives fournies sur les aspects correspondants du langage parental au chapitre 1.

1. Modifications prosodiques et rythmiques

Causes et effets des modifications prosodiques et rythmiques observables dans le langage maternel adressé au jeune enfant se rejoignent vraisemblablement. *Les modifications tonales* présentes dans le langage maternel concourent puissamment à attirer et à conserver l'attention du jeune enfant sur le discours maternel et le contexte extralinguistique des productions verbales maternelles. Une expérience de Mehler (1976) citée par Aimard (1981), illustre bien ce phénomène. L'auteur propose à 40 bébés âgés de 4 à 6 semaines différents types d'enregistrements sonores. Le comportement témoin sélectionné chez le bébé est le comportement de succion (non alimentaire) sur une sucette connectée à un baromètre. Il s'agit d'une technique utilisée par Eimas, Siqueland, Jusczyk et Vigorito (1971), dans leurs études sur les discriminations phonétiques précoces chez le jeune enfant. La technique est basée sur le paradigme expérimental de l'habituation. Les bébés comme les animaux et les êtres humains plus âgés finissent par ne plus réagir à un stimulus identique répété pendant un certain temps. Tout nouveau stimulus ou changement dans le stimulus ramène pendant un moment intérêt et curiosité. On utilise ici les mouvements de succion et leur fréquence comme indices de réactivité au stimulus. Ainsi, s'il y a habituation, signalée dans le cas présent par une diminution de la fréquence des mouvements de succion, cela signifie que les stimuli présentés ne sont pas jugés différents par l'enfant et inversement. Mehler établit que les bébés étudiés peuvent différencier voix maternelle et voix étrangère (figurant toutes deux sur un enregistrement sonore). Plus intéressant encore, les bébés ne différencient la voix maternelle d'une voix étrangère que si la première est intonée. Si elle ne l'est pas (par exemple, un enregistrement de la voix maternelle lisant un texte dénué de signification), l'enfant ne différencie pas la voix maternelle d'une voix étrangère. Que les moyens prosodiques deviennent moins indispensables avec l'augmentation en âge de l'enfant est attesté par le fait que leur fréquence et leur importance quantitative diminuent dans le langage maternel avec l'âge de l'enfant.

L'attention de l'enfant accordée au discours maternel intoné renforce à son tour le comportement maternel d'intonation comme le prédit la théorie operante (par exemple, Rheingold, 1969) et le modèle conversationnel exposé au chapitre précédent.

Les modifications d'accent et de durée articulatoires observables dans le langage maternel adressé au jeune enfant visent à mettre en évidence certains mots à fort contenu sémantique susceptibles d'être compris par l'enfant et de lui permettre ainsi de les isoler plus facilement et plus rapidement dans la chaîne du discours. Ces mots sont aussi en général les plus importants de l'énoncé pour la compréhension.

Enfin, le *rythme ralenti d'élocution et le clair marquage des énoncés de part et d'autre au moyen de pauses* visent à faciliter chez l'enfant la segmentation du discours adulte en énoncés, première étape d'une analyse structurale qui prendra place ensuite selon les moyens intellectuels et linguistiques à la disposition de l'enfant.

Les hypothèses avancées ci-dessus relativement aux effets des modifications rythmiques du langage maternel adressé au jeune enfant, bien qu'infiniment probables, n'ont pas été vérifiées expérimentalement, à notre connaissance. On ignore également le degré de conscience chez les parents quant aux modifications prosodiques et rythmiques qui interviennent dans leur langage. On ignore de même si les parents mis au courant de ces modifications y verraient un moyen de faciliter la communication avec leur enfant et d'aider au premier développement de son langage.

2. *Lexique*

On sait que les premiers mots conversationnels (ou assimilés) sont produits par l'enfant aux alentours de 12 ou 13 mois. De cette époque jusqu'à environ 20 mois, le développement lexical est lent. On dénombre habituellement quelques dizaines de mots produits et davantage de mots compris autour de 20 mois. L'accroissement lexical s'accélère ensuite et la courbe acquisitionnelle prend l'allure d'une exponentielle. Il est clair que la tâche majeure de l'enfant au cours de ce développement consiste à associer chaque mot à une série d'instances de l'objet, de l'événement ou encore des personnes, sauf pour les noms propres; l'association mot-référent dans le cas des noms propres ne portant par définition que sur une seule personne. Cette tâche globale comporte en fait trois sous-tâches distinctes : 1) *segmenter* le discours adulte en mots isolés (tâche de segmentation); 2) *associer* le mot et le référent (tâche d'étiquetage verbal); 3) *organiser* les champs sémantiques selon des ensembles et des sous-ensembles cohérents et économiques à « parcourir mentalement » (tâche d'organisation sémantique).

Quelle aide le langage parental peut-il apporter à l'enfant en ce qui concerne ces tâches? Nous traitons des deux premiers points dans ce qui suit. Le troisième point concerne davantage la construction de la connaissance linguistique en tant qu'elle incombe particulièrement à l'enfant sur la base des données linguistiques reçues et des principes de classification disponibles dans le langage (par exemple, au niveau des combinaisons de monèmes : menuisier, plombier, plâtrier, etc.). Le rôle de l'entourage adulte n'est sans doute pas nul à ce point de vue notamment en ce qui concerne les définitions verbales (métalinguistiques) fournies à l'enfant plus âgé et comportant des principes de classification (« Un X, c'est un Y avec... », « Un X est une variété d'Y », « Un X c'est comme un Y, sauf que... », « X et Y sont deux mots pour la même chose », « Ces deux choses-là s'appellent X », etc.), mais on ne peut minimiser l'activité du sujet dans la construction des classifications adéquates (relations sémantiques et phonétiques, hyponymiques et superordonnantes, paradigmatiques et syntagmatiques, etc.) à l'intérieur de son répertoire lexical. Comment y procède-t-il et quels remaniements interviennent avec le développement intellectuel et l'accumulation de l'expérience linguistique ? Le problème reste entier à ce jour ou presque. On verra les indications théoriques fournies sur ce point et sur d'autres connexes par Brown (1957), Quillian (1967, 1969), Rosch (1973), Rosch et Lloyd (1978), Collins et Loftus (1975), Nelson (1974), H. et E. Clark (1977). Celles-ci portent sur divers principes de classification et d'organisation du matériel lexical selon le langage, l'organisation perceptive, la trame des actions et les traits sémantiques ou sèmes qui constituent le sens dénotatif des mots, etc. On ajoutera à cette littérature celle sur le changement qui intervient entre approximativement 6 et 8 ans chez l'enfant dans la nature des associations de mots effectuées sur demande. L'enfant qui jusqu'à 5 ou 6 ans tend à associer les mots selon un principe essentiellement séquentiel (associations dites syntagmatiques, par exemple : « chien-aboie », « crie-au secours », « sur-la table », « avant-les vacances », etc.) tend dorénavant à associer des mots en provenance de la même classe grammaticale bien que sémantiquement apparentés (associations dites paradigmatiques, par exemple : « chien-chat », « aboie-crie », « sur-sous », « avant-après », « lui-elle », etc.) (Brown et Berko, 1960 ; Erwin, 1961 ; Entwistle, 1966 ; McNeil, 1966 ; Miller, 1969 ; Francis, 1972 ; Noizet et Pichevin, 1966). Ce changement est peut-être l'indice d'une étape importante dans l'organisation du vocabulaire, le vocabulaire est désormais organisé sur une base proprement grammaticale, ce qui permet des opérations de substitution des entités au sein des énoncés selon la classe formelle et donc une certaine créativité linguistique potentielle : ce principe d'organisation est à n'en pas douter supérieur à la relation de contiguïté ou à l'association fonctionnelle.

Segmentation du discours adulte

Deux situations peuvent se présenter. Soit l'input parental contient un seul mot, soit il en contient plusieurs. Dans le premier cas, le problème de la segmentation est résolu par l'adulte au bénéfice de l'enfant. La fréquence de tels énoncés dans le langage maternel adressé à l'enfant est d'environ 20 % entre 20 et 30 mois approximativement (Broen, 1972; Glanzer et Dodd, 1975; Rondal, 1978b). Les énoncés à un mot du langage maternel adressé à l'enfant jouent sans doute un rôle particulièrement important dans le développement lexical chez le jeune enfant. On citera comme preuve à l'appui de cette hypothèse l'observation de Shipley, Smith et Gleitman (1969) selon laquelle les enfants aux alentours de 20 ou 22 mois concentrent leur attention plus fréquemment sur l'objet référé lorsque l'énoncé référentiel ne contient qu'un seul mot. Dans le même ordre d'idées, Miller, Chapman, Branston et Reichle (1980) ont montré que l'enfant entre 12 et 24 mois ne peut guère comprendre plus d'un seul mot dans les énoncés qui lui sont adressés. Le tableau 31 repris à Miller et al. (1980) illustre cette observation.

Tableau 31. Compréhension [1,2] des énoncés selon la longueur et la composition sémantique chez l'enfant (d'après Miller J., Chapman R., Branston M. et Reichle J., Language comprehension in sensorimotor stages 5 and 6. Journal of Speech and Hearing Research, *1980, 23, p. 302, traduit et reproduit avec permission).*

Tâche de compréhension	Groupes d'âge (en mois) et nombre de sujets			
	10-12	13-15	16-18	19-21
	12	12	12	12
1. Nom de personne	100	100	92	92
2. Nom d'objet	42	100	100	100
3. Verbe d'action	8	33	75	83
4. Rlation possesseur-chose possédée	0	8	42	83
5. Personne ou objet absent	0	17	33	67
6. Relation action-objet	0	8	42	67
7. Relation agent-action	0	0	8	58
8. Relation agent-action-objet	0	0	0	8

[1] Etude menée en langue anglaise.
[2] En pourcentages moyens par rapport au nombre d'énoncés proposés.

Dans le cas où l'input contient plusieurs mots (la majorité des énoncés à plusieurs mots adressés par les mères aux enfants entre 20 et 30 mois approximativement comportent de 2 à 6 monèmes — ce qui équivaut le plus souvent à un nombre inférieur de mots), l'adulte facilite grandement la tâche de segmentation de l'enfant par *l'emploi des moyens prosodiques et rythmiques* signalés à la section précédente (accentuation des mots particulièrement pertinents en ce qui concerne le contexte et l'apprentissage possible par l'enfant de la relation en question; allongement de la durée articulatoire des mots pertinents; intelligibilité générale de la prononciation et rythme ralenti du discours). Un autre élément qui intervient dans la facilitation de l'apprentissage lexical est la position du terme dans l'énoncé. Position dans l'énoncé et accentuation peuvent évidemment être conjugués pour mettre certains mots en évidence et les proposer ainsi à l'attention et à l'imitation de l'enfant. C'est en position finale (effet de récence) que les termes lexicaux sont le plus volontiers imités par le jeune enfant et se trouvent le mieux placés pour passer dans son répertoire lexical productif. Un certain nombre de données viennent étayer cette indication. Elles sont résumées au tableau 32.

A fréquence égale dans le langage parental et à complexité sémantique équivalente, on peut prédire avec Chapman (1981) que les mots qui apparaissent avec une certaine régularité à l'état isolé dans le langage parental, qui sont accentués ou qui sont placés à la fin d'énoncés comportant plusieurs mots ont une plus grande probabilité d'être imités et d'apparaître précocement dans le vocabulaire productif non imitatif[1] du jeune enfant. Chapman (1981) cherche et trouve une confirmation de son hypothèse dans les données de Nelson (1973) et dans celles de Chapman, Klee et Miller (1981) sur les premiers mots produits par deux groupes de jeunes enfants (entre 10 et 24 mois). Ces données révèlent que parmi les premiers mots non substantifs à apparaître dans le vocabulaire actif des enfants, les plus précoces (des prépositions, «up», «down»; des adverbes, «more», «here», «there», etc.) peuvent être apparus fréquemment à l'état isolé ou en position finale dans une séquence parentale composée de plusieurs mots. Les plus tardifs sont surtout constitués par des verbes (par exemple, «read», «bark», «need», «eat», «want», etc.) dont il est moins probable qu'ils soient souvent apparus seuls ou en position finale dans les énoncés adultes. On sait par ailleurs que les noms sont surtout représentés dans les premiers répertoires lexicaux de l'enfant et que la balance avec les verbes n'est rétablie que progressivement. Un support plus direct pour l'hypothèse de Chapman apparaît à l'observation même rapide des productions verbales du

Tableau 32. *Résumé de la littérature[1] sur les imitations enfantines du parler adulte selon la position du mot dans l'énoncé.*

Etudes	N	Sujets Ages (mois)	Tâches	Résultats
- Blasdell et Jensen (1970)	24	28-39	Imitation provoquée d'énoncés composés de mots sans signification.	- Les mots les mieux répétés sont les mots accentués et/ou situés en position finale dans l'énoncé modèle.
- Slobin et Welsh (1971)	1	27-29	Imitation provoquée d'énoncés significatifs	- Fréquente répétition des derniers mots de l'énoncé modèle.
- Eilers (1975)	12	18-36	Idem.	- Imitation correcte plus fréquente des mots en position finale dans les énoncés modèles.
- Rondal (1980)	21	20-32	Imitation spontanée des énoncés maternels en situation de jeu libre.	- Imitation préférentielle de la portion terminale des énoncés maternels. La longueur moyenne de la part de l'énoncé maternel qui suit la portion imitée par l'enfant varie entre .19 et .49.

[1] Recherches menées en langue anglaise.

jeune enfant par rapport aux productions parentales précédentes. Les premières au moment où elles sont réduites à une syllabe ou deux sont le plus souvent la reprise d'éléments accentués du parler parental, soit que les mots soient produits en isolation par l'adulte, soit qu'ils figurent dans de courts énoncés faisant partie de routines et d'échanges journaliers. A l'appui de cette remarque, nous fournissons le relevé des 50 premiers mots — non directement imités — produits par nos deux fils Stéphane et David avec l'indication du modèle parental correspondant (tableau 33).

Tableau 33. *Premiers mots (non imités directement) produits par deux enfants francophones (transcrits selon l'alphabet phonétique international) et modèles parentaux correspondants*

Ordre d'acqui-sition	Stéphane Production	Modèle parental	David Production	Modèle parental
1.	papa	papa	abwa	à boire
2.	to:	chaud	atap	à table
3.	tãto	tantôt	kakum	tartine, gâteau
4.	wa	chien	papa	papa
5.	mama	maman	pati	parti, disparu
6.	bɔ̃bɔ̃	bonbon	ɟi	tante Maria
7.	kɔ	pop corn	sabyː	ça brûle
8.	apy	il n'y en a plus	bʁm	voiture (qui passe)
9.	tita	montre (tic tac)	bum	bouche
10.	tɛta	Stéphane	awiː	ça cuit
11.	dodo	dodo	apum	il n'y en a plus
12.	otɔ	auto	pumpapa	bon-papa
13.	ɟiɟi	zizi (sexe)	ɟiɟi	zizi (sexe)
14.	apɔ	la porte	ɟã	lange
15.	ɔtɔ	photo	avwa	au revoir
16.	ao	allo (tél.)	kumka	sucette
17.	apo	chapeau	tita	montre (tic tac)
18.	babi	bye bye[1]	mo	non
19.	tɛ̃	tiens (action de donner)	mɛ̃	main
20.	kɔʁ	encore	kɔkɔ	auto
21.	pɔpɔ	pop (faire caca)	wawa	chien, canard, vaches
22.	fwa	froid	kɔʁ	encore
23.	ao	la lampe	mamã	maman
24.	ata	aspirateur	papam	Stéphane

[1] La présence occasionnelle de termes anglais s'explique par le fait que l'enfant vivait avec sa famille aux Etats-Unis. La langue parlée dans la famille était cependant le français.

Ordre d'acqui-sition	Stéphane Production	Modèle parental	David Production	Modèle parental
25.	tatin	tartine	kake	cassé
26.	kɛ:m	crème (cutanée)	o	eau
27.	titi	sucette	me	nez
28.	mjamjam	manger, c'est bon	ɔjɛj	oreille
29.	abu	la bouche	jɸ	yeux
30.	bebe	bébé	kɸ	cheveux
31.	atap	à table (ordre d'aller)	ɔʁ	dehors
32.	tʃitʃi	oiseau, écureuil	jɛjɛ	gilet
33.	tu	pantoufles	koko	dodo
34.	to	couteau	pipi	pipi
35.	ake	la clé	popo	popo (faire caca)
36.	ki	ici	bə	beurre
37.	pape	papier, crayon	api	ça pique
38.	mo	non	bum	boule
39.	pe	café	ji	livre
40.	syk	sucre	bibɔ̃	biberon
41.	bə	beurre	ka	chocolat
42.	bɛ	bière	kɛ	cuillère
43.	fo	plafond	ke	soulier
44.	gu	yogourth	po	pomme
45.	pum	boum (tombé)	mu	mouche
46.	babaj	a babaye (à cheval, cheval)	tɛ̃	tiens (action de donner)
47.	koko	œuf	ɛja	il (elle) est là
48.	ke	assez	mimi	mamy
49.	dɸ	tondeuse à gazon (jouet)	jɔ̃	crayon
50.	mjɔ̃	camion	dɔ	donne (requête en action)

Comme on peut le constater, lorsque ces deux enfants déforment des modèles parentaux comportant au moins deux syllabes, leurs productions ne reprennent pas la partie initiale des mots. Cette dernière est rarement accentuée. En effet, l'accent tonique en français tombe sur la dernière syllabe articulée du groupe de mots. Le matériel disponible au-delà des 50 premiers mots confirme largement les conclusions établies à l'issue des 50 premiers mots et ce pour les deux enfants.

On ajoutera à ces données les observations de Slobin (1973), obtenues à partir de diverses langues indo-européennes et non indo-européennes, indiquant que les postpositions sont habituellement acquises plus tôt que les prépositions. De même, Kuczaj (1979) a rapporté que les suffixes en langue anglaise sont acquis plus précocement que les préfixes à complexité linguistique ou conceptuelle équivalente.

Etiquetage verbal

Une fois la séquence phonétique que constitue le terme lexical isolée de la chaîne de parole, il faut encore que l'enfant associe cette séquence avec le référent ou plus exactement avec la classe des référents (à l'exception des noms propres). Cette tâche est grandement facilitée par certaines activités et stratégies interactives parentales comme les activités d'étiquetage verbal menées avec l'enfant. La mère désigne du regard ou du geste (importance du contexte gestuel) un référent objet ou image et fournit le mot qui dans la langue renvoie à cette classe de référent, à la qualité, la quantité ou l'élément de sens en question. Il s'agit avec le jeune enfant de référents concrets et le plus souvent présents au moment de l'énonciation, ou d'éléments de sens facilement perceptibles. Pour être efficace, cette démarche suppose l'attention conjointe de deux partenaires, c'est-à-dire la fixation du regard de l'enfant sur le même réalité référentielle que le parent.

Le rôle du parent est capital à ce point de vue. Collis (1975), par exemple, a montré que les mères tendent à parler d'un objet surtout au moment où elles voient le regard de l'enfant posé sur cet objet. Les cas rapportés dans la littérature (par exemple, Reich, 1976) où il existe (pour un temps) un manque de correspondance entre le sens prêté à un même mot par l'enfant et par l'adulte (pour reprendre un des exemples fournis par Reich, l'enfant désignant l'appareil de télévision du nom de « TV guide »), sont sans doute attribuables à un défaut accidentel et spécifique au niveau de l'attention conjointe au cours d'un épisode interactif où l'adulte a cherché à étiqueter verbalement le référent en question pour l'enfant.

Une étude menée par Bruner et ses associés (Ninio et Bruner, 1978; Ratner et Bruner, 1978; on verra aussi Bruner, 1974 et 1975) montre clairement le rôle essentiel de la mère dans l'étiquetage verbal et l'apprentissage lexical par l'enfant[2]. L'étude porte sur un enfant et sa mère suivis longitudinalement entre 8 et 18 mois à domicile et en situation de jeu. Les trois quarts environ des étiquetages verbaux de la mère pour le compte de l'enfant portent sur des images et un quart sur des objets manipulés par l'enfant ou vus dans l'environnement immédiat. L'activité d'étiquetage procède généralement selon la routine suivante: appel destiné à capter l'attention de l'enfant (par exemple, «Regarde»); une question du type «Quoi?» par exemple, «Qu'est-ce que c'est cela?» ou «C'est quoi ça?»; une étiquette verbale (par exemple, «Un *poisson*») souvent isolée et accentuée ou en position finale dans l'énoncé maternel (par exemple, «C'est un petit *poisson*») avec accentuation; souvent un feedback (par exemple, «Oui») faisant suite à la réponse visuelle de l'enfant ou à son sourire (instances considérées comme tours de conversation par la mère).

Plus il se développe, plus l'enfant intervient dans l'échange avec la mère. Il vocalise, gesticule, sourit, regarde la mère puis l'image puis la mère de nouveau dans environ 50 % des cas vers 1 an et dans environ 100 % des cas vers 1 an et demi. Graduellement, les vocalisations deviennent plus nombreuses, l'étiquette verbale correspondant à l'image (dans 50 % des cas à 18 mois). Dès que l'enfant commence à produire des mots reconnaissables en présence de l'image correspondante, le comportement maternel change. La mère expand les étiquettes verbales incorrectes (par exemple, Enfant: «mion»; Mère: «oui, un camion», avec parfois accentuation du terme pertinent et/ou de la partie manquante dans la production enfantine). L'expansion sert également de confirmation pour l'enfant de la correction sémantique de sa réponse. D'autres confirmations interviennent également en combinaison ou isolément, comme «oui», «très bien», sourire, etc. Les auteurs relèvent, enfin, et le point est d'importance, que la réponse d'étiquetage de l'enfant vers 18 mois est plus probable si c'est l'enfant qui initie l'échange ou si la mère pose une question (par exemple, «C'est quoi ça?»), ou encore attire l'attention de l'enfant sur le référent («regarde!») que si la mère produit directement l'étiquette verbale. C'est une prédiction que l'on pourrait faire sur la base du modèle conversationnel dès que l'enfant acquiert statut de partenaire conversationnel à part entière. Son objectif à ce moment est d'échanger de l'information avec son partenaire. Si celui-ci fournit la réponse d'étiquetage d'emblée, il n'y a plus guère de raison de répéter de nouveau la même information. C'est peut-être à une évolution de ce type qu'il faut attribuer la notable diminution de fréquence des répétitions immédiates exactes ou partielles du langage parental par l'enfant entre 15 et 30 mois approximativement (de 50 % d'énoncés imités directement dans les productions de l'enfant au début de la seconde année à quelques pour cent seulement vers 30 mois avec cependant de notables variations d'un enfant à l'autre) (Rodd et Braine, 1970; Nelson, 1973; Moerk, 1975; Seitz et Stewart, 1975; Lord, 1975; Rondal, 1978b).

On verra plus loin les données de Newport et collaborateurs (1977) pour une autre indication attestée du rôle des interventions maternelles sur le marquage inflexionnel au niveau du syntagme nominal chez l'enfant (par exemple, le marquage du pluriel au niveau du nom).

Le rôle de l'adulte dans le développement lexical de l'enfant est important, comme le montrent notamment les données de Bruner et collaborateurs. L'adulte enseigne implicitement le lexique à l'enfant à travers des milliers d'épisodes du type de ceux analysés par Bruner. Il choisit également à tout moment le matériel approprié pour ce faire et les mots qui conviennent à l'enfant selon son niveau de développement, son expérience passée, les mots que l'enfant connaît déjà et ceux qu'il peut produire le cas échéant. La qualité de l'enseignement parental à ce point de vue est le plus souvent remarquable, notamment dans l'anticipation de ce qui est approprié pour être proposé à l'apprentissage lexical de l'enfant, selon le niveau de compétence de ce dernier, la complexité relative du matériel verbal et l'accessibilité de l'élément de sens qui est référé. Brown (1970) relevait déjà le souci parental de sélectionner parmi les alternatives lexicales disponibles à un moment donné en vue d'un étiquetage verbal, celles dont la justification fonctionnelle est la mieux établie. Il cite, notamment, le cas des substantifs utilisés avec les jeunes enfants pour désigner les pièces de monnaie. Celles-ci sont d'abord désignées globalement par des termes génériques comme «argent», «pièces», ou «sous». Cette démarche ne prépare guère l'enfant à acheter et à vendre en faisant usage du système monétaire. En réalité, l'objectif parental est différent. Il s'agit de regrouper sous la même appellation des objets qu'il faut éviter, par exemple, de mettre en bouche, d'égarer, de jeter au loin ou qu'il est utile simplement de considérer à un même niveau de classification. Une terminologie plus spécifique correspondant à une matrice classificatoire plus complexe peut attendre que l'enfant soit en âge de fréquenter le magasin.

3. *Morpho-syntaxe*

Comme les données rassemblées au chapitre 1 le montrent, l'enfant est confronté, dans le cours de son évolution linguistique, avec des phrases généralement courtes, bien formées, fluides et d'un niveau de complexité grammaticale qui reste dans des limites très acceptables. L'input parental évolue sur le plan morpho-syntaxique comme sur d'autres plans avec l'accroissement des capacités réceptives et productives de l'enfant. De nombreux auteurs pensent que l'input parental ainsi simplifié et adapté au niveau de l'enfant joue un rôle crucial dans la relative rapidité du développement linguistique chez l'enfant normal (Chapman, 1981).

Il existe un petit nombre de recherches qui justifient cette conviction et fournissent le début d'une base empirique qu'il conviendra d'étayer et de développer, notamment en ce qui concerne l'ontogenèse du langage après 36 mois (Furrow, Nelson et Benedict, 1979; Cheseldine et McConkey, 1979; Moerk, 1980). Le travail de Moerk consiste en une analyse détaillée des transcriptions recueillies longitudinalement par R. Brown et ses collaborateurs à Harvard, sur le développement linguistique de trois enfants, transcriptions comprenant de nombreuses interactions parent-enfant ou baby sitter-enfant. L'analyse de Moerk prouve, contrairement à l'opinion prématurée émise par Brown (1973) — sans analyse détaillée de ses données à ce point de vue — que la fréquence des différents aspects de l'input adulte à l'enfant a des effets à court et à long terme sur la production linguistique des enfants. Nous examinons ces travaux dans ce qui suit. Nous analysons également le travail de Newport, Gleitman et Gleitman (1977), lesquels ont affirmé sans nuance sur la base de leurs données que le langage maternel n'avait en fait qu'un minimum d'effets à terme sur le langage de l'enfant et son développement. Un examen des données de Newport et al. (1977) montre que l'interprétation proposée par ces auteurs n'est pas fondée (cfr infra). Une autre étude, celle de Cross (1978), concluant également à une amplitude relativement faible des effets du langage maternel sur le développement morpho-syntaxique de l'enfant est passible des mêmes critiques et ses résultats doivent être considérés également comme non probants (cfr infra également).

Furrow et al. (1979) ont enregistré les interactions verbales entre sept enfants (quatre garçons et trois filles) premiers-nés et leurs mères respectives, en situation de jeu libre, à domicile, pendant une période de 9 mois. Les enfants étaient âgés de 18 mois au début de l'étude.

Leur LMPV était de 1.00, à l'exception d'un enfant pour lequel le LMPV atteignait 1.4. Les auteurs signalent cependant l'existence au départ de l'étude de petites différences (non documentées avec précision) sur le plan du langage réceptif entre les enfants. Il s'agissait de familles de la classe sociale moyenne. Quelque peu schématiquement, les données principales de l'étude concernent le point suivant. *Plus le langage maternel est structuralement simple quand l'enfant est âgé de 18 mois, plus l'enfant est linguistiquement avancé à*

27 mois. Le tableau 34 reprend les principales corrélations linéaires entre le langage maternel adressé à l'enfant à 18 mois et le langage de l'enfant à 27 mois.

S'agissant de corrélations, on peut se référer à Campbell et Stanley (1963) pour établir les règles interprétatives suivantes. De façon à pouvoir mettre validement en relation certaines caractéristiques du langage maternel à un moment T1 avec certaines caractéristiques du langage enfantin à T2, il est nécessaire d'établir que la signification statistique obtenue pour les corrélations en question ne résulte pas : a) de différences existant entre les enfants à T1, persistant à T2, pouvant rendre compte des variations dans l'input maternel à T1 et aboutissant à créer une corrélation artéfactuelle entre langage maternel à T1 et langage enfantin à T2; ou b) de différences existant entre les mères d'un point de vue linguistique à T1, persistant à T2 et pouvant rendre compte des variations dans le langage enfantin à T2. Le plan de recherche utilisé par les auteurs permet d'exclure les premiers cas. Quant au second, le rapport publié contenant les corrélations entre langage maternel et langage enfantin à 27 mois permet d'établir qu'aucune corrélation significative entre langage maternel à T1 et langage enfantin à T2 ne se trouvait avec le même signe entre langage maternel à T2 et langage enfantin à T2. On peut donc penser que les corrélations significatives apparaissant au tableau 34 sont bien interprétables comme renvoyant à une relation non artéfactuelle entre le langage maternel alors que les enfants sont âgés de 18 mois et le langage enfantin à 27 mois.

Le tableau 34 peut se résumer de la façon suivante : plus le nombre de mots, de verbes, de pronoms, de contractions ou de copules par énoncé est élevé dans le langage maternel adressé à l'enfant de 18 mois et moins l'enfant a de chances d'être linguistiquement avancé lorsqu'il atteint 27 mois. Par contre, une fréquence relativement élevée de noms par rapport aux pronoms et de questions oui-non (sans inversion de l'ordre canonique du sujet et du verbe) dans le langage maternel adressé à l'enfant de 18 mois est associée avec une croissance linguistique plus marquée chez l'enfant dans les mois qui suivent.

Un grand nombre de mots ajoute évidemment au poids sémantique et syntaxique de l'énoncé et rend son analyse plus difficile. Les verbes sont en général moins concrets que les noms et donc plus difficiles pour les enfants (Miller et Johnson-Laïrd, 1976). Dans des énoncés courts du type de ceux adressés par les mères à leurs jeunes enfants, il peut y avoir opposition entre nom et verbe au sens où

Tableau 34. Corrélations linéaires entre le langage maternel [1] *adressé à l'enfant à 18 mois et le langage enfantin à 27 mois (d'après Furrow D., Nelson K. et Benedict H., Mothers' speech to children and syntactic development: some simple relationship, Journal of Child Language, Cambridge University Press, 1979, 6, p. 433, traduit et reproduit avec permission).*

Aspects du langage maternel	LMPV[2]	Verbes/ Enoncés	Syntagmes nominaux/ Enoncés	Auxiliaires/ Syntagmes verbaux
- Déclaratives	−.25	−.28	−.22	−.03
- Impératives	.06	.02	.34	−.47
- Q. Questions	−.37	−.33	−.48	−.30
- Nombre de questions oui-non	.72*	.64	.58	.85**
- Questions oui-non avec inversion ordre sujet-verbe	.14	.08	−.01	.48
- Autres questions oui-non	.77**	.74**	.69*	.72*
- Interjections	.57	.67*	.43	.64
- Mots	−.69*	−.70*	−.68*	−.38
- Coordination et subordination	−.53	−.60	−.46	−.55
- Pronoms	−.75*	−.81**	−.63	−.58
- Proportion de noms par rapport au nombre de pronoms	.72*	.74*	.55	.60
- Verbes	.71*	−.78**	−.55	−.66
- Copules	−.85**	−.90**	−.77**	−.58
- Temps autres que le présent	−.46	−.47	−.63	−.09
- Copules, auxiliaires et adverbes négatifs contractés (par exemple : « isn't, haven't, don't »)	−.65	−.58	−.84**	−.21

[1] En anglais : la recherche portait sur 7 enfants.
[2] Calculé en nombre de mots par énoncé.
* $p \leqslant .05$; ** $p \leqslant .025$ (tous les tests sont « one-tailed »).

l'utilisation d'un verbe peut entraîner l'exclusion d'un nom, un problème qui ne se pose pas dans les énoncés plus longs. Les pronoms sont syntaxiquement (et sémantiquement) plus complexes que leurs référents nominaux. Ils varient selon le cas sémantique, la personne, le genre et le nombre et fonctionnement déictiquement (par exemple, on ne peut comprendre le « tu » que par opposition au « je » dans une conversation dyadique)[3]. De même, les constructions contractées en anglais portant sur la copule et les auxiliaires (par exemple, « It isn't true ») ajoutent de la complexité en structure de surface. Comment expliquer par contre que les questions maternelles du type oui-non sans inversion de l'ordre canonique sujet-verbe sont associées significativement avec une croissance linguistique plus marquée chez l'enfant notamment en ce qui concerne le LMPV et la présence des auxiliaires dans les syntagmes verbaux enfantins ? Une explication possible est que ces tournures maternelles mettent en évidence les verbes modaux, les copules et les auxiliaires et leurs sujets (par exemple, « Tu as fini ? », « Tu viens jouer avec maman ? », « Tu peux dire 'cheval' ? », « Il est beau, hein, le petit chien ? », etc.). Ces éléments sont ainsi proposés à l'apprentissage de l'enfant : ceci faciliterait à terme la production d'auxiliaires par l'enfant et contribuerait à allonger ses énoncés. Une difficulté dans le cas de cette explication est que les questions maternelles posées à l'enfant avec inversion de l'ordre canonique du sujet et du premier élément verbal (par exemple, « As-tu fini ? », « Viens-tu jouer avec Maman ? », « Peux-tu dire 'cheval' », etc.) et les énoncés déclaratifs maternels en général ne sont nullement corrélés significativement avec le développement linguistique subséquent de l'enfant (cfr tableau 34). Si la mise en évidence des éléments verbaux et du sujet dans les énoncés maternels est l'élément déterminant, on voit mal pourquoi les mêmes effets associatifs à terme ne joueraient pas pour ces types d'énoncés comme ils semblent jouer pour les questions oui-non sans inversion de l'ordre du sujet et du premier élément verbal. Furrow et al. favorisent une explication de l'effet observé en termes de « style interactif maternel ». Les questions oui-non, et notamment les questions oui-non dites « autres » au tableau 34 (également corrélées significativement avec le développement linguistique subséquent de l'enfant), incluent nombre d'interrogations dans le genre « Want to... ? » (par exemple, « Want to play monkey ? » — « (Tu) veux jouer au singe ? ») qui selon ces auteurs témoigneraient d'une sensibilité maternelle aux intérêts et aux besoins de l'enfant, laquelle fournirait un cadrage général favorable à une bonne communication, ce qui conduirait plus sûrement à la croissance linguistique de l'enfant. L'explication est plausible mais elle reste fort grossière. Son principe général (une bonne relation communicative mère-enfant est favorable au développement linguistique) est certainement fondé comme on le verra à la section suivante. Le même effet ne serait pas observé avec les questions oui-non avec inversion (c'est nous qui prolongeons l'hypothèse interprétative de Furrow et al.) parce que ces dernières, bien que témoignant de la même qualité d'échange interactif mère-enfant, poseraient davantage de problèmes au jeune enfant au moment d'incorporer les éléments verbaux dans ses productions en raison de l'inversion sujet - premier élément verbal qui caractérisent ces énoncés.

Les données de Furrow et al. (1979) indiquent donc, contrairement à une opinion fréquente chez les parents, *qu'un langage parental structuralement très simple est le mieux adapté pour favoriser une construction linguistique relativement rapide chez l'enfant entre 18 et 27 mois.* L'enfant de 18 mois semble surtout avoir besoin d'énoncés courts et structuralement simples pour construire une compétence linguistique rudimentaire telle qu'elle apparaît à 27 mois. Tout ce qui dans l'input parental va au-delà de cette exigence de simplicité gêne la démarche analytique du jeune enfant et retarde d'autant son progrès linguistique. Les données de Miller et collaborateurs (1980) présentées plus haut (tableau 31) sur les limites de la compréhension chez l'enfant entre 12 et 24 mois vont dans le même sens et renforcent les implications issues du travail de Furrow et collaborateurs. Il en va de même pour les données de Nelson (1980b) sur les corrélations entre les types de « reprises parentales » du langage de l'enfant, structuralement simples ou complexes, et le progrès linguistique subséquent chez ce dernier.

Les données précédentes établissent clairement l'existence d'une étroite association entre les caractéristiques morpho-syntaxiques du langage maternel adressé à l'enfant et les progrès linguistiques manifestés par ce dernier sur le même plan dans les mois qui suivent. Il est remarquable, dans l'étude de Furrow et al. (1979), que des corrélations significatives et très significatives aient été trouvées en dépit de la taille réduite de l'échantillon ($N = 7$). Ceci témoigne sans doute de la force de la relation statistique entre les deux instances au niveau de la population.

Mais si l'existence d'une association statistique a été établie, on ne peut se prononcer sur cette base quant à la nature des effets observés. S'agit-il d'effets causaux ou non? En d'autres termes, les caractéristiques du langage maternel déterminent-elles réellement à terme celles du langage enfantin? On peut affirmer, à titre d'hypothèse, qu'il s'agit bien d'un effet causal allant dans le sens parent → enfant et fonder cette hypothèse générale sur le travail expérimental de Cheseldine et McConkey (1979) mené dans le cadre d'un programme d'intervention langagière avec des enfants mongoliens et leurs parents.

Ces auteurs ont observé 7 enfants mongoliens âgés de 5 ans en interaction verbale avec leurs parents respectifs (mère et père, mère seule, père seul, selon le cas) dans une situation de jeu libre à domicile. Les familles étaient issues de la classe sociale moyenne. Les enfants avaient un répertoire lexical productif de 20 mots au moins et commençaient à utiliser de temps à autre des énoncés à deux mots. Leur LMPV était compris entre 1.00 et 1.90 monème. Parmi les mots utilisés seuls par les enfants figuraient peu de verbes. Les parents reçurent des indications détaillées mises par écrit sur les objectifs à atteindre avec l'enfant, c'est-à-dire amener l'enfant à utiliser davantage de verbes d'action («manger», «boire», «donner», etc.) et à produire aussi souvent que possible des énoncés à deux ou trois mots. Plusieurs séances de travail d'une durée de 10 minutes environ furent prévues à domicile au cours d'une période de deux à trois semaines. Trois parents ou couples de parents sur les sept purent faire atteindre les objectifs fixés à leur enfant. Les autres n'y parvinrent pas. L'analyse du langage parental durant les séances d'entraînement révèle que les parents dont les enfants progressèrent substantiellement : 1) réduisirent notablement leur LMPV en s'adressant à l'enfant ; 2) accrurent la fréquence de leurs énoncés déclaratifs et corrélativement utilisèrent moins de questions ; et 3) firent usage en général de moins de mots. Les parents dont les enfants ne progressèrent point accrurent en fait le nombre de questions posées à l'enfant, utilisèrent relativement peu de déclaratives et ne modifièrent pas sensiblement leur LMPV et le nombre de mots utilisés par rapport à la ligne de base établie avant la phase d'intervention. Dans la suite, Cheseldine et McConkey expliquèrent au second groupe de parents les stratégies utilisées par le premier groupe de façon à ce qu'ils puissent atteindre les objectifs fixés avec leur enfant, ce qui fut effectivement réalisé avant la fin de l'étude.

Ce travail semble confirmer la relation causale posée ci-dessus entre, d'une part, les stratégies d'interaction parentales et les caractéristiques structurales du langage parental adressé à l'enfant et, d'autre part, les progrès langagiers à terme chez ce dernier.

Newport, Gleitman et Gleitman (1977) ont rapporté des données corrélatives qu'ils présentent comme allant à l'encontre de l'hypothèse des effets du langage maternel sur le développement subséquent du langage chez l'enfant. A date c'est la charge la plus sérieuse publiée à l'encontre de la thèse défendue ici. Il convient donc de l'examiner et de la discuter en détail.

Ces auteurs ont enregistré les échanges verbaux entre mère et enfant (fille) à domicile au cours de deux séances distantes de 6 mois. Les familles étaient de niveau social moyen. Les enfants étaient âgés de 1 à 3 ans au début de l'étude. Des corrélations linéaires furent calculées entre divers aspects du langage maternel et du langage enfantin au cours des deux séances d'enregistrements. Les corrélations entre langage maternel et langage enfantin à 6 mois d'intervalle sont particulièrement intéressantes au point de vue considéré ici, c'est-à-dire celui des effets à terme du langage parental sur le langage de l'enfant. Pour les corrélations entre langage parental et langage enfantin au même moment (corrélations concourantes ou synchroniques) qui révèlent les associations statistiques entre différents aspects du langage des interlocuteurs en présence et l'excellente « calibration » du langage maternel au langage enfantin et vice versa mais ne permettent pas d'éclairer hypothétiquement la question des effets d'un langage sur l'autre (Campbell et Stanley, 1963), on verra également Furrow et al. (1979), Moerk (1975, 1976), Harkness (1977), Cross (1977), Rondal (1978c) et d'une façon plus générale Escalona (1973), à propos d'enfants dont les âges sont compris entre 1 et 5 ans[4]. En ce qui concerne les influences à terme, Newport et al. (1977) rapportent un certain nombre d'effets et de « non-effets » du langage maternel sur le langage enfantin. Le tableau 35 résume les données issues de cette étude.

Les auteurs remarquent que de nombreux aspects de la construction linguistique de l'enfant semblent insensibles aux caractéristiques du langage maternel. C'est le cas notamment du LMPV qui n'est corrélé (au seuil significatif conventionnel de $p \leq .05$) avec aucune mesure du langage maternel établies par Newport et al. De même, le LMPV et la complexité propositionnelle du langage maternel ne sont pas corrélés significativement aux aspects mesurés de la croissance linguistique des enfants. Certains aspects du langage enfantin sont par contre associés significativement avec des indices du langage maternel. L'augmentation du nombre moyen des éléments de l'auxiliaire verbal chez l'enfant est corrélée partiellement de façon positive et très significative avec la tendance maternelle à poser des questions oui-non et négativement avec la tendance maternelle à utiliser des impératives, et en général avec la répétitivité (autorépétitivité) du discours maternel. L'évolution de l'auxiliaire verbal chez l'enfant est également corrélée positivement (.51, $p \leq .08$) avec les expansions maternelles portant sur les prédicats des énoncés enfantins. Le rythme d'acquisition par l'enfant des inflexions au niveau du syntagme nominal est corrélé positivement et significativement avec les deixis maternels (par exemple, « C'est un *cheval* », « Il y a deux *chevaux* là-bas », « C'est *un* chat », « Ce sont *des* chats », etc.). Newport et al. concluent qu'un large éventail de caractéristiques du langage enfantin « develops under diffuse environmental conditions » (1977, p. 135). Pour les auteurs, ce sont les éléments morpho-syntaxiques du langage enfantin spécifiques à l'anglais (la langue étudiée) qui font l'objet d'associations significatives avec des caractéristiques antérieures du langage maternel (parmi ces éléments, la construction de l'auxiliaire verbal et le marquage inflexionnel au niveau du syntagme

Tableau 35. *Corrélations linéaires obtenues entre le langage maternel[1] et la croissance linguistique chez l'enfant (en éliminant les effets des niveaux initiaux d'âge et de capacité langagière des enfants)* — [D'après Newport, E., Gleitman, H. et Gleitman, L., Mother, I'd rather do it myself: some effects and non-effects of maternal style, in C. Snow et C. Ferguson (Eds), Talking to children, Cambridge University Press, 1977, p. 132, traduit et reproduit avec permission]

Indices du langage maternel	Indices du langage enfantin					
	Indicateurs grammaticaux		Longueur		Contenu propositionnel	
	Auxiliaires/ Syntagmes verbaux	Inflexions Syntagmes nominaux	Monèmes/ Énoncés	Verbes/ Énoncés	Syntagmes nominaux/ Énoncés	
- Déclaratives	.25	.01	.10	.16	.02	
- Questions oui-non	.88***	-.05	.50V	.35	.16	
- Impératives	-.55*	-.52V	-.38	-.29	.19	
- Questions Q	-.36	-.07	-.29	-.02	-.24	
- Interjections	.53V	.22	.42	-.08	.11	
- Deixis[2]	-.09	.58*	.13	-.12	-.08	
- Expansions	.51	.14	.23	.03	-.16	
- Répétitions	-.58*	-.51V	-.50V	-.05	-.27	
- Longueur Moyenne de Production Verbale[3]	.34	.10	.14	.38	.22	
- Nœuds dérivatifs[4] de phrase/Énoncés	.21	-.05	.37	.05	.31	

[1] En anglais, la recherche portait sur 15 enfants.
[2] C'est-à-dire l'utilisation de variables linguistiques pour assurer la référence qui dépendent pour leur compréhension du locuteur et de l'endroit où il se trouve, par exemple : « Ceci est une pomme » où interviennent la relation entre la pomme référée et « ceci » est sous la dépendance de la position du locuteur dans l'espace.
[3] En nombre de monèmes par énoncé.
[4] Cet indice renvoie au schéma génératif et transformationnel de la phrase (cfr par exemple, pour l'anglais, Chomsky, 1965; Jacobs et Rosenbaum, 1968). Il s'agit d'un indice de complexité structurale propositionnelle.
V $p \leqslant .008$
* $p \leqslant .05$
*** $p \leqslant .001$ (les auteurs ne spécifient pas si les tests sont « one-tailed » ou « two-tailed »).

nominal). Par contre, les aspects du langage enfantin que les auteurs considèrent comme ayant valeur générale (universelle?), c'est-à-dire intéressant des éléments morpho-syntaxiques non spécifiques à l'anglais (comme le nombre moyen de syntagmes verbaux et de syntagmes nominaux par énoncé; cfr tableau 35) semblent davantage insensibles à d'éventuelles influences à terme du langage maternel[5].

Les données de Newport et al. (1977) de même que les implications tirées par les auteurs à partir de ces données et certaines de leurs présuppositions appellent une discussion. L'étude en question présente une carence particulièrement regrettable, celle de « mettre dans le même sac », si on peut dire, des enfants d'âges et de niveaux linguistiques productifs — le niveau linguistique réceptif n'ayant pas été évalué — différents et même très différents. Les âges chronologiques des enfants variaient de 12 à 27 mois et les LMPV de 1.00 à 3.46, ce qui est loin d'être négligeable (voir supra le raisonnement pour l'interprétation des corrélations diachroniques). Certes, les auteurs ont cherché à éliminer de leurs corrélations l'influence des âges et des niveaux productifs de départ au moyen de la technique de la corrélation partielle. (On notera cependant que d'éventuelles différences subsistant au-delà de l'élimination du niveau linguistique productif dans les niveaux linguistiques de départ des enfants ne furent pas contrôlées dans leurs effets possibles sur les données corrélées.) Mais il s'agit d'une manipulation a posteriori impuissante évidemment à modifier la dynamique réelle de l'interaction verbale mère-enfant. Or en ce qui concerne celle-ci, il n'y a pas de raison de s'attendre, ainsi que le font Newport et collaborateurs, à ce que les effets du langage maternel sur le langage de l'enfant puissent être identiques à tous les âges et niveaux linguistiques entre 12 et 27 mois, d'une part, et aux LMPV 1.00 et 3.46, d'autre part. On doit s'attendre au contraire à ce que la sélectivité et la sensibilité linguistique de l'enfant varient développementalement en même temps que les acquis linguistiques et à ce que les effets du langage maternel sur le langage de l'enfant varient notablement aux âges et intervalles de LMPV considérés par Newport et al. On peut supposer, par exemple, que le style langagier maternel défini par sa simplicité structurale dont Furrow et al. (1978) ont montré l'efficacité dans l'intervalle compris entre 18 et 27 mois chez l'enfant, devient un obstacle pour un développement linguistique rapide après cet âge dès le moment où l'enfant cherche à dépasser une expression morpho-syntaxiquement très élémentaire. Dès lors, le plan de recherche établi par Newport et al. revient à confondre « différents moments développementaux » des relations mère-enfant dans la recherche d'effets uniques, ce qui ne peut aboutir.

Ce réexamen des données de Newport et al. (1977) conduit donc à les rejeter comme non probantes et avec elles les conclusions des auteurs. On pourrait, cependant, faire l'hypothèse suivante (post hoc, évidemment): les corrélations significatives obtenues par Newport et al. concernent des effets du langage maternel sur le langage enfantin qui s'exercent pendant la plus grande partie de l'intervalle d'âge et de croissance de LMPV considérés dans leur étude. Si cela est, on devrait les retrouver également dans toute étude (ayant utilisé les mêmes indices linguistiques) portant sur un intervalle développemental compris dans celui étudié par Newport et al. Le travail de Furrow et collaborateurs (1979) analysé plus haut répond partiellement à ce critère. On devrait pouvoir se faire une idée du bien-fondé de l'hypothèse précédente en comparant les effets statistiquement significatifs relevés dans les études de Furrow et al. (1979) et de Newport et al. (1977). Malheureusement, la seule catégorie du langage maternel associée significativement à un changement dans le langage de l'enfant sur le plan morpho-syntaxique qui soit commune aux deux études, est le nombre total de questions oui-non (cfr tableaux 34 et 35 supra)[6]. On peut postuler pour cette catégorie du langage maternel que son effet sur le LMPV et l'élaboration de l'auxiliaire perdure dans la plus grande partie de l'intervalle compris entre 12 et 27 mois et LMPV 1.00 à 3.46, ce qui n'exclut pas qu'elle puisse influencer davantage la croissance morpho-syntaxique dans le langage de l'enfant à certains moments de cet intervalle développemental qu'à d'autres. Les deux autres données corrélatives significatives (négatives) dans l'étude de Newport et al. (1977) concernent les impératives et les répétitions (autorépétitions) dans le langage maternel. Il est peu étonnant que les impératives puissent également concerner négativement une période développementale relativement longue. Ces tournures apportent peu aux aspects structuraux du développement du langage. En outre, elles ne participent guère sans doute à l'établissement d'une relation harmonieuse et ouverte entre mère et enfant, condition qu'on peut voir comme favorable au développement de l'enfant en général et au développement de la communication verbale en particulier (Nelson, 1973). Il en va peut-être de même pour le caractère répétitif du langage maternel dont on peut suspecter qu'à «*dose élevée*» (ce qui semble être le cas dans l'étude de Newport et al. où on signale 23 % en moyenne d'autorépétitions maternelles), il nuit au développement morpho-syntaxique en privant l'enfant d'autant d'instances de modelage linguistique original même si sur un plan purement pragmatique il peut être globalement favorable à l'échange communicatif et à son maintien entre adulte et jeune enfant. Mais le fait que Newport et al. ne fournissent pas d'information différentielle sur le langage maternel adressé aux enfants les plus jeunes du groupe par opposition aux enfants les plus âgés rend difficile l'interprétation des données rapportées. A part le point de convergence mentionné plus haut, les corrélations prédictives de la croissance linguistique de l'enfant à partir du langage maternel sont sensiblement différentes dans l'étude de Furrow et al. de celles figurant dans l'étude de Newport et al., sauf en ce qui concerne la catégorie auxiliaires/syntagmes verbaux dans le langage de l'enfant (cfr tableaux 34 et 35). A ce point de vue, le signe et l'amplitude générale des corrélations avec les différents types de phrases maternelles sont similaires dans les deux études avec la réserve sur le point des questions oui-non indiquées plus haut.

Cross (1978) a cherché à évaluer les effets du langage maternel sur la construction du langage chez l'enfant en appariant dix paires d'enfants pour le LMPV, en formant ensuite deux groupes, l'un appelé « en développement linguistique normal » et l'autre « en développement linguistique accéléré », et en affectant l'enfant plus âgé dans chaque paire au premier groupe et l'enfant le plus jeune au second groupe. La différence d'âge entre les deux groupes d'enfants dépassait 7 mois en moyenne et l'éventail des LMPV pour les deux groupes se situait entre les valeurs 1.50 et 3.50.

On a comparé le langage maternel dans les deux groupes d'enfants. La seule différence significative trouvée concernait les extensions maternelles du langage enfantin (variations sur la forme des énoncés enfantins précédents laissant identique ou presque leurs contenus sémantiques ou les prolongeant), plus fréquentes dans le groupe « accéléré ». La recherche de Cross (1978) est passible des mêmes critiques que celle de Newport et al. (1977). En effet, les LMPV des enfants variaient considérablement à l'intérieur des deux groupes constitués [7].

Une seconde raison amène à considérer les données de Cross comme non probantes : les différences et similitudes observées par cet auteur dans le langage maternel adressé aux enfants dans les deux groupes ne concernaient que l'état actuel du langage et non nécessairement l'état passé responsable (éventuellement) des niveaux actuels du développement linguistique des enfants. Là où Furrow et al. (1977), Cheseldine et McConkey (1979) et Newport et al. (1977) identifient différentes caractéristiques du langage parental à un moment T1 pour en évaluer les effets sur le langage enfantin à un moment T2, ce qui semble raisonnable, Cross (1978) identifie différentes caractéristiques du langage maternel à un moment T2 et cherche à en évaluer les effets rétroactivement, ce qui est nettement plus hasardeux. On ne pourrait évaluer correctement les effets du langage maternel sur la relative accélération ou non de la construction du langage chez l'enfant, dans une recherche du type de celle de Cross qu'en disposant également d'informations sur le langage maternel adressé aux enfants au moment T1. Faute de cette information, la relation faite entre « différence au niveau du langage maternel selon le groupe d'enfants en T2 » et « langage maternel en T1 » est hypothétique et loin d'être la seule possible. Il se pourrait, par exemple, qu'en T2, le langage maternel adressé aux enfants en développement accéléré ou non accéléré soit l'effet d'une adaptation maternelle à ce niveau de langage. Lui donner, même rétroactivement, un statut de déterminant du niveau linguistique enfantin subséquent revient potentiellement à confondre cause et effet dans la relation évolutive langage maternel-langage enfantin.

Moerk (1980; cfr également Moerk, 1981a) a montré, en réanalysant les transcriptions faites par Brown et ses associés (1973) du langage échangé entre parents et enfants dans le cas de 3 enfants américains étudiés longitudinalement, que la fréquence de plusieurs caractéristiques du langage parental adressé aux enfants est hautement corrélée à la fréquence de production des mêmes formes par les enfants. Moerk met en doute, en guise de point de départ, l'indication de Brown exprimée à la page 409 de son ouvrage sur *A first language* (1975) «... pour les 14 morphèmes grammaticaux de l'anglais, il n'existe *aucune preuve quelle qu'elle soit* en faveur de la fréquence (de l'input parental) comme déterminant important de l'ordre d'acquisition »[8]. En fait, une réanalyse des données mêmes de Brown en ce qui concerne sept des morphèmes en question ne permet pas de suivre cet auteur dans ses conclusions, comme le montre le tableau 36. Pour les autres morphèmes, il s'écoule un intervalle de temps variant de 6 à 14 mois entre les données de fréquences parentales disponibles et l'acquisition des morphèmes, selon les enfants et selon les morphèmes. Un tel intervalle ne permet pas une analyse fine du rapport entre fréquence parentale d'utilisation et ordre d'acquisition par l'enfant. Si on s'intéresse à la relation causale directe qui peut exister entre un input parental spécifique et les acquisitions enfantines subséquentes, il n'est pas souhaitable qu'un intervalle trop long s'écoule entre ces deux séries d'événements.

Tableau 36. *Fréquence de l'input parental*[1,2] *et âge d'acquisition*[3] *de différents morphèmes (d'après Moerk, E., Relationships between parental input frequencies and children's language acquisition. A reanalysis of Brown's data,* Journal of Child Language, Cambridge University Press, *1980, 7, pp. 114-115, traduit et reproduit avec permission)*

	Adam			Sarah			Eve	
Morphèmes	Fréquences parentales	Ages d'acquisition (mois)	Morphèmes	Fréquences parentales	Ages d'acquisition (mois)	Morphèmes	Fréquences parentales	Ages d'acquisition (mois)
- Présent progressif	65	30	- Pluriel[4]	57	34	- Présent progressif	67	22
- *in*	37	31	- *in*	20	35	- *on*	32	22
- *on*	20	32	- *on*	16	35	- *in*	40	23
- Pluriel[4]	57	32	- Présent progressif	28	36	- Pluriel	33	25
			- Passé irrégulier[5]	45	36	- Forme possessive	30	25
			- Forme possessive	16	37	- Passé irrégulier	25	26
= −.56, t² = .31			= −.658, t² = .43			= −.76, t² = .57		

[1] En anglais.
[2] Il s'agit de fréquences absolues.
[3] Le critère acquisitionnel fixé par Brown est l'utilisation à concurrence de 90 % ou davantage du morphème en question dans les contextes où son usage est grammaticalement obligatoire au cours des trois séances d'enregistrements successives (1973, p. 271).
[4] Les formes allomorphiques n'ont pas été différenciées.
[5] Le passé irrégulier n'a pas été repris dans le calcul des coefficients de corrélation car il apparaît dans les transcriptions du langage enfantin sous une variété de formes différentes.

Comme le remarque Moerk (1980), et contrairement à la conclusion de Brown, les morphèmes les plus employés par les parents de chaque enfant sont aussi les premiers à atteindre le critère de productivité fixé par Brown (usage correct dans 90 % des cas dans les contextes grammaticaux obligatoires). Si on inclut tous les morphèmes repris au tableau 36, la corrélation linéaire globale entre fréquence parentale d'utilisation et âge d'acquisition s'élève à — .56 (coefficient de détermination: .31) pour Adam, à — .66 (c.d.: .44) pour Sarah, et à — .67 (c.d.: .45) pour Eve. Le caractère négatif des coefficients de corrélation signifie que plus les fréquences d'utilisation parentales sont élevées, plus les structures en question sont acquises tôt. On ne peut estimer la signification statistique des corrélations ainsi rapportées, en raison du petit nombre de sujets, mais comme le signale encore Moerk, elle est loin d'être faible, particulièrement dans un domaine comme celui de la psychologie où le nombre de variables impliquées dans un problème déterminé est toujours élevé. Si on fait la moyenne des trois corrélations obtenues pour obtenir une meilleure estimation, on obtient un coefficient de — .63 (coefficient de détermination: .40; ce qui signifie que 40 % de la variance dans les âges d'acquisition des structures en question s'expliquent statistiquement par les données de fréquences parentales). On remarquera également qu'en moyenne la fréquence de l'input parental pour Sarah est la plus basse. Or, cet enfant se développe plus lentement que les deux autres sur le plan du langage. On peut estimer à — .66 (coefficient de détermination: .44), l'association entre la « privation linguistique relative de Sarah » et sa production morphologique subséquente.

A la lumière de ce qui précède, la conclusion de Brown citée plus haut apparaît particulièrement biaisée (un cas étonnant d'aveuglement théorico-empirique!) à l'encontre du rôle des variables de fréquence de l'input parental dans l'acquisition morphologique.

De plus l'analyse de Brown (1973) est basée seulement sur une partie des énoncés parentaux figurant dans les corpus recueillis. Elle laisse de côté les répétitions et les expansions parentales du langage des trois enfants, ce qui représente dans ces cas entre 40 et 50 % des énoncés parentaux adressés aux enfants selon les estimations de Slobin (1968)[9]. On a montré en outre (par exemple, Slobin, 1968; Moerk, 1976) que ces deux formes d'input parental étaient efficaces au point de vue du développement du langage chez l'enfant. Lorsqu'on tient compte de toutes les données langagières disponibles, le tableau est très différent de celui présenté par Brown.

Moerk analyse en détail le cas d'un des enfants, Eve. Cette analyse indique également que la fréquence de l'input parental est hautement liée à la fréquence de production enfantine, au niveau d'une utilisation incorrecte de la structure d'abord et de son utilisation grammaticalement correcte ensuite. Les constructions qui ne sont jamais utilisées par les parents à un moment donné ne sont jamais utilisées par Eve non plus. Les constructions fréquemment utilisées par les parents sont acquises plus tôt par l'enfant. Il y a là une question de seuil d'utilisation et une question de fréquence d'utilisation qui devraient être étudiées séparément. Les données parentales et celles concernant Eve sur le point de la production de la préposition « in » (« dans, dedans ») sont illustratives des effets immédiats de la fréquence et de la densité des productions parentales pertinentes. Il convient d'analyser ces effets au même titre que les effets parentaux à moyen et à long terme sur le langage de l'enfant. L'analyse montre comment l'utilisation correcte de cette préposition émerge progressivement chez l'enfant conséquemment aux usages que les parents en font dans leur langage adressé à l'enfant. Le protocole des interactions verbales entre l'enfant et sa mère éclaire particulièrement bien le processus d'acquisition. Le passage qui suit concerne la construction « in a / the wastebasket » (« dans une / la poubelle »)[10]. « Cette expression n'avait pas été produite par les parents pendant les corpus de langage 1 à 6. Elle est produite 17 fois correctement par l'enfant pendant les corpus 7 à 12. Un examen des transcriptions faites par Brown révèle qu'à l'exception d'une brève remarque faite par la mère au cours du corpus 12 « Veux-tu la — (il s'agit d'une serviette en papier) — mettre dans la poubelle », les formulations pertinentes sont utilisées durant le corpus 8, à la deuxième heure. A ce moment, l'expression « dans la poubelle » est utilisée souvent par la mère et l'enfant pendant une période de conversation d'environ dix minutes (trois pages de transcription concernent l'usage de cette exression par la mère et l'enfant sur un total de 15 pages). Une analyse plus fine fournit des perspectives intéressantes sur la façon dont le couple enseignement/apprentissage fonctionne en situation d'interaction naturelle. Au début de la première des trois pages, la mère suggère : « Veux-tu la mettre — (la serviette) — dans la poubelle ». L'enfant répond « ... (Eve) met serviette poubelle », omettant donc l'article et la préposition. La mère répète deux fois la question « As-tu mis la serviette dans la poubelle ? » (Dans la transcription originale, la seconde question maternelle est formulée comme suit : « As-tu mis la serviette poubelle ? ». Comme deux morphèmes obligatoires sont absents de cette phrase adulte, je — E. Moerk — l'interprète comme une erreur de transcription)[11]. L'enfant dit alors « (Mets serviette) dans la poubelle». La transcription semble suggérer que l'enfant « s'est débattu » à ce moment avec le syntagme verbal car le verbe et l'objet — «Mets serviette» — sont placés entre parenthèses, une indication que j'interprète comme signalant un énoncé à peine audible. Après le quatrième modèle parental, Eve produit clairement un sujet et un verbe «Je mets» à côté du syntagme prépositionnel, mais l'objet «serviette» reste toujours à peine audible. C'est seulement après le 5e modelage maternel qu'Eve produit clairement «Mets serviette dans la poubelle». Le sujet «Je» manque encore dans l'énoncé. Après le 6e modelage maternel, Eve ajoute enfin le sujet de la phrase «Je». A partir de là, l'enfant semble disposer d'un contrôle suffisant sur cette construction pour en faire varier un élément à la fois de temps à autre. Il est possible qu'elle se livre à un exercice d'apprentissage en effectuant ces variations. Elle ne parle pas seulement de mettre la serviette dans la poubelle, mais également «moi» (Eve), «Maman», et le papier absorbant (de cuisine) — paper-towel.

On trouve le même phénomène fondamentalement vers la fin du corpus 8, à la 5e heure d'enregistrement, soit une semaine après la première production de l'expression originale. La mère introduit (ou réintroduit avec variation?) l'énoncé «c'est dans le panier». Eve semble faire usage de son apparentissage préalable car elle inclut immédiatement la préposition et l'article dans sa réplique «... dans le panier». (On ne peut savoir si d'autres mots manquent car les mots qui pourraient éventuellement précéder le syntagme prépositionnel n'ont pas été transcrits). La mère utilise de nouveau le syntagme prépositionnel et l'enfant fournit une réponse abrégée: Mère: «Tu ne trouves pas le grelot dans le panier?», «Eh bien, où est-il?»; Enfant: «Je crois, dans le panier»; Mère: «Tu crois c'est dans le panier?». Puisque le sujet et le verbe sont optionnels dans l'énoncé de l'enfant en raison du contexte de la conversation, on ne peut établir si Eve n'a pas maîtrisé la construction complète ou si elle a répondu de manière elliptique. Il est significatif, cependant, que la mère réponde au moyen d'une version étendue (expanded) qui contient tous les éléments syntaxiques requis. Finalement, la mère conclut avec une répétition supplémentaire «Eh bien, il n'est pas dans le panier» (Moerk, 1980, pp. 114-115).

La reprise par Moerk du travail de Brown est éclairante à un autre point de vue. En effet, Brown (1973) avait rapporté qu'Eve avait développé l'usage correct de l'expression propositionnelle «in a/the wastebasket» en dépit de l'absence de modèle parental sur ce point. En fait, Moerk relève 8 ou 10 cas de modelage de l'expression par les parents d'Eve (2 cas sont douteux) dans les corpus mêmes de Brown, modelages suivis dans la plupart des cas par des tentatives (et à la fin par la réussite) de l'enfant de produire correctement l'expression en question.

Moerk (1980) résume encore des données non publiées de Forner (1977) qui rapporte des corrélations très importantes, allant de .80 à .92 entre fréquences parentales d'utilisation et ordre d'acquisition des morphèmes chez l'enfant (les corrélations les plus élevées concernent précisément une partie des données examinées par Brown).

Comment expliquer un tel décalage entre les résultats des analyses de Forner (1977) et de Moerk (1980), d'une part, et celles de Brown (1973), d'autre part. Nous avons relevé ci-dessus plusieurs problèmes techniques et méthodologiques dans les analyses de Brown, mais la différence avec les résultats de Forner et ceux de Moerk est telle qu'il doit y avoir une autre raison. Moerk propose une explication supplémentaire. Forner (1977) n'a analysé la relation entre l'input parental et l'ordre d'acquisitoon chez l'enfant que pour les morphèmes liés (bound morphemes), c'est-à-dire ceux qui ne peuvent figurer à l'état isolé dans le discours. Par exemple, en français, «devant, là, encore» sont des morphèmes qui surviennent seuls; «ait» dans «mangeait» ou «dormait» est un morphème (lié) qui ne peut survenir isolément. Moerk, réanalysant les données originales de Brown, s'en est tenu aux morphèmes acquis relativement tôt par les enfants au détriment d'éléments comme la copule, les auxiliaires et les articles qui sont acquis plus tardivement et pour lesquels de ce fait les transcriptions de Brown étaient insatisfaisantes car elles laissaient apparaître un long intervalle de temps entre les données parentales disponibles et l'atteinte par les enfants du critère fixé pour l'acquisition. Selon Moerk, la réduction du champ morphologique à des morphèmes de même nature ou apparaissant dans un intervalle de temps plus restreint chez les enfants dans le travail de Forner et dans le sien propre a permis une meilleure analyse des relations entre la fréquence de l'input parental et l'ordre d'acquisition enfantin que dans le travail de Brown.

Bien loin de montrer que l'input parental est sans importance, les données longitudinales de Brown (1973) révèlent, lorsqu'elles sont analysées correctement, que la fréquence de l'input parental, son accumulation, sa densité à travers le temps et à différents moments du temps et sa proximité temporelle avec les productions de l'enfant (à la fois comme antécédent et comme feedback) sont en relation étroite avec la construction des structures morpho-syntaxiques par l'enfant. On signalera encore dans la même ligne les résultats d'une étude menée également en conditions naturelles par Nelson, Denninger, Kaplan et Bonvillian (1979) — résumée dans Nelson (1980b) — où on a pu montrer que des enfants ayant appris à conjuguer les verbes au temps passé en une courte période de temps avaient été exposés à un input adulte nettement plus riche en verbes conjugués au passé qu'un groupe contrôle d'enfants d'âge, de niveau linguistique et de niveau socio-économique égaux. Le résumé de Nelson (1981) ne fournit malheureusement pas d'autres précisions sur le travail non publié de Nelson et collaborateurs (1979).

4. Feedback

Nous considérons dans ce qui suit le feedback verbal (expansions, corrections explicites, extensions du langage enfantin et répétitions parentales des énoncés enfantins) et la dimension affective de la relation verbale (et non verbale) parent-enfant (acceptation et rejet par les parents des productions enfantines et variables affectives dans la relation à l'enfant et l'acquisition du langage en général).

A. Feedback verbal

Il n'existe pas de données empiriques sur les effets des corrections explicites par le parent du langage enfantin non plus que sur les effets des répétitions parentales des énoncés enfantins. Comme nous l'avons indiqué au chapitre 1, un faisceau de présomptions existe sur ces points. On trouve, par contre, une littérature expérimentale sur les effets des expansions parentales du langage enfantin et sur les effets des expansions et des extensions combinées dans une nouvelle catégorie nommée les reprises parentales («parents, recasts») du langage enfantin. On envisagera également les effets de cette catégorie de manœuvres parentales à la section sur la pertinence du langage parental car les données empiriques obtenues à ce sujet s'inscrivent dans le cadre d'une préoccupation théorique particulière qui sera abordée à cette occasion.

Les expansions

Les parents expandent une proportion importante des énoncés produits par leurs jeunes enfants (jusqu'à 30 %). La fréquence des expansions parentales diminue avec la croissance linguistique des enfants (Seitz et Stewart, 1975; Rondal, 1978b). Cazden (1965) fut la première à tenter de vérifier expérimentalement les effets des expansions adultes sur le langage de l'enfant et son évolution. Elle a constitué trois groupes d'enfants noirs de milieux défavorisés âgés de 28 à 38 mois équivalents quant au niveau de langage productif (LMPV calculé sur un échantillon de langage spontané) : un premier groupe d'enfants reçut 40 minutes par jour d'expansions de son langage pendant 3 mois; un second groupe reçut une «dose» approximativement équivalente de phrases bien formées se rapportant aux énoncés des enfants sans en être des expansions pendant la même période de temps. Aucune indication quantitative ne fut obtenue au terme de l'étude en faveur de l'hypothèse selon laquelle les expansions favorisent le développement du langage et l'acquisition de la grammaire. La recherche de Cazden a été sévèrement critiquée. On a fait remarquer (McNeill, 1970) que les consignes données par Cazden à ses expérimentateurs d'expandre 100 % des énoncés enfantins (dans le groupe expérimental) pourraient avoir favorisé la production chez les adultes d'expansions (sémantiquement) incorrectes des énoncés enfantins, l'adulte se trompant sur l'intention significative du jeune enfant et expandant incorrectement l'énoncé de celui-ci. Un tel problème est moins probable en situation naturelle. En effet, les parents n'expandent pas plus de 30 % environ des énoncés du jeune enfant. Il s'agit peut-être du quota maximum d'énoncés enfantins qu'ils peuvent expandre «avec un degré de confiance raisonnable» dans la pertinence sémantique de leurs expansions par rapport aux intentions signifiantes des enfants. Cette source d'erreur dans l'expérience de Cazden peut avoir été encore aggravée par le fait que les tuteurs utilisés étaient des Américains blancs de la classe bourgeoise, peu famililiers avec le dialecte «Black English» parlé par la plupart des enfants noirs. Une seconde critique porte sur le fait qu'une démarche expérimentale comportant l'expansion de tous les énoncés produits par les enfants doit vraisemblablement aboutir assez rapidement à ennuyer l'enfant et donc à réduire son attention pour la source d'enrichissement verbal avec les conséquences qu'on devine.

Une évaluation empirique nettement plus positive du rôle des expansions adultes dans l'acquisition du langage par l'enfant peut être trouvée dans le travail de Nelson, Carskaddon et Bonvillian (1973). Leurs sujets furent 27 enfants américains blancs (garçons et filles de la classe moyenne) âgés de 32 à 40 mois et appariés pour 4 variables linguistiques calculées sur un échantillon de langage spontané obtenu avec des enfants pris individuellement (LMPV, élaboration des syntagmes nominaux et verbaux, et production d'auxiliaires) plus les notes obtenues à un test d'imitation de phrases. Chaque enfant reçut 20 minutes de traitement langagier en situation expérimentale 2 fois par semaine pendant une période de 11 semaines. En plus des expansions, les sujets expérimentaux reçurent en fait des «reprises» par l'adulte de leurs phrases complètes sous forme de phrases sémantiquement proches mais formellement distinctes (par exemple, Enfant: «Le lapin s'est sauvé dans les bois»; Expérimentateur: «Le lapin s'est sauvé dans les bois, n'est-ce pas?»). En fait, Nelson (1980b) définit ces reprises comme toutes les réponses qui reprennent les références sémantiques de l'énoncé enfantin précédent. Pratiquement, les reprises couvrent les deux catégories «expansions» et «extensions» définies et illustrées précédemment. Un second groupe d'enfants recevait parallèlement au groupe expérimental des phrases nouvelles en réponse à chacun des énoncés produits. Ces nouvelles phrases comportaient nécessairement des verbes, substantifs et adjectifs différents de ceux utilisés par l'enfant dans ses énoncés précédents. Enfin, un groupe contrôle recevait autant de sessions de «travail» que les deux groupes précédents mais sans traitement langagier particulier de la part de l'expérimentateur. Les résultats indiquent qu'aucune des 5 mêmes mesures de langage réeffectuées au terme de la période d'étude ne permet de différencier le groupe «nouvelles phrases» du groupe contrôle. Par contre, le groupe «reprises adultes» se montre significativement supérieur aux deux autres groupes en ce qui concerne les 5 mesures de langage, supériorité qu'il est permis d'attribuer en traitement expérimental.

Nelson (1977) fournit une seconde démonstration expérimentale de l'efficacité des expansions et autres reprises adultes du langage enfantin sur les acquisitions linguistiques des enfants. Les reprises adultes étaient spécifiques cette fois (et non indifférenciées comme lors de l'expérience de Nelson et al., 1973) au sens où les expérimentateurs avaient pour consigne soit de fournir des reprises faisant varier le constituant verbal (par exemple, un verbe simple au conditionnel, un verbe composé au lieu d'un verbe simple, etc.) — traitement 1 — ou la forme des questions (sous-types de questions Who; questions négatives, etc.) — traitement 2. Les enfants étaient âgés de 30 mois au début de l'étude et appariés pour le niveau de langage expressif. L'étude s'étendit sur une durée de deux mois. Les résultats indiquent clairement que les enfants ayant reçu le traitement 1 acquirent de nouvelles structures verbales, ce qui ne fut pas le cas des enfants du groupe 2 lesquels acquirent par contre de nouvelles structures interrogatives. Ces recherches démontrent l'efficacité des interventions expérimentales basées sur l'utilisation des expansions ou des reprises générales ou mieux encore spécifiques des énoncés enfantins. La question qui se pose cependant en regard de telles indications et celle de savoir si les comportements parentaux *en condi-*

tions naturelles présentent une telle fréquence et une telle systématicité aux points de vue considérés. La réponse est négative, nous le savons. Dès lors, il faut s'interroger sur l'efficacité des mêmes pratiques menées par les parents en situation naturelle cette fois. Les données expérimentales nous indiquent ce que les effets des manœuvres parentales considérées pourraient être mais non à coup sûr ce qu'ils sont.

A cette dernière question, un certain nombre de données récentes permettent de répondre que les pratiques d'expressions et de reprises parentales des énoncés enfantins en situation naturelle contribuent effectivement de façon très positive au développement linguistique des enfants. On se souviendra que Newport, Gleitman et Gleitman (1977) rapportent une corrélation à terme entre l'usage et la complexification progressive de l'auxiliaire verbal chez l'enfant et la fréquence des expansions maternelles portant sur la partie prédicative des énoncés enfantins. De même, Cross (1977, 1981) relève une relation significative entre les taux d'extensions et d'expansions maternelles et le rythme du développement linguistique chez des enfants âgés de 20 à 61 mois. Des indications similaires sur les effets positifs attestés des expansions parentales sur le développement du langage chez l'enfant sont fournis dans d'autres recherches menées par Moerk (1977) et par Slobin (1968). Chapman (1981) résume un certain nombre de données additionnelles qui vont exactement dans le même sens.

Nous évoquerons en terminant cette section une autre série de données à l'appui de l'hypothèse de l'efficacité à court et à moyen terme des reprises parentales des énoncés enfantins pour le progrès syntaxique des enfants. Les données en question proviennent d'un travail de Nelson et collaborateurs intitulé le projet FIFFIN (cfr Nelson, 1980a). Elles sont résumées au tableau 37 qui reprend également plusieurs informations complémentaires sur la recherche.

Ainsi que le montrent les données illustrées au tableau 37, ce sont les reprises parentales dites simples, c'est-à-dire celles qui n'impliquent qu'une seule altération à la fois de l'énoncé enfantin précédent, altération portant sur le sujet, le verbe ou l'objet de l'énoncé, qui sont associées positivement et significativement au progrès syntaxique des enfants entre 22 et 27 mois. Les reprises maternelles dites complexes, c'est-à-dire celles qui impliquent simultanément plusieurs changements apportés aux énoncés enfantins, sont négativement corrélées à ce stade avec l'évolution du LMPV et avec l'usage des auxiliaires et des verbes (la corrélation négative très significative dans ces

Tableau 37. Corrélations linéaires entre le langage maternel[1] et la croissance syntaxique des enfants [(d'après Nelson, K.E., Toward a rare-event cognitive comparison theory of syntax acquisition, in P. Dale et D. Ingram (Eds), Child language: An international perspective, Baltimore, Maryland: University Park Press, 1980a, p. 127, traduit et reproduit avec permission)]

Progrès syntaxiques chez les enfants entre 22 et 27 mois	Langage maternel adressé aux enfant de 22 mois			
Indices	Reprises[2] simples	Reprises[3] complexes	Imitations	Changements de sujet de conversation
- LMPV[4]	+.47*	-.29	+.00	-.43
- Auxiliaires	+.47*	-.61**	+.02	-.35
- Verbes (total)	+.37	-.58**	+.25	-.01

[1] En anglais, la recherche portait sur un groupe de 19 enfants.
[2] *Reprise simple*: les reprises maternelles n'impliquent qu'une seule modification structurale (portant sur le sujet, le verbe ou l'objet de l'énoncé) par rapport à l'énoncé enfantin.
[3] *Reprise complexe*: les reprises maternelles impliquent simultanément plusieurs changements dans les composantes de l'énoncé enfantin.
[4] En nombre de monèmes.
* $p \leqslant .05$
** $p \leqslant .01$ (l'auteur ne spécifie pas si les tests sont « one tailed » ou « two-tailed »).

deux derniers cas). Ces données n'impliquent évidemment pas que plus tard dans l'ontogenèse l'enfant ne puisse éventuellement profiter davantage des reprises parentales complexes et que les corrélations entre le type de reprises parentales et l'évolution syntaxique des enfants ne puissent alors s'inverser. Les données de Nelson (1980a) correspondent aux indications de Furrow et al. (1979) et à celles de Miller, Chapman, Branston et Reichle (1980) et de Chapman (1978) sur les limitations et les centrages analytiques du jeune enfant. En fait, elles auraient pu être prédites à partir de ces dernières indications.

B. Dimension affective

Une partie importante de l'évidence disponible provient d'une étude longitudinale menée par Kate Nelson (1973). Cet auteur a analysé des données corrélationnelles montrant que *l'acceptation par les mères des comportements* verbaux (et non verbaux) des enfants de même que l'utilisation de phrases courtes (contenant 3 ou 4 mots), de nombreuses sorties de la maison, une interaction régulière de l'enfant avec plusieurs adultes et relativement peu d'expositions aux programmes de télévision sont des variables qui sont (conjointement) associées avec une croissance linguistique rapide et soutenue pendant l'intervalle de temps étudié, c'est-à-dire une période comprise entre 10 et 25 mois.

Au-delà et dans le prolongement de la problématique de l'acceptation et du rejet des comportements enfantins, il y a évidemment toute la *dimension affective de l'ontogenèse du langage. Quel est le rôle des variables affectives dans l'acquisition du langage et en particulier dans la relation communicative et verbale entre parents et enfants?* De nombreuses suggestions, remarques et hypothèses (parfois présentées comme des faits prouvés) ont été faites à ce sujet particulièrement dans la littérature clinique. Il n'existe malheureusement que peu d'études rigoureusement contrôlées sur ce point. On imagine aisément la difficulté de l'entreprise. On trouvera des exposés convaincants sur l'importance des variables affectives dans la relation parent-enfant dans l'optique du développement du langage notamment chez Wyatt (1969, 1972) et plus récemment chez Aimard (1979). Un chapitre d'un récent ouvrage collectif, *Early language: Acquisition and intervention* (1981), dirigé par Richard Schieflebusch et Diane Bricker, est consacré à la «communication affective» entre mère et enfant comme prélude et comme contexte à l'apprentissage du langage. Il faut y voir une première pénétration (pour ainsi dire) des variables affectives dans le champ traditionnel de la psycholinguistique génétique et expérimentale et donc une première tentative de pontage entre des points de vue sur l'acquisisition du langage tenus séparés jusque-là dans la plupart des écrits et des approches [12].

Le chapitre en question est signé par Evelyn Thoman. Il est centré sur deux thématiques: 1) le rôle de l'affectivité comme facteur d'organisation des toutes premières expériences communicatives de l'enfant; 2) l'indication qu'une perturbation des premières formes de communication entre la mère et l'enfant peut déterminer des troubles langagiers et émotionnels dans la suite du développement de l'enfant. Pour Thoman, on a trop insisté avec Bruner (1975, 1978) et d'autres sur le caractère cognitif de l'organisation prélinguistique de la première année de vie de l'enfant et sur le rôle des variables cognitives dans l'émergence et la structuration des premières formes de communication entre l'enfant et son entourage [13]. Cette centration cognitive a gêné la saisie du rôle des variables affectives dans cette émergence et dans l'émergence d'un premier équilibre relationnel parent-enfant et surtout mère-enfant. On sait que l'enfant nouveau-né présente déjà toute une gamme expressive qui va de la grimace au sourire en passant par les mimiques d'étonnement, l'ouverture de la bouche avec protrusion de la langue, etc., sans considérer le registre vocal. On ajoutera à l'expression faciale les mouvements du corps tout entier ou ceux des bras et des jambes. Ces comportements reflètent les modifications qui interviennent dans l'attention et l'état affectif de l'enfant (Stechler et Carpenter, 1967). Les mères interprètent systématiquement ces comportements expressifs comme des réponses de l'enfant à leurs propres comportements ou à ceux d'autres membres de l'entourage physiquement présents, à un bruit, etc., ou encore comme la manifestation d'un état de bien-être ou de malêtre, d'un désir, de l'expression d'un besoin, etc. (par exemple, Brazelton, Koslowski et Man, 1974). Elles leur prêtent signification et intention. Nous en avons parlé au chapitre précédent dans le contexte de l'établissement du mode conversationnel entre la mère et le jeune enfant. Les caractéristiques fondamentales d'un tel système d'interactions affectives sont : 1) la production par chacun des partenaires d'une série de comportements expressifs et affectifs; et 2) l'organisation de ces comportements en un « système de feedback » qui produit des couples ou co-occurrences de comportements maternels et enfantins. C'est dans cette *structure « co-occurrentielle »* plutôt que séquentielle (par opposition à la communication verbale et vocale) que Thoman voit la caractéristique propre de l'engagement affectif mutuel entre mère et enfant. Par exemple, la mère regarde l'enfant, lui sourit et lui parle tandis qu'elle le tient et le berce dans ses bras. Simultanément, l'enfant produit une variété d'expressions faciales et de mouvements divers dans les bras de sa mère. Il peut également vocaliser et la mère répondre vocalement ou inversement. Dans l'échange et l'engagement affectif, soutient Thoman (1981), les déterminants majeurs sont *hédoniques*. C'est le plaisir mutuel des partenaires qui contrôle les productions réciproques, tandis que dans les échanges vocaux les facteurs cognitifs seraient au premier plan. L'objectif dans le premier cas est l'adaptation mutuelle des partenaires. Dans la communication vocale prélinguistique et ensuite verbale où il y a établissement progressif d'une trame séquentielle et réciproque, l'objectif premier serait davantage (avec le temps) la transmission d'une information (au sens large). Thoman (1981) fournit des données d'observation obtenues sur un grand nombre de mères et d'enfants dans le cadre d'une étude longitudinale menée au Connecticut (cfr aussi Thoman, Becker et Freese, 1978). L'étude fournit un certain nombre d'observations sur les échanges mère-enfant pendant les premières semaines de vie à travers les diverses routines journalières en conditions naturelles. Elle reste malheureusement fort grossière sur le plan des mesures interactives utilisées.

L'accent mis par Thoman et d'autres auteurs sur l'importance des variables affectives dans les premiers développements (et les développements subséquents) de la communication entre l'enfant et son entourage est évidemment bien placé. On ne voit pas, cependant, dans le cas des remarques théoriques de Thoman, pourquoi il est nécessaire d'opposer aussi radicalement engagement affectif et communication prélinguistique (et puis linguistique) en leur attribuant des objectifs et des déterminants différents voire exclusifs les uns des autres et en faisant nécessairement dériver la seconde forme d'interaction de la première. Chacune des hypothèses avancées par Thoman est plausible. Mais les observations rassemblées par cet auteur et ses collaborateurs ne permettent pas de les étayer. Il est tout aussi vraisemblable d'imaginer que, loin de s'opposer, les composants affectifs, conatifs, cognitifs et prélinguistiques font partie intégrante du mode conversationnel qui s'installe très vite entre mère et enfant. Le rôle des divers composants évolue avec l'âge et la compétence de l'enfant. Que les facteurs affectifs et le climat émotionnel de la relation parent-enfant soient déterminants, au début et dans la suite, peu de personnes en doutent. Ce qu'il conviendrait surtout de clarifier, ce sont les relations entre facteurs affectifs et non affectifs du développement prélinguistique et linguistique, et la pertinence éventuelle de ces relations dans les retards de développement et les pathologies infantiles du langage.

Une recherche dirigée par Norma Ringler fournit peut-être un début d'information sur les relations entre facteurs affectifs et développements prélinguistique et linguistique. Cet auteur a étudié longitudinalement 10 couples mère-enfant depuis la naissance des enfants jusqu'à deux ans (Ringler, Kennell, Jarvella, Navojosky et Klaus, 1975; Ringler, 1980). Les couples mère-enfant furent choisis au hasard parmi 28 dyades à l'hôpital Universitaire de Cleveland, Ohio, aux Etats-Unis. La moitié des couples mère-enfant avaient eu un contact prolongé (plusieurs heures d'interaction libre) immédiatement après la naissance de l'enfant, l'autre non, se conformant ainsi à l'habitus obstétrique et néo-natal en vigueur dans beaucoup d'établissements hospitaliers. Les mères étaient de statut socio-économique modeste et les enfants, garçons et filles, étaient tous des premiers-nés. Observations et tests furent menés avec ces couples mère-enfant lorsque les enfants eurent atteint 2 ans. Les points principaux à relever dans le cadre de nos préoccupations sont les suivants. Les mères qui ont eu un contact précoce et prolongé avec leur enfant sont moins directives et «contrôlantes» en ce qui concerne les activités de l'enfant, elles répondent avec plus de gentillesse à l'enfant, lui posent à peu près le double de questions et fournissent plus d'informations à l'enfant que les mères du groupe contrôle. A deux ans, les enfants du groupe «contact précoce et prolongé avec la mère» sont deux fois plus avenants notamment en ce qui concerne les réponses faites aux interlocuteurs, produisent des énoncés plus riches en informations, babillent davantage et posent deux fois plus de questions que les enfants du groupe contrôle. Les corrélations linéaires concourantes établies entre les comportements maternels et les comportements enfantins correspondant à deux ans sont statistiquement significatives. Ces données suggèrent que les premiers temps de l'organisation de l'interaction entre la mère et son enfant — en remontant aussi loin que la période néo-natale — peuvent affecter de façon durable et significative le développement psychologique, et notamment langagier de l'enfant. Certes, il s'agit de données préliminaires obtenues avec un petit nombre de sujets. On sait en outre que corrélation ne signifie pas nécessairement causation. Mais les données disponibles attestent au moins que les deux séries de phénomènes étudiés sont en relation les uns avec les autres dans une perspective développementale.

Conclusions

Les données rassemblées au sein de ce chapitre montrent que les modifications intervenant dan le langage parental adressé à l'enfant ont un effet sur la construction du langage chez ce dernier. Les effets démontrés à ce jour concernent les modifications prosodiques et rythmiques du langage parental, la segmentation du discours adulte en éléments analysables par l'enfant, l'étiquetage verbal qui donne lieu à de véritables leçons de vocabulaire, les aspects morpho-syntaxiques du discours et le feedback parental évaluatif et non évaluatif.

Certes, les données disponibles dans la littérature descriptive sur l'interaction verbale adulte-enfant (chapitre 1) et celles sur les effets de ces interactions envisagées dans le présent chapitre concernent surtout le jeune enfant. Il existe peu de données sur l'enfant plus âgé et ses parents. On pourrait faire l'hypothèse avec Newport, Gleitman et Gleitman (1977) que «Perhaps maternal simplifications are essential for normal acquisition, but once some treshold of speech modulation is reached further differences among mothers beyond this are not relevant» (p. 136). En d'autres termes, passé un certain stade (par exemple, 36 ou 48 mois) les modifications du langage maternel ne joueraient plus un rôle capital dans l'acquisition du langage. C'est, pour ainsi dire, l'enfant qui prendrait le relais et mènerait désormais la course à sa guise. *Telle n'est pas notre opinion.* Nous pensons que les données sur les interactions verbales entre adultes et enfants plus âgés montreront, lorsqu'elles seront disponibles en nombre suffisant, que les *mêmes principes* de base sont mis en œuvre à ces niveaux comme aux niveaux précédents, peut-être selon d'autres modalités. Par exemple, on peut penser que l'enfant plus âgé sollicite différemment l'adulte et suscite des comportements différents chez celui-ci suivant par exemple qu'il lui pose ou non des questions sur le nom des choses, sur la correction de certaines tournures (avec l'émergence de la fonction métalinguistique[14]), etc. L'interaction adulte-enfant devient dès lors beaucoup moins hiérarchisée et centrée sur l'adulte pour se présenter comme un système relationnel davantage ouvert mais qui obéit fondamentalement aux mêmes règles que précédemment.

3.2. PERTINENCE DU LANGAGE PARENTAL

Les études sur les effets des modifications du langage parental adressé à l'enfant nous mettent sur la piste d'une indication importante pour comprendre l'acquisition du langage chez l'enfant: l'input parental influence à terme l'acquisition du langage lorsqu'il correspond en un ou en plusieurs de ses aspects et à un moment donné aux centrations perceptivo-cognitives et linguistiques de l'enfant (Rondal, 1981). Cette indication peut être confirmée par l'examen des effets du langage parental sur le langage de l'enfant dont il a déjà été question à la section précédente.

Miller et collaborateurs (1980) ont montré — nous en avons discuté au début de ce chapitre, cfr tableau 31 — qu'entre un et deux ans environ, la compréhension proprement linguistique de l'enfant est limitée à un seul mot dans l'énoncé qu'il reçoit, substantif (nom de personne ou nom d'objet) ou verbe (d'action). Il est infiniment probable qu'à cet âge l'enfant ne porte aucune attention aux indices syntaxiques, ni aux significations relationnelles exprimées par l'ordre des mots ou par les modifications morphologiques casuelles (Chapman, 1978). A cet âge, ainsi que l'indique l'étude de Furrow et collaborateurs (1979), c'est un langage maternel structurellement simple, c'est-à-dire contenant un minimum de mots et parmi ceux-ci de préférence des noms au détriment d'autres éléments comme les pronoms, les copules, les éléments contractés, etc., qui est associé significativement à terme avec une croissance linguistique plus marquée chez l'enfant, notamment en ce qui concerne la longueur moyenne de production verbale, le nombre de syntagmes nominaux par énoncé et le nombre de verbes par énoncé. L'effet démontré du langage parental dans l'étude de Furrow et al. passe par les limitations drastiques qui existent à ce moment dans la capacité de compréhension linguistique du jeune enfant. Tout ce qui dans le langage parental excède par trop ce niveau limité de compréhension ne peut servir de matériau pour la construction du langage *à ce moment*.

On constate que les imitations immédiates du jeune enfant, à partir des énoncés parentaux qui lui sont adressés entre approximativement 1 an et 30 mois, portent surtout sur les items figurant en fin d'énoncé et/ou ceux qui sont accentués. De là à penser que les imitations différées du jeune enfant et ses productions spontanées contenant un mot sont dérivées directement d'une stratégie consistant à se centrer sur la fin des énoncés parentaux et sur les instances accentuées qui y figurent, il n'y a qu'un pas que plusieurs auteurs, y compris nous-même, franchissent. Le terme «stratégie» est employé ici, comme dans la littérature psycholinguistique développementale (par exemple, Slobin, 1973), dans un sens particulier. Il n'implique nullement une démarche consciente de la part de l'enfant mais une centration réceptive [15] purement opérationnelle. Dans la stratégie décrite ci-dessus, il est clair que les limitations de mémoire immédiate existant chez le jeune enfant s'accommodent bien pour ainsi dire, de la «récence» de la partie terminale de l'énoncé. De même, le «relief perceptuel» de la partie accentuée du mot attire l'attention de l'enfant sur cet élément et facilite sa rétention en mémoire immédiate. Il est encore une autre dimension du langage (pragmatique celle-là) qui motive fonctionnellement la centration élective du jeune enfant sur la dernière partie des énoncés entendus. C'est la structure informative du langage avec la présentation la plus habituelle en fin d'énoncé de l'information nouvelle (foyer assertif), l'information ancienne étant rappelée en début d'énoncé [16].

A ce stade, on ne peut que poser une relation déterminante entre la centration perceptivo-cognitive et linguistique du jeune enfant sur la partie finale de l'énoncé et la partie accentuée des éléments lexicaux, et les premières acquisitions lexicales. Quelques arguments convaincants ont été présentés en ce sens au début du présent chapitre. L'établissement des modalités exactes selon lesquelles cette relation intervient ne pourra se faire que par le recours à la méthode expérimentale.

Newport, Gleitman et Gleitman (1977) ont posé l'existence chez le jeune enfant d'un centrage analytique sur le début des énoncés qui leur sont adressés. C'est de cette façon que ces auteurs expliquent une partie des effets observés dans leur étude du langage maternel sur le langage de l'enfant, particulièrement ceux qui sont associés avec la présence en nombre dans les énoncés maternels de questions oui-non (cfr tableau 35). Nous avons vu plus haut, cependant, à la lumière des données correspondantes de Furrow, Nelson et Benedict (1979) (cfr tableau 34) que l'interprétation de l'effet en cause est difficile et n'implique pas nécessairement le recours à l'hypothèse d'une centration élective de l'enfant sur la partie initiale des énoncés maternels. En ce qui concerne le jeune enfant, un double centrage simultané sur les parties initiales et terminales des énoncés adultes ne va pas sans poser quelques problèmes. Nous avons relevé au premier chapitre qu'une partie importante des énoncés maternels comporte deux mots ou deux monèmes. De ce fait, un double centrage simultané de l'enfant sur ce type d'énoncés maternels devrait amener une forte proportion d'imitations exactes, et l'on devrait rencontrer des productions comportant deux mots ou deux monèmes chez le tout jeune enfant, ce qu'on observe seulement exceptionnellement. L'hypothèse d'un centrage enfantin, entre approximativement 1 an et 31 mois, sur la partie initiale des énoncés semble peu plausible actuellement en fonction des données empiriques disponibles.

Slobin (1973) a proposé un certain nombre de stratégies perceptivo-cognitives et linguistiques générales — dont certaines avaient déjà été avancées par Bever (1970) — utilisables pour analyser l'input langagier. Il relève divers cas dans des langues indo-européennes et non indo-européennes où ces stratégies semblent s'appliquer. Le tableau 38 reprend ces stratégies générales.

La première stratégie posée par Slobin (1973) a déjà été présentée et discutée plus haut. Les autres stratégies reprises au tableau 38 intéressent particulièrement l'enfant plus âgé. Le raisonnement de Slobin (1973) procède le plus souvent par comparaison des âges moyens d'acquisition (ou périodes moyennes d'acquisition) d'une langue à l'autre selon les caractéristiques formelles des structures étudiées et leur traitement supposé par l'enfant sur la base des stratégies postulées. Ces données attestent la plausibilité des principes stratégiques posés par l'auteur américain mais ne les démontrent ni ne les expliquent. La démonstration de l'utilisation de tels principes stratégiques

Tableau 38. Stratégies cognitivo-perceptives proposées par Slobin pour l'analyse par l'enfant des aspects morpho-syntaxiques de l'input adulte (d'après Slobin, 1973) [1]

Stratégies
1. Fais attention à la fin des mots. 2. La forme phonologique des mots peut être modifiée syntaxiquement (inflexions). 3. Fais attention à la fin des mots et des morphèmes. 4. Evite d'avoir à interrompre ou à réarranger la séquence des unités linguistiques (les questions oui-non posées par l'enfant n'inversent pas l'ordre habituel du sujet et du premier élément verbal pendant tout un temps durant leur évolution développementale; cfr Brown, Cazden et Bellugi, 1969). 5. Les relations sémantiques sous-jacentes aux énoncés y sont clairement et ouvertement marquées. (Les phrases passives apparaissent relativement tard dans les langues indo-européennes là où elles impliquent plusieurs changements morphologiques par rapport aux actives correspondantes: les passives sont acquises plus précocement — par exemple, Omar, 1970, pour l'arabe — là où elles exigent seulement la préfixation d'un élément («it-») sur le verbe conjugué au passé avec suppression obligatoire de l'agent et placement du patient en tête de phrase. Il est possible, selon Slobin (1973) que le marquage de la passive au moyen d'un préfixe unique et acoustiquement clair constitue la raison de son acquisition plus précoce en arabe). 6. Evite les exceptions (et donc «surgénéralise» les règles en régularisant les exceptions autant que possible; par exemple «faisera», «éteindu», «peindu», «boivé», «un belgien», etc.). 7. Les marqueurs grammaticaux expriment une signification (par exemple, cheval-*chevaux*; mentir-*mentirai*; quelques-uns-quelques-*unes*; etc.).

[1] Les commentaires et exemples entre parenthèses ont été ajoutés par nous.

par l'enfant en voie d'acquisition du langage implique une méthodologie expérimentale (et non simplement comparative) appliquée au traitement par l'enfant d'un input parental réel (et non simplement putatif et globalement posé comme chez Slobin). Ces stratégies résultent vraisemblablement d'une combinaison de facteurs cognitifs à la fois *limitatifs* (par exemple, les limitations de la mémoire immédiate du jeune enfant en ce qui concerne la centration perceptive et les tentatives de reproductions imitatives des parties terminales des productions parentales) et *prospectifs* ou *heuristiques*. On ne peut guère aller plus loin à ce stade dans la spéculation à ce sujet tant les données et la base expérimentale font défaut.

Un certain nombre de stratégies réceptives ont été décrites pour le français. On sait que pour les phrases actives les séquences Syntagme Nominal - Verbe - Syngtame Nominal (par exemple, «Le garçon pousse la fille») sont interprétées par l'adulte comme séquences Agent - Action - Patient. Le rôle sémantique d'agent est attribué au premier SN et celui de patient en second SN. Pour les phrases passives (par exemple, « La fille est poussée par le garçon »), l'interprétation correcte implique une distribution inverse des rôles: Patient - Action - Agent. L'inversion sémantique étant signalée ouvertement par la position des deux syntagmes nominaux, l'emploi de l'auxiliaire, du participe passé et de la préposition agentive. Plusieurs travaux développementaux (par exemple, Segui et Léveillé, 1977; Jakubowitz et Segui, 1980) montrent que les enfants jusqu'à 9 ans et demi ou 10 ans interprètent les phrases passives sur la base d'indices différents de ceux des adultes. Les jeunes enfants réagissent au caractère renversale ou non renversable de l'énoncé (par exemple, « La fille est poussée par le garçon » est renversable en « Le garçon est poussé par la fille »; mais tel n'est pas le cas pour l'énoncé « La charrette est tirée par le cheval »). Dans les phrases renversables, les jeunes enfants ont tendance à attribuer le rôle d'agent au syntagme nominal animé et celui de patient au syngtame nominal inanimé.

On retrouve le contraste renversable - non renversable dans l'interprétation par les jeunes enfants des propositions relatives en *que* (Segui et Léveillé, 1977). On sait que ces dernières altèrent l'ordre canonique Agent - Action - Patient au profit d'une séquence Patient - Action - Agent (par exemple, « La fille que le garçon salue... »), ce qui n'est pas le cas pour les relatives en *qui* (par exemple, « Le garçon qui salue la fille... »). Alors que dès 3 ans et demi, les relatives en *qui* ne semblent plus guère faire problème, l'influence des variables sémantico-pragmatiques et positionnelles intervient beaucoup plus longtemps pour les relatives en *que*. C'est le cas pour l'opposition renversable - non renversable. La plupart des relatives en *que* renversables ne sont pas interprétées correctement avant 9 ans et demi ou dix ans. Dans les relatives en *que* renversables, les enfants, dénués d'information sémantique sur la répartition des rôles, appliquent une stratégie positionnelle, le premier SN est l'agent et le second le patient.

La référence pronominale fournit un autre domaine dans lequel les stratégies réceptives des enfants sont révélées. Les travaux de Kail (1976) et de Kail et Léveillé (1977) font apparaître trois stratégies successives: 1) De trois ans à trois ans et demi environ, prévaut une stratégie dite de la distance minimale qui consiste à prendre pour référent pour du pronom le syngtame nominal le plus proche du pronom dans le discours. Cette stratégie peut donner de bons résultats dans certains cas (par exemple, « Le chien est fâché. Il va mordre ») mais non dans d'autres cas (par exemple, « Le chat court après la souris. Il va tomber dans le piège »). 2) De trois et demi à environ six ans, la stratégie dominante est celle dite du non-changement de rôle. Dans l'exemple précédent, elle aboutit à désigner correctement le chat comme référent nominal du pronon *il*, sur la base du maintien de l'attribution du rôle d'agent au chat de la première à la seconde phrase. Cette même stratégie aboutit à une identification erronée du référent du pronon dans les phrases du type suivant : « Le chat court après la souris. Elle va tomber dans le piège ». 3) Ce n'est pas avant 6 ans et plus que les enfants adoptent la stratégie qui consiste à mettre systématiquement en correspondance les marques de genre et de nombre des syngtames nominaux et des pronons dans l'identification du référent de ces derniers.

Un certain nombre de problèmes méthodologiques subsistent dans ces études. Nous en mentionnerons seulement un qui paraît particulièrement important et appelle des compléments d'investigation. Dans la plupart des cas, l'existence d'une stratégie interprétative est déduite à partir de l'examen des tendances observées au niveau d'un groupe de sujets confrontés à l'interprétation des phrases proposées. Or, cela n'implique pas nécessairement qu'il existe une stratégie préférentielle chez tous les sujets à un moment déterminé. L'évaluation au niveau du groupe fait courir le risque de surévaluer la cohérence des réponses individuelles, c'est-à-dire d'homogénéiser les tendances interprétatives au détriment de la variabilité interindividuelle qui peut exister à ce niveau.

Nelson (1980a, 1980b) a discuté le problème général de la pertinence des différents aspects et composantes du langage parental pour l'ontogenèse du langage, selon les centrations perceptivo-cognitives et linguistiques de l'enfant aux différents moments du développement. D'une façon complémentaire à l'approche de Moerk (1980) sur l'effet des fréquences parentales d'utilisation de certains termes et de certaines tournures sur le langage de l'enfant, Nelson s'intéresse particulièrement aux effets de certains événements relativement rares dans le langage parental, survenant sous forme de « reprises » (recast) du langage de l'enfant. Cette catégorie générale de faits est loin d'être rare dans le langage parental comme on l'a vu précédemment. Ce n'est pas en ce sens que Nelson définit la relative rareté des événements linguistiques parentaux dont il étudie les effets sur le langage enfantin. C'est l'information spécifique sur le système de la langue transmise à l'enfant dans la reprise parentale qui peut être relativement rare parmi la gamme des informations du même ordre signalées à l'enfant (par exemple, *Enfant* : « Les chevals courent » ; *Parent* : « Les chevaux courent »). Le nombre d'instances de ce type nécessaires pour que l'enfant acquière la structure en question varie selon la complexité relative de cette dernière et selon le moment développemental auquel l'enfant est exposé aux instances pertinentes dans le langage adulte. Il est possible, comme le pense Nelson (1980a), que dans certains cas le nombre d'instances nécessaires à l'acquisition de la règle (ou du «début de règle», où il n'est pas obligatoire qu'il y ait généralisation à d'autres instances du même type pour qu'on puisse parler d'acquisition) peut être peu élevée (quelques exemples au «bon moment» peuvent suffire — moment défini à la fois développementalement et contextuellement —, c'est-à-dire des exemples survenant à un moment développemental où la maturité cognitive et linguistique de l'enfant le rend capable de traiter ces structures et d'y prêter attention). A ces moments, le «reste» de l'énoncé adulte et les énoncés voisins ne sont pas pertinents pour le progrès linguistique immédiat de l'enfant.

Le point de vue de Nelson comporte une implication méthodologique d'importance: la nécessité dans une étude observationnelle ou expérimentale de rapprocher les séances de façon à pouvoir documenter les effets immédiats éventuels du langage parental sur le langage enfantin et à pouvoir les interpréter. On se rappellera que Moerk (1980) émet une recommandation méthodologique du même ordre dans sa réanalyse des données de Brown (1973). Il n'y a aucune incompatibilité entre le point de vue de Nelson et les données rapportées plus haut quant aux effets sur le langage de l'enfant de la fréquence élevée dans le langage parental de certaines structures particulières (certaines de ces données ayant été fournies par Nelson lui-même et ses collaborateurs). Le point de vue de Nelson porte en fait sur le moment ou les moments particuliers où l'acquisition d'une structure spécifique intervient. Ce ou ces moments décisifs peuvent n'impliquer que quelques instances spécifiques du langage adulte (bien que dans d'autres cas, comme le signale Nelson lui-même, le progrès linguistique procède par construction progressive). Mais si l'on ignore le moment exact auquel l'acquisition intervient et que l'on cherche à évaluer l'impact du langage entendu sur le langage de l'enfant pendant un intervalle de temps d'une certaine longueur, on obtient une indication distributive: telle fréquence d'usage parental est associée statistiquement à tel progrès linguistique à terme chez l'enfant. Il n'y a donc pas opposition entre les deux points de vue mais seulement pour ainsi dire différence de pouvoir de résolution au niveau de l'instrument de mesure utilisé, si on veut bien nous permettre cette analogie avec le domaine de l'optique.

Ce qu'il faut retenir essentiellement, c'est que dans certains cas, il est possible que l'acquisition en elle-même nécessite seulement quelques instances critiques dans le discours adulte. Le point de vue de Nelson implique d'ailleurs deux possibilités qui sont proches des préoccupations signalées plus haut à l'occasion de la recherche de Moerk (1980): 1) soit l'acquisition d'une structure X se fait à un moment spécifique M parce qu'un seuil d'exposition a été atteint pour cette structure (par exemple, il faudrait à l'enfant 10 expositions claires à la structure X, compte tenu de la complexité intrinsèque relative de cette dernière et du niveau de développement linguistique de l'enfant, pour acquérir cette structure); 2) soit plus la densité de la structure X dans le langage adulte entendu par l'enfant est importante à un moment M, moins la sensibilisation de l'enfant à la structure et l'acquisition de cette dernière exigent d'instances claires, toute chose étant égale par ailleurs (et notamment le niveau développemental de l'enfant). Aucune donnée actuellement disponible, y compris celles qui suivent, ne permettent de considérer l'une des deux branches de cette alternative comme davantage plausible.

Nelson (1980a) résume une intervention expérimentale menée par Nelson et Denninger (1977) qui fournit des résultats encore préliminaires mais allant dans le sens de sa réflexion théorique. Nelson et Denninger ont mis au point une procédure dite de « shadowing », c'est-à-dire d'exposition intensive de l'enfant à certaines structures linguistiques dans le langage qui lui est adressé en conditions naturelles. L'exposition intensive (matin, après-midi et début de soirée) a duré pendant 37 jours, soit un total d'environ 45 heures pendant lesquelles toutes les productions verbales de l'enfant ont été notées. Les deux enfants étudiés avaient 3 ans. Ils ne produisaient aucune « question tag »[17] ni construction à la voie passive. L'input auquel les enfants furent intensément exposés comportait une fréquence de « questions tag » présentées sous formes de reprises (au sens de Nelson) de l'énoncé enfantin par l'expérimentateur mais pas de passives, celles-ci servant d'indice contrôle. Les deux enfants acquirent l'usage des « questions tag » mais non des tournures passives au terme de la période expérimentale. Nelson (1980b) ne fournit pas d'autres détails sur les structures acquises (la catégorie « tag questions » comporte en fait une série d'items de complexité variée et implique plusieurs règles d'utilisation; cfr Jacobs et Rosenbaum, 1968). Les auteurs concluent que les conversations expérimentateur-enfant dans lesquelles ont figuré une large proportion de reprises adultes du langage de l'enfant sous forme de « questions tag » ont aidé notablement les deux enfants à acquérir ces structures. L'expérience ainsi menée fournit quelques intéressantes informations supplémentaires. Par exemple, le premier enfant étudié produisit son premier usage d'une « question tag » seulement quelques minutes après le dernier usage d'une « question tag » par l'expérimentateur, tandis que pour le second enfant plus de 20 heures, dont une nuit, s'écoulèrent entre les deux mêmes événements.

Il est assez clair intuitivement et dans les faits empiriques disponibles que les effets du langage adulte sur le langage de l'enfant passent par les centrations et les stratégies perceptivo-cognitives et linguistiques de l'enfant. Les orientations analytiques de l'enfant par rapport au langage reçu se modifient développementalement pour des raisons qui ne sont pas élucidées mais qui impliquent sans doute des facteurs maturationnels et cognitifs, généraux et spécifiques, et l'accumulation graduelle d'un savoir psycholinguistique. L'étude des orientations analytiques de l'enfant selon leurs modifications développementales, c'est-à-dire selon leur temporalité propre, se présente comme une des tâches les plus urgentes en psycholinguistique développementale. La rencontre entre les modifications [18] du langage parental adressé à l'enfant et les orientations analytiques de ce dernier constitue la problématique centrale de la construction du langage. C'est elle qu'il conviendra d'étudier systématiquement dans le futur. Les différentes caractéristiques du langage adulte adressé à l'enfant peuvent favoriser, gêner ou n'avoir pas d'effet particulier dans un sens ou dans l'autre sur la construction du langage à court, moyen, ou plus long terme selon la nature et leur distribution temporelle par rapport au développement de l'enfant, c'est-à-dire le ou les moment(s) où elles existent en nombre dans le langage adulte. La même structure ou le même patron structural (par exemple, une relative simplicité lexicale et morpho-syntaxique) peuvent favoriser la construction du langage à un moment déterminé (par exemple, chez le jeune enfant entre approximativement 1 et 2 ans) mais freiner la même construction s'ils persistent à un moment où l'enfant « cherche » dans l'input reçu des informations plus évoluées sur la construction de certains aspects du système linguistique. *L'étude et l'explication de la double temporalité liée à l'évolution des caractéristiques du langage parental et à celle des capacités et des sensibilités langagières de l'enfant est cruciale pour comprendre et expliquer la construction du langage.*

Dans cette perspective, on peut commencer à envisager de répondre objectivement à la question de savoir quelles caractéristiques définissent un *environnement linguistique idéal*, c'est-à-dire maximalement efficace et économique, pour la construction du langage chez le jeune enfant. La question est d'intérêt : sa réponse comporte d'importantes implications pour la mise au point de programmes d'intervention langagière à destination des enfants présentant des retards ou des pathologies développementales diverses de la communication et du langage.

Sont à inscrire comme candidats-participants à un environnement linguistique idéal pour la construction du langage chez le jeune enfant toutes les «rencontres» entre les caractéristiques du langage parental adressé à l'enfant et les orientations attestées de l'enfant du point de vue de l'analyse du langage reçu. Il en va ainsi des différents éléments du langage parental adressé à l'enfant dont les effets attestés sur la construction du langage ont été discutés au sein de ce chapitre. Ces aspects constituent la trame d'un tel environnement, une trame qu'on ne manquera pas de développer, d'étayer et de préciser considérablement dans les années à venir avec la multiplication des recherches dans ce domaine. On pourra ainsi dépasser à terme l'empirisme élémentaire qui domine dans les quelques programmes d'accélération langagière à destination d'enfants se développant normalement et dans les rémédiations élaborées pour les enfants en retard de développement langagier ou présentant une pathologie langagière particulière (comme par exemple, les enfants arriérés mentaux modérés, sévères et profonds) (cfr par exemple, Kysela, Hillyard, McDonald et Ahlster-Taylor, 1981; Bricker et Carlson, 1981; Fowler et Swenson, 1979; Fowler, 1981; Swenson et Watson, 1981)[19].

NOTES

[1] Il est difficile de distinguer nettement entre ce qui est production spontanée chez le jeune enfant et ce qui est imitation différée, car une production apparemment spontanée à un moment T peut toujours être une imitation différée d'un énoncé entendu à un moment T-x.

[2] D'autres auteurs, et notamment Clark (1974), ont insisté sur les dimensions d'attention conjointe, de pointage du doigt, du geste ou du regard et sur l'étiquetage verbal qui interviennent dans les échanges verbaux entre parent et jeune enfant dans le cadre des acquisitions sémantiques référentielles de base.

[3] On verra Benveniste (1966) pour une analyse de la fonction déictique en français.

[4] Newport et al. (1977) ne rapportent aucune corrélation synchronique, significative entre LMPV maternel et enfantin, ce qui est en contradiction avec les indications fournies sur ce point par les recherches mentionnées dans le texte (cfr aussi le chapitre 1).

[5] On peut se demander si la distinction retenue par Newport et al. (1977) entre aspects spécifiques et aspects (potentiellement) universels du langage maternel, évidemment réminescente de la distinction analogue faite en linguistique comparative, est pertinente dans le contexte de la construction du langage. Il ne s'agit jamais pour l'enfant exposé au langage maternel d'analyser le matériel proposé dans une perspective linguistique comparative. La tâche de l'enfant est d'acquérir les moyens de produire correctement les structures de surface de sa langue, que celles-ci soient spécifiques ou non à la langue en question. La distinction de Newport et al. semble bien être une distinction interprétative a priori. Elle vise en fait à préparer le terrain pour une attribution au langage parental d'un rôle possible dans l'acquisition par l'enfant des spécificités de la langue propre tandis que les aspects universels (habituellement «valorisés» par les linguistes et les psycholinguistes d'obédience linguistique stricte) ne devraient pas être appris, étant fournis au départ par un «langage Acquisition Device» ou autre dispositif sui generis de type chomskyen. Il s'agit d'une tentative en vue de réintégrer la littérature des dernières années sur les modifications du langage parental adressé à l'enfant dans le cadre nativiste préalablement dominant.

[6] Newport et al. signalent simplement à propos de leur catégorie «Question oui-non» n'avoir retenu que les énoncés grammaticaux (1977, p. 116). Leur relevé semble donc avoir exclu les énoncés elliptiques du type «(Do) you want a cookie», non grammaticaux à strictement parler en anglais qui faisaient partie des catégories «nombre total de questions oui-non» et «autres questions oui-non» de Furrow et al. (1977) (cfr supra et tableaux 34 et 35).

[7] Dans une étude plus récente calquée sur le modèle de l'étude antérieure, dont nous prenons connaissance en terminant la rédaction du manuscrit de ce livre, Cross (1981) restreint sensiblement la marge de variation des LMPV des enfants à l'intérieur des deux groupes étudiés, à savoir cette fois en «développement linguistique normal» et un groupe en «développement linguistique retardé». Les résultats font état d'une série de relations significatives entre le niveau de langage enfantin et le langage maternel. Ainsi, le langage maternel adressé aux enfants «en développement linguistique retardé» contient moins d'expansions et de répétitions partielles mais plus de répétitions exactes du langage de l'enfant que le langage maternel adressé aux enfants «en développement linguistique normal». De même, un langage maternel contenant davantage d'énoncés dysfluents ou peu intelligibles est associé à un développement linguistique moins avancé.

[8] C'est nous qui soulignons; les morphèmes étudiés par Brown (1973) sont: le présent progressif, in, on, le pluriel (nominal), le passé irrégulier, la forme possessive, la copule non contractée, les articles, le passé irrégulier, le passé régulier, la 3e personne du singulier régulière, la 3e personne du singulier irrégulière, l'auxiliaire non contracté, la copule contractée et l'auxiliaire contracté.

[9] Le travail de Slobin mentionné ici est antérieur à celui de Brown (1973). Ceci ne doit pas étonner. En effet, les transcriptions effectuées par Brown et ses associés sur lesquelles est basé l'ouvrage de 1973 ont été faites dans le cours des années soixante.

[10] Reproduit et traduit avec permission, d'après E. Moerk, *Relationships between parental input frequencies and children's language acquisition. A reanalysis of Brown's data. Journal of Child Language*, Cambridge University Press, 1980, 7, pp. 114-115.

11 Dans une communication personnelle récente, Moerk s'est demandé si la seconde question maternelle — grammaticalement incorrecte — « As-tu mis la serviette poubelle ? » ne pourrait pas avoir eu une intention corrective, servant à mettre en évidence l'erreur dans l'énoncé précédent de l'enfant en juxtaposant une formulation correcte et une formulation incorrecte du syngtame propositionnel (Moerk, 1981d).

12 Paule Aimard (1979) réclame à juste titre et d'urgence une intégration des différents éclairages (génétique, expérimental, clinique et appliqué) sur le développement du langage chez l'enfant, le fonctionnement psycholinguistique, ses retards et ses troubles.

13 On verra Rondal (1978a, 1979) pour un exposé en français sur quelques aspects parmi les plus importants de l'organisation prélinguistique des relations entre l'enfant et son entourage.

14 Cfr Brédart et Rondal (1982).

15 Il existe également des stratégies productives.

16 Cfr notamment Chafe (1970) et Costermans (1981).

17 On appelle de la sorte, en anglais, des questions appendues à un énoncé déclaratif et reprenant une partie de ce dernier ou y renvoyant selon certaines modalités structurales particulières (par exemple, « Nice weather, *isn'it* ?).

18 Nous incluons bien sûr dans les modifications du langage parental les démarches et stratégies parentales visant à enseigner le langage à l'enfant, notamment comment segmenter un énoncé en ses constituants, comment substituer certains constituants à d'autres, etc. (cfr également Moerk, 1981b, 1981c). Lorsque nous insistons sur l'importance de la rencontre entre les centrages de l'enfant et les modifications du discours parental, nous n'entendons nullement minimiser l'importance et l'impact des stratégies parentales d'enseignement du langage. Il est possible, comme le suggère Moerk (ibidem) que les parents analysent leur propre discours avec et pour le bénéfice de l'enfant plus encore qu'on ne l'a suspecté jusqu'ici (parmi les chercheurs dont on pourrait dire qu'ils partagent une orientation théorique « environnementaliste ou interactionniste »; cette suspicion n'ayant évidemment pas cours parmi les chercheurs d'orientation nativiste ou nativo-cognitiviste). Des données en cours d'analyse semblent aller dans ce sens. Elles devraient être disponibles à brève échéance.

19 Pour une revue en langue française, on consultera Rondal et Lambert (1982).

Conclusion

On peut résumer les données et les positions théoriques adoptées dans les chapitres précédents sous la forme d'une série de principes relatifs au contexte interpersonnel de la construction du langage chez l'enfant.

Principe 1. De façon à acquérir la maîtrise complète d'une langue naturelle, l'enfant doit interagir verbalement et non verbalement avec des partenaires adultes et/ou des enfants plus avancés que lui sur le plan du développement psycholinguistique, lesquels doivent faire usage (individuellement ou si on les considère dans leur ensemble) de la gamme des structures usuelles de cette langue.

Principe 2. On peut considérer que les adultes, et particulièrement les parents, enseignent la communication et le langage au jeune enfant dès les premiers mois de l'existence. Il s'agit d'un enseignement implicite qui procède par adaptation progressive de l'input aux capacités du jeune interlocuteur et par feedback approprié contingent aux productions de celui-ci.

Principe 3. Les comportements d'enseignement implicite du langage s'inscrivent dans un contexte interactif général au sein duquel les parents structurent leurs relations à l'enfant et les réactions de celui-ci selon un mode conversationnel (au sens large, avec composants vocaux, verbaux et non verbaux), d'abord imposé à l'enfant et ensuite partagé avec ce dernier, en réglant leur participation à l'échange selon les capacités communicatives et langagières productives et réceptives de l'enfant.

Principe 4. L'input parental adressé à l'enfant, avec ses caractéristiques propres, influence significativement le cours de la construction du langage. Il en va de même du feedback parental contingent aux productions de l'enfant. L'input et le feedback parental peuvent prendre diverses formes.

Principe 5. L'efficacité de l'input et du feedback parental est maximale lorsqu'ils rencontrent les centrages perceptivo-cognitifs et linguistiques de l'enfant. Ces derniers évoluent avec son développement. Il s'ensuit que les différents aspects du langage adulte adressé à l'enfant varient selon les périodes développementales quant à leur incidence sur le processus d'acquisition du langage.

Principe 6. A tout moment au cours du développement linguistique, une partie de l'input parental et adulte en général ne joue aucun rôle particulier dans le processus développemental. Seulement certains aspects de cet input sont déterminants parce que figurant avec une fréquence suffisante dans le langage adressé à l'enfant et correspondant aux centrages analytiques de ce dernier. Ils sont alors activement traités, ce qui détermine un accroissement ponctuel de la connaissance langagière de l'enfant.

Le matériau langagier pertinent pour le progrès linguistique de l'enfant fait l'objet d'une *double sélectivité* qui a pour effet de réduire l'éventail des structures linguistiques pertinentes pour la construction à tout moment de l'évolution ontogénétique. Cette double sélectivité est le fait des adultes d'une part, qui modifient et adaptent le langage adressé à l'enfant et qui réagissent aux productions de ce dernier selon son niveau productif et réceptif, et de l'enfant d'autre part, en fonction de ses centrages analytiques momentanés et de l'input et du feedback parental. *L'éventail ainsi réduit des structures linguistiques pertinentes fournit à tout moment l'objet même sur lequel porte le processus de construction.* Cet objet définit le premier argument de la problématique de la construction du langage. Le second argument de cette problématique concerne la démarche de l'enfant qui de l'analyse de l'objet le mène à la connaissance linguistique nécessaire pour sous-tendre sa production et sa compréhension langagière.

Bibliographie

ADRAO M., *Les connaissances des mères du niveau de développement linguistique de leur enfant et de leur propre niveau de langage lorsqu'elles s'adressent à leur enfant*, Thèse de maîtrise, Université Laval, Québec, 1980.
AIMARD P., *Le langage de l'enfant*, Paris, Presses Universitaires de France, 1981.
BANDURA A., *L'apprentissage social*, Bruxelles, Mardaga, 1980.
BASTYNS A., *Exploration de la communication gestuelle chez l'enfant*, Thèse de licence en psychologie, Université de Liège, 1981.
BATESON M.C., Mother-infant exchanges: The epigenesis of conversational interaction, in D. Aronson et R. Rieber (eds), *Developmental psycholinguistics and communication disorders*, New York, The New York Academy of Sciences, 1975, Vol. 263, pp. 101-113.
BEAUDICHON J., SIGURDSSON T. et TRELLES C., Etude chez l'enfant de l'adaptation verbale à l'interlocuteur, *Psychologie Française*, 1978, 23, 213-220.
BELL R., A reinterpretation of the direction of effects in studies of socialization, *Psychological Review*, 1968, 75, 81-95.
BELL R. et HARPER L., *Child effects on adults*, New York, Wiley, 1977.
BENVENISTE E., *Problèmes de linguistique appliquée*, Paris, Gallimard, 1966.
BERKO-GLEASON J., Code-switching in children's language, in T. Moore (ed.), *Cognitive development and the acquisition of language*, New York, Academic Press, 1973, pp. 159-168.
BERKO-GLEASON J., *Father doesn't know best: Parents awareness of their children linguistic, cognitive and affective development*, Communication présentée au Meeting of the Society for Research in Child Development, New Orleans, Louisiana, 1976.
BERKO-GLEASON J., Sex differences in the language of children and parents, in O. Garnica et M. King (eds), *Language, children and society*, Oxford, Pergamon Press, 1979, pp. 149-157.
BERNSTEIN B., *Language et classes sociales*, Paris, Editions de Minuit, 1975.

BEVER T.G., The cognitive basis for linguistic structures, in J.R. Hayes (ed.), *Cognition and the development of language*, New York, John Wiley and Sons, 1970, pp. 279-352.
BINGHAM N.E., *Maternal speech to pre-linguistic infants: Differences related to maternal judgments of infant language competence*, Rapport non publié, Ithaca, New York, Cornell University, 1971.
BLOOM L., ROCISSANO L. et HOOD L., Adult-child discourse: Developmental interaction between information processing and linguistic knowledge, *Cognitive Psychology*, 1976, *8*, 521-552.
BLOUNT B., Socialization and pre-linguistic development among the Luo of Kenya, *South-Western Journal of Anthropology*, 1971, *27*, 41-50.
BLOUNT B., Parental speech and language acquisition: Some Luo and Samoan examples, *Anthropological Linguistics*, 1972, *14*, 119-130.
BLOUNT B., Ethnography and caretaker-child interaction, in C. Snow et C. Ferguson (eds), *Talking to children*, New York, Cambridge University Press, 1977, pp. 297-308.
BOGART A. et BALL S., *The second year of Sesame Street; A continuing evaluation*, Princeton, New Jersey, Evaluation testing service, 1972.
BRAMI-MOULING M., Notes sur l'adaptation de l'expression verbale de l'enfant en fonction de l'âge de son interlocuteur, *Archives de Psychologie*, 1977, *XLV*, 225-234.
BRAZELTON T.B., KOSLOWSKI B. et MAN M., The origins of reciprocity: The early mother-infant, in M. Lewis et L. Rosenblaum (eds), *The effect of the infant on its caregiver*, New York, John Wiley and Sons, Inc. 1974, pp. 49-76.
BREDART S. et RONDAL J.A., L'adaptation verbale à l'interlocuteur chez l'enfant: Une revue de quelques études récentes, *Enfance*, 1981, *3*, 195-206.
BREDART S. et RONDAL J.A., *L'analyse du langage chez l'enfant. Les activités métalinguistiques*, Bruxelles, Mardaga, 1982.
BRICKER D. et CARLSON L., Issues in early language intervention, in R. Schiefelbusch et D. Bricker (eds), *Early language: Acquisition and intervention*, Baltimore, University Park Press, 1981, pp. 477-515.
BROEN P., The verbal environment of the language-learning child, *American Speech and Hearing Association Monographs*, N° 17, décembre, 1972.
BROWN R., Linguistic determinis and part of speech, *Journal of Abnormal Social Psychology*, 1957, *55*, 1-5.
BROWN R., (ed.), *Psycholinguistics*, New York, The Free Press, 1970.
BROWN R., *A first language, the early stages*, Cambridge, Mass., Harvard University Press, 1973.
BROWN R., Introduction, in C. Snow et A. Ferguson (eds), *Talking to children*, London, Cambridge University Press, 1977, pp. 1-27.
BROWN R. et BELLUGI U., Three processes in the child's acquisition of syntax, *Harvard Educational Review*, 1964, *34*, 133-151.
BROWN R. et BERKO J., Word association and the acquisition of grammar, *Child Development*, 1960, *31*, 1-14.
BROWN R. et CAZDEN C. et BELLUGI U., The child's grammar from I to III, in J.P. Hill (ed.), *Minnesota Symposium on Child Psychology* (Vol. 2), Minneapolis, University of Minnesota Press, 1969, pp. 28-73.
BRUKMAN J., Langage and socialization: child culture and the ethnographer's task, in S. Kimball et J. Burnett (eds), *Learning and culture: Proceeding of the American Ethnogical Society*, Seattle, University of Washington Press, 1973.
BRUNER J.S., From communication to language: A psychological perspective, *Cognition*, 1974, *3*, 225-287.

BRUNER J., Learning how to do things with words, in J.S. Bruner et A. Garton (eds), *Human growth and development*, Oxford, England, Clarendon Press, 1978.
BUCKHALT J.A., RUTHERFORD R.B. et GOLBERG K.E., Verbal and nonverbal interaction of mothers with their Down's syndrome and nonretarded infants, *American Journal of Mental Deficiency*, 1978, *82*, 337-343.
BUIUM N., Interrogative types in parental speech to language-learning children: a linguistic universal? *Journal of Psycholinguistic Research*, 1976, *5*, 135-147.
BUIUM N., RYNDERS J. et TURNURE J., A *Semantic-relational-concept based theory of language as applied to Down's syndrome children: Implication for a language enhancement program* (Research Report N° 62), Minneapolis, Minnesota, University of Minnesota, Research and Development Center in Education for Handicapped Children, 1974.
BYNON J., Berber nursery language, *Transactions of the Philological Society*, New York, 1968, pp. 107-161.
BYNON J., The derivational process relating Berber nursery words to their counterparts in normal adult interspeech, in C. Snow et C. Ferguson (eds), *Talking to children*, Cambridge, Cambridge University Press, 1977, pp. 255-269.
CAMPBELL D.T. et STANLEY J.L., Experimental and quasi-experimental designs for research on teaching, in N.L. Gage (ed.), *Handbook of research on teaching*, Chicago, Rand Mc Nally, 1963.
CASAR P., Nursery vocabulary of the Maltese archipellago, *Orbis*, 1957, *6*, 192-198.
CAZDEN C., *Environmental assistance to the child's acquisition of grammar*, Thèse de doctorat, Harvard University, 1965.
CHAFE W., *Meaning and the structure of language*, Chicago, The University of Chicago Press, 1970.
CHAPMAN R.S., Comprehension strategies in children, in J.F. Kavanagh et W. Strange (eds), *Speech and language in the laboratory, school, and clinic*, Cambridge, Mass., M.I.T. Press, 1978, pp. 308-327.
CHAPMAN R.S., Mother-child interaction in the second year of life: Its role in language development, in R. Schiefelbusch et D. Bricker (eds), *Early language: Acquisition and intervention*, Baltimore, University Park Press, 1981, pp. 201-250.
CHAPMAN R.S., KLEE T. et MILLER J.F., *Children's comprehension of requests for attention and action in context: pragmatic development and mothers' input*, en préparation.
CHAPMAN R., Mother-child interaction in the second year of life, in R. Schiefelbusch et D. Bricker (eds), *Early language: Acquisition and intervention*, Baltimore, University Park Press, 1981, pp. 201-250.
CHAPMAN R. et KOHN L., Comprehension strategies in two and three year olds: animate agents or probable events?, *Journal of Speech and Hearing Research*, 1978, *21*, 746-761.
CHERRY L. et LEWIS M., Mothers and two-year-olds: A study of sex-differentiated aspects of verbal interaction, *Developmental Psychology*, 1975, *51*, 278-282.
CHESELDINE S. et MC CONKEY R., Parental speech to young Down's syndrome children: an intervention study, *American Journal of Mental Deficiency*, 1979, *83*, 612-620.
CHOMSKY N., *Aspects of a theory of syntax*, Cambridge, Mass., Massachusetts Institute of Technology Press, 1965.
CLARK E., What's in a word? On the child's acquisition of semantics in his first language, in T. Moore (ed.), *Cognitive development and the acquisition of language*, New York, Academic Press, 1973.
CLARK E., Some aspects of the conceptual basis for first language acquisition, in R.L. Dato (ed.), *Georgetown University round table on languages and linguistics*. Washington, D.C. Georgetown University Press, 1975, pp. 77-98.

CLARK H. et CLARK E., *Psychology and language: An introduction to psycholinguistics*, New York, Harcourt Brace Jovanovich, 1977.
CLARKE-STEWART K.A., Interactions between mothers and their young children: Characteristics and consequences, *Monographs of the Society for Research in Child Development*, 1973, *38*, Chicago, The University of Chicago Press.
COHEN S. et BECKWITH L., Maternal language in infancy, *Developmental Psychology*, 1976, *12*, 371-372.
COLLINS A.M. et LOFTUS E.F., A spreading-activation theory of semantic processing, *Psychological Review*, 1975, *82*, 407-428.
COLLIS G., *The integration of gaze and vocal behavior in the mother-infant dyad*. Communication présentée au *Third International Child Language Symposium*, Londres, septembre 1975.
COOK T.D., APPLETON H., CONNOR A., TOMKIN G., WEBER S., *Sesame Street revisited*, New York, Russel Sage Foundation, 1975.
COSTERMANS J., *Psychologie du langage*, Bruxelles, Mardaga, 1981.
CRAMBLIT N. et SIEGEL G., The verbal environment of a language-impaired child, *Journal of Speech and Hearing Disorders*, 1977, *42*, 474-482.
CROSS T., Mothers' speech adjustments: The contribution of selected child listener variables, in C. Snow et C. Ferguson (eds), *Talking to children*, London, Cambridge University Press, 1977, pp. 151-188.
CROSS T., Mothers' speech and its association with rate of syntactic acquisition in young children, in N. Waterson et C. Snow (eds), *The development of communication*, New York, John Wiley and Sons, Inc., 1978, pp. 199-216.
CROSS T., *Linguistic feedback and maternal speech: Comparisons of mothers adressing hearing-impaired children*, Manuscrit non publié, Université de Melbourne, 1980.
CROSS T., The linguistic experience of slow language learners, in A. Nesdale, C. Pratt, R. Grieve, J. Field, D. Illingworth, J. Hogben (eds), *Advances in child development: theory and research*, Perth, University of Western Australia, 1981, pp. 110-121.
CROSS T., MORRIS J. et NIENHUYS T., *Linguistic feedback and maternal speech: comparisons of mothers addressing hearing and hearing-impaired children*, Rapport de recherche, Université of Melbourne, Psychology Department, 1980.
CUNNINGHAM C., REULER E., BLACKWELL J. et DECK J., Behavioral and linguistic developments in the interactions of normal and retarded children with their mothers, *Child Development*, 1981, *52*, 62-70.
DALE P., Hesitations in maternal speech, *Language and speech*, 1974, *17*, 174-181.
DAVIS D., *The development of linguistic skill in twins, singletons with siblings and only children from age five to ten years*, Institute of Child Welfare, Monograph Series N° 14, Minneapolis, University of Minnesota Press, 1937.
DE BLAUW A., DUBBER C., VAN ROOSMALEN G. et SNOW C., Sex and social class differences in early mother-child interaction, in O. Garnica et M. King (eds), *Language, children and society*, New York, Pergamon Press, 1979, pp. 53-64.
DE LANDSHEERE G. et DELCHAMBRE A., *Les comportements non verbaux de l'enseignant*, Bruxelles, Labor, 1980.
DEPAULO B. et COLEMAN L., Evidence for the specialness of the «baby talk» register, *Language and Speech*, 1981, *24*, 223-231.
DIAZ GUERRERO R.D., REYNES-LAGUNES I., WITSKE P.B. et HOLTZMAN W.H., Plaza Sesame in Mexico: An evolution, *Journal of Communication*, 1976, *26*, 145-154.
DOLLEY G., *Mothers as teachers: Instruction and control patterns observed in interaction of middle-class mothers with trainable mentally retarded and nonretarded*

children (rapport n° 7.32), Bloomington, Indiana, University of Indiana, School of Education, Center for Innovation in Teaching the Handicaped, 1974.
DONNAY J., *Supplantation télévisuelle en communication orale*, Thèse de doctorat, Université de Liège, 1981.
DORE J., Children's illocutionary acts, in R. Freedle (ed.), *Discourse relations: commprehension and production*, Hillsdale, N.J., Lawrence Erlbaum Associates, 1977, pp. 227-244.
DRACHMAN G., Baby talk in Greek, *Ohio State University Working Papers in linguistics*, 1973, *15*, 174-189.
EIMAS P.D., SIQUELAND E.R., JUSCZYK P. et VIGORITO J., Speech perception in infants, *Science*, 1971, *171*, 303-306.
ELMSLIE T.J. et BROOKE J.O., Communicative gestures of the hand and arm when 4-year-old sons and their mothers interact, *Journal of Experimental Child Psychology*, 1982, *34*, 156-173.
ENTWISTLE D.R., *Children's work associations*, Baltimore, The John Hopkins Press, 1966.
EPSTEIN R.K., *A method of parent-child which interaction facilitates language acquisition from TV: a proposal*, ERIC, Research in Education, 1976.
ERWIN S.M., Changes with age in the verbal determinants of word associations, *American Journal of Psychology*, 1961, *74*, 361-372.
ESCALONA S.K., Basic modes of social interaction: Their emergence and patterning during the first two years of life, *Merrill-Palmer Quaterly*, 1973, *19*, 205-232.
FERGUSON C., Baby talk in six languages, *American Anthropologist*, 1964, *66*, 103-114.
FERGUSON C., Baby talk as a simplified register, in C.E. Snow et C.A. Ferguson (eds), *Talking to children: Language input and acquisition*, Cambridge, Cambridge University Press, 1977, pp. 206-235.
FILLMORE C., The case for case, in E. Bach et R. Harms (eds), *Universals in linguistic theory*, New York, Holt, Rinehart et Winston, 1968, pp. 1-88.
FLAVELL J., BOTKIN P., FRY C., WRIGHT J. et JARVIS P., *The development of role-taking and communications skills in children*, New York, Wiley, 1968.
FODOR J., How to learn to talk: some simple ways, in F. Smith et G. Miller (eds), *The genesis of language*, Cambridge, Mass., Massachusetts Institute of Technology Press, 1966, pp. 105-128.
FOLGER J.P. et CHAPMAN R.S., A pragmatic analysis of spontaneous imitations, *Journal of Child Language*, 1978, *5*, 25-38.
FORNER M., *The mother as LAD: interaction between order and frequency of parental input and child production*, communication faite au Sixth Annual University of Minnesota Linguistics Symposium, septembre 1977.
FOWLER W., A strategy for stimulating infant learning, in R. Schiefelbusch et D. Bricker (eds), *Early language: Acquisition and intervention*, Baltimore, University Park Press, 1981, pp. 517-557.
FOWLER A. et SWENSON A., The influence of early language stimulation on developement: four studies, *Genetic Psychology Monographs*, 1979, *100*, 73-109.
FRANCIS H., Toward an explanation of the syntagmatic-paradigmatic shift, *Child Development*, 1972, *43*, 949-958.
FRANÇOIS F., FRANÇOIS D., SABEAU-JOUANNET E. et SOURDOT M., *Syntaxe de l'enfant avant 5 ans*, Paris, Larousse, 1977.
FRASER C. et ROBERTS N., Mothers speech to children of four different ages, *Journal of Psycholinguistic Research*, 1973, *4*, 9-16.
FRIEDLANDER B., JACOBS A., DAVIS B. et WETSTONE H., Timesampling analysis of infants' natural language environment in the home, *Child Development*, 1972, *43*, 730-740.

FURROW D., NELSON K. et BENEDICT H., Mothers' speech to children and syntactic development: some simple relationship, *Journal of Child Language*, 1979, *2*, 423-442.

GALLAGHER T., Contingent query sequences within adult-child discourse, *Journal of Child Language*, 1981, *8*, 51-82.

GARNICA O.K., Some prosodic and paralinguistic features of speech to young children, in C.E. Snow et C.A. Ferguson (eds), *Talking to children: Language input and acquisition*, Cambridge, Cambridge University Press, 1977, pp. 63-88.

GARVEY C., Request and responses in children's speech, *Journal of Child Language*, 1975, *2*, 41-64.

GLANZER P. et DODD D., *Developmental changes in the language spoken to children*, Communication faite à la Biennal Conference of the Society for Research in Child Development, Denver, avril 1975.

GLUCKSBERG S., KRAUSS R. et WEISBERG R., Referential communication in nursery school children: method and some preliminary findings, *Journal of Experimental Psychology*, 1966, *3*, 333-342.

GOLDEN M. et BIRNS B., Social class and infant intelligence, in M. Lewis (ed.), *Origin of intelligence*, New York, Wiley, 1976, pp. 299-351.

GOLDIN-MEADOW S., SELIGMAN M. et GELMAN R., Language in the two-year-old, *Cognition*, 1976, *4*, 189-202.

GOLDMAN-EISLER F., *Psycholinguistics: Experiments in spontaneous speech*, New York, Academic Press, 1968.

GOLINKOFF R.M. et AMES G.J., A comparison of fathers' and mothers' speech with their young children, *Child Development*, 1979, *50*, 28-32.

GRANOWSKY S. et KROSSNER W., Kindergarten teachers as models for children's speech, *The Journal of Experimental Education*, 1970, *38*, 23-29.

GREENBERG M. et MORRIS N., Engrossment: The newborn impact upon the father. *American Journal of Orthopsychiatry*, 1974, *44*, 520-531.

GUNN P., CLARK D. et BERRY P., Maternal speech during play with a Down's syndrome infant, *Mental Retardation*, 1980, *18*, 15-18.

GURALNICK M. et BROWN D., The nature of verbal interactions among handicapped and non handicapped preschool children, *Child Development*, 1977, *48*, 254-260.

GUTMAN N.A.J. et TURNURE J.E., Mothers' production of hand gestures while communicating with their preschool children under various task conditions, *Developmental Psychology*, 1979, *15*, 197-203.

HARKNESS S., Aspects of social environment and first language acquisition rural Africa, in C. Snow et C. Ferguson (eds), *Talking to children*, New York, Cambridge University Press, 1977, pp. 309-368.

HAYES A., Mother-infant interactions-coincidental conversations? *Sociolinguistics Newsletter*, 1978, *9*, 37-38.

HAYES A. et ELLIOTT T., *Gaze and vocalization in mother-infant dyads: conversation or coincidence?*, Communication faite au Biennal Meeting of the Society for Research in Child Development, San Francisco, mars 1979.

HOY E. et MC KNIGHT J., Communication style and effectiveness in homogeneous and heterogeneous dyads of retarded children, *American Journal of Mental Deficiency*, 1977, *81*, 587-598.

HUPET M. et COSTERMANS J., Un passif, pour quoi faire? *La linguistique*, 1976, *12*, 3-36.

JACOBS R.A. et ROSENBAUM P., *English transformational grammar*, Londres, Ginn and Company, 1970.

JAKUBOWITZ C. et SEGUI J., Utilisation des indices de surface dans la compréhension d'énoncés chez l'enfant: les phrases passives, in collectif, *Approche du langage*, Publications de la Sorbonne, Paris, 1980.

JANKOVIC M.A., DEVOE S. et WIENER M., Age-related changes in hand and arm movements as nonverbal communication: some conceptualizations and an empirical exploration, *Child Development*, 1975, *46*, 922-928.
JONES S. et MOSS H., Age state and maternal behavior associated with infant vocalizations, *Child Development*, 1977, *47*, 1039-1051.
KAIL M., Stratégies de compréhension des pronoms personnels chez le jeune enfant, *Enfance*, 1976, *4-5*, 447-466.
KAIL M. et LEVEILLE M., Compréhension de la coréférence des pronoms personnels chez l'enfant et l'adulte, *L'Année Psychologique*, 1977, *77*, 79-94.
KAUFFMAN A., *Mothers's and fathers' verbal interactions with children learning language*, Communication faite au Meeting of the Eastern Psychological Association, 1977.
KAYE K., Why we don't talk «Baby Talk» to babies, *Journal of Child Language*, 1980, *7*, 489-507.
KAYE K. et FOGEL A., The temporal structure of face-to-face communication between mothers and infants, *Developmental Psychology*, 1980, *16*, 454-464.
KAYE D. et CHARNEY R., Conversational asymetry between mothers and children, *Journal of Child Language*, 1981, *8*, 35-49.
KIMURA D., Functional asymmetry of the brain in dichotic listening, *Cortex*, 1967, *3*, 163-178.
KOBASHIGAWA B., *Repetitions in a mothers's speech to her child*, Rapport de recherche, Berkeley, Université de Californie, 1969.
KUCZAJ S., Evidence for a language learning strategy: On the relative case of acquisition of prefixes and suffixes, *Child Development*, 1979, *50*, 1-13.
KYSELA G., HILLYARD A., MC DONALD L. et AHLSTER-TAYLOR J., Early intervention: design and evaluation, in R. Schiefelbusch et D. Bricker (eds), *Early language: Acquisition and intervention*, Baltimore, University Park Press, 1981, pp. 341-390.
LAMB M., Fathers: Forgotten contributors to child development, *Human Development*, 1975, *18*, 245-266.
LAMBERT J.L. et RONDAL J.A., Le mongolisme, Bruxelles, Mardaga, 1980.
LEE L., *Developmental sentence analysis: a grammatical assessment procedure for speech and language clinicians*, Evanston, Illinois, North Western University Press, 1974.
LENNEBERG E., *Biological foundations of language*, New York, Wiley, 1967.
LEVI G. et ZOLLINGER B., Difficultés dans la communication mère-enfant et trouble du langage chez les enfants avec retard mental, *Enfance*, 1981, *4-5*, 289-298.
LEWIS M. et FREEDLE R., Mother-infant dyad: The cradle of meaning, in M. Lewis et R. Freedle (eds), *Communication and affect: Language and thought*, New York, Academic Press, 1973, pp. 127-155.
LEWIS M. et WEINTRAUB M., The father's role in the infant's social network, in M. Lamb (ed.), *The role of the father in child development*, New York: Wiley, 1976, pp. 215-248.
LONGHURST T. et STEPANICH L., Mothers' speech adresses to one-two-, and three year-old normal children, *Child Study Journal*, 1975, *5*, 3-11.
LONGHURST T. et BERRY G., Communication in retarded adolescents: response to listener feedback, *American Journal of Mental Deficiency*, 1975, *80*, 158-164.
LORD C., *Is talking to baby more than baby talk? A longitudinal study of the modification of linguistic input to young children*, Communication faite au Congrès Bisannuel de la Society for Research in Child Development, Denver, Colorado, avril 1975.

MACCOBY E.M. et JACKLIN C.N., *The psychology of sex differences*, Stanford, Stanford University Press, 1974.
MAESTAS Y MOORES J., *A descriptive study of communication modes and pragmatic functions used by three prelinguistic, profoundly deaf mothers with their infants one to six months of age in their home*, Doctoral Dissertation, University of Minnesota, Minneapolis, 1980.
MAESTAS Y MOORES J. et RONDAL J.A., Le premier environnement linguistique des enfants nés de parents sourds, *Enfance*, 1981, *4-5*, 245-251.
MAHONEY G., *Individual differences in patterns of interaction between mothers and young developmentally delayed children*, Communication présentée au Symposium «Current issues in communication», 105th convention of the American Association on Mental Deficiency, Detroit, mai 1981.
MAHONEY G.J. et SEELY (P.B.), The role of the social agent in language intervention, in N.R. Ellis (ed.), *International review of research in mental retardation* (vol. 8), New York, Academic Press, 1976.
MARCELLO-NIZIA C., La notion de «phrase» dans la grammaire, *Langue Française*, 1979, *41*, 35-48.
MARTINET A., *Eléments de linguistique générale*, Paris, Colin, 1970.
MASUR E., Preschool boys' speech modifications: The effects of listeners' linguistic levels and conversational responsiveness, *Child Development*, 1978, *49*, 924-927.
MC CARTHY D., *Language development of preschool child*, Institute of Child Welfare Monograph Series n° 4, Minneapolis, University of Minnesota Press, 1930.
MC LAUGHLIN B., SCHUTZ C. et WHITE D., Parental speech to five-year-old children in a game-playing situation, *Child Development*, 1980, *51*, 580-582.
MC NEIL D., Developmental psycholinguistics, in F. Smith et G.A. Miller (eds), *The genesis of language: A psycholinguistic approach*. Cambridge, Mass., M.I.T. Press, 1966, pp. 15-84.
MC NEIL D., The development of language, in P. Mussen (ed.), *Carmichael's manuel of child psychology* (vol. 1), New York, Wiley, 1970, pp. 1061-1161.
MESSER D., The episodic structure of maternal speech to young children, *Journal of Child Language*, 1981, 7, 29-40.
MILKOVITCH M. et MILLER M., *The effects of TV understanding on children*. Report n° 3: *Expressing the relationship between television viewing and language development*, Final report, ERIC, Research in Education, 1976.
MILLER G.A., A psychological method to investigate verbal concepts, *Journal of Mathematical Psychology*, 1969, *6*, 169-191, traduction française in J. Mehler et G. Noizet (eds), *Textes pour une psycholinguistique*, La Haye, Mouton, 1974.
MILLER G.A. et JOHNSON-LAIRD P.N., *Language and perception*, Cambridge, Mass., Harvard University Press, 1976.
MILLER J.F., CHAPMAN R.S., BRANSTON M. et REICHLE J., Language Comprehension in sensorimotor stages 5 and 6, *Journal of Speech Hearing Research*, 1980, *23*, 243-260.
MILLER J.F., CHAPMAN R.S., MAKENZIE H. et BEDROSIAN J., *The development of discourse skills in the second year of life: Turn-taking, topic, initiation, and topic continuation*, en préparation.
MITCHELL D., Parent-child interaction in mental handicap, in P. Berry (ed.), *Language Communication in the mentally handicapped*, Londres, Arnold, 1976, pp. 161-183.
MOERK E.L., Verbal interaction between children and their mothers during the preschool years, *Developmental Psychology*, 1975, *11*, 788-794.
MOERK E.L., Processes of language teaching and language learning in the interactions of mother-child dyads, *Child Development*, 1976, *47*, 1064-1078.

MOERK E., *Pragmatic and semantic aspects of early development*, Baltimore, University Park Press, 1977.
MOERK L., Relationships between parental input frequencies and children's language acquisition: a reanalysis of Brown's data, *Journal of Child Language*, 1980, 7, 1-14.
MOERK E., To attend or not to attend to unwelcome reanalyses? A reply to Pinker, *Journal of Child Language*, 1981, 8, 627-631 (a).
MOERK E., *Differential teaching and learning in first language development*, Communication faite au Sixth Biennal Meeting of the International Society for the Study of Behavioral Development, Toronto, 1981 (b).
MOERK E., *First language teaching and learning: Methodological and contentive aspects*, Communication faite au Sixth Biennal Meeting of the International Society for the Study of Behavioural Development, Toronto, 1981 (c).
MOERK E., *Communication personnelle*, décembre 1981 (d).
NELSON K., Structure and strategy in learning to talk, *Monographs of the Society for Research in Child Development*, 1973, 38, (1-2, Serie n° 149).
NELSON K., Concept, word, and sentence: Inter-relations in acquisition and development, *Psychological Review*, 1974, 81, 267-285.
NELSON K.E., Facilitating children's syntax acquisition, *Developmental Psychology*, 1977, 13, 109-117.
NELSON K.E., Toward a rare-event cognitive comparison theory of syntax acquisition, in P.S. Dale et D. Ingram (eds), *Child language: An international perspective*. Baltimore, University Park Press, 1980 (a).
NELSON K.E., *Théories of the child's acquisition of syntax: A look at rare events and at necessary, catalytic, and irrelevant components of mother-child conversation*, in Annals of the New York Academy of Sciences (vol. 345), New York, 1980 (b).
NELSON K.E. et DENNINGER M., *The shadow technique in the investigation of children's acquisition of new syntactic forms*, Manuscript, New School for Social Research, New York, 1977.
NELSON K.E., CARSKADDON G. et BONVILLIAN J.D., Syntax acquisition: Impact of experimental variation in adult verbal interaction with the child, *Child Development*, 1973, 44, 497-504.
NELSON K.E., DENNINGER M., KAPLAN B.J. et BONVILLIAN J.D., *Varied angles on how children progress in syntax*, Communication faite à la Society for Research in Child Development, San Francisco, mars 1979.
NEWPORT E., GLEITMAN L. et GLEITMAN H., Mother, I'd rather do it myself: Some effects and noneffects of maternal speech style, in C. Snow and C. Ferguson (eds), *Talking to children*, Cambridge, Cambridge University Press, 1977, pp. 109-150.
NEWSON J., An intersubjective approach to the systematic description of mother-infant interaction, in H. Schaffer (ed.), *Studies in mother-infant interaction*, New York, Academic Press, 1977, pp. 47-62.
NINIO A. et BRUNER J., The achievement and antecedents of labeling, *Journal of Child Language*, 1978, 5, 1-16.
NOBLE G., *TV and oracy: A psychological view point*, ERIC, Research in Education, 1980.
NOIZET G. et PICHEVIN C., Organisation paradigmatique et organisation syntagmatique du discours: une approche comparative, *L'Année Psychologique*, 1966, 4, 130-143.
OCHS E., *Talking to children in Western Samoa*, Rapport de recherche, Department of Linguistics, University of Southern California, Los Angeles, 1980.
OLERON P., L'acquisition du langage, in H. Gratiot-Alphandery et R. Zazzo (eds),

Traité de psychologie de l'enfant (vol. 6), Paris, Presses Universitaires de France, 1976, pp. 71-208.

OLERON P., *L'enfant et l'acquisition du langage*, Paris, Presses Universitaires de France, 1979.

OMAR M., *The acquisition of Egyptian Arabic as a native language*, La Haye, Mowton, 1973.

PAKIZEGI B., The interactions of mothers and fathers with their sons, *Child Development*, 1978, *49*, 479-482.

PARADIS M., Baby talk in French and Quebecois, in W. Wölck (ed.), *Proceedings of the Fifth Lacus Forum*, New York, Hornbeam Press, 1979, pp. 112-124.

PARKE R. et O'LEARY S., Family interaction in the newborn period: some findings, some observations and some unresolved issues. In K. Riegel and J. Meacham (eds), *The developing individual in a changing world* (vol. 2), *Social and environmental issues*, La Haye: Mouton, 1976, pp. 44-72.

PHILLIPS J.R., Syntax and vocabulary of mothers' speech to young children: Age and sex comparisons, *Child Development*, 1973, *44*, 182-185.

PIAGET J., *Le langage et la pensée chez l'enfant*, Neuchâtel, Delachaux et Niestlé, 1923.

PIAGET J., *La formation du symbole chez l'enfant*, Neuchâtel, Delachaux et Niestlé, 1968.

PINKER S., On the acquisition of grammatical morphemes, *Journal of Child Language*, 1981, *8*, 477-484.

QUILLIAN M.R., The teachable language comprehender, *Communication of the Association for Computer Machinery*, 1969, *12*, 459-476.

QUILLIAN M.R., Word concepts: a theory and stimulation of some semantic capabilities, *Behavioral Science*, 1967, *12*, 410-443, traduction française in J. Mehler et G. Noizet (eds), *Textes pour une psycholinguistique*, La Haye, Mouton, 1974.

RATNER N. et BRUNER J., Games, social exchange and the acquisition of language, *Journal of Child Language*, 1978, *5*, 391-401.

REBELSKY F., Infancy in two cultures, *Nederlandse Tijdschrift voor de Psychologie*, 1967, *22*, 379-385.

REBELSKY F. et HANKS C., Fathers' verbal interaction with infants in the first three months of life, *Child Development*, 1971, *42*, 63-68.

REES N., Imitation and language development: Issnes and clinical implications, *Journal of Speech and Hearing Disorders*, 1975, *40*, 339-350.

REICH P., The early acquisition of word meaning, *Journal of Child Language*, 1976, *3*, 117-123.

REMICK H., Maternal speech to children during language acquisition, in W. Von Raffler-Engel et Y. Lebrun (eds), *Baby talk and infant speech*, Amsterdam, Swets et Zeitlinger B.V., 1976, pp. 223-233.

RETHERFORD K.S., SCHWARTZ B.C. et CHAPMAN R.S., Semantic roles and residual grammatical categories in mother and child speech: Who tunes into whom? *Journal of Child Language*, 1981, *8*, 583-608.

REUCHLIN M. (ed.), *Cultures et conduites*, Paris, Presses Universitaires de France, 1976.

REUCHLIN M., *Psychologie*, Paris, Presses Universitaires de France, 1979.

RHEINGOLD H.L., The social ans socializing agent, in D.A. Goslin (ed.), *Handbook of socialization theory of research*, Chicago, Rand Mc Nally, 1969, pp. 779-791.

RHEINGOLD H., GEWIRTZ J. et ROSS H., Social conditioning of vocalizations in the infant, in S. Bijou et D. Baer (eds), *Child development: readings in experimental analysis*, New York, Meredith, 1967.

RINGLER N., The effects of port-partum mother-infant reciprocal transactions on the development of meanings and language, in D. Ingram, F. Peng et P. Dale (eds), *Proceedings of the First International Congress for the Study of Child Language* (Tokyo, août 1978), Lanham, Maryland, University Press of America, 1980, pp. 226-245.

RINGLER N., KENNELL J., JARVELLA R., NAVOJOSKY et KLAUS M., Mother-to-child speech at 2 years. Effects of early postnatal contact, *Journal of Pediatrics*, 1975, *86*, 141-144.

RODD L. et BRAINE M., Children's imitations of syntactic constructions as a measure of linguistic competence, *Journal of Verbal Learning and Verbal Behavior*, 1970, *10*, 430-443.

RONDAL J.A., Développement du langage et retard mental: Une revue critique de la littérature en langue anglaise, *L'Année Psychologique*, 1975, *75*, 513-547.

RONDAL J.A., Investigation of the regulatory power of the impulsive and meaningful aspects of speech, *Genetic Psychology Monographs*, 1976, *94*, 3-33.

RONDAL J.A., Langage et éducation, Bruxelles, Mardaga, 1978 (a).

RONDAL J.A., *Father's speech and mother's speech in early language development*, Communication présentée au First International Congress for the Study of Child Language, Tokyo, août 1978 (b).

RONDAL J.A., Maternal speech to normal and Down's syndrome children matched for mean length of utterance, in C. Meyers (ed.), *Quality of life in severely and profoundly mentally retarded people: Research foundations for improvement*, Washington D.C., American Association on Mental Deficiency, Monograph n° 3, 1978, pp. 193-265 (c).

RONDAL J.A., *Votre enfant apprend à parler*, Bruxelles, Mardaga, 1979.

RONDAL J.A., Fathers' and mothers' speech in early language development, *Journal of Child Language*, 1980, *7*, 353-369.

RONDAL J.A., Développement linguistique, in J.A. Rondal et M. Hurtig (eds), *Introduction à la psychologie de l'enfant* (vol. 2), Bruxelles, Mardaga, 1981, pp. 455-491 (a).

RONDAL J.A., On the nature of linguistic input to language-learning children, *International Journal of Psycholinguistics*, 1981, *8*, 75-107 (b).

RONDAL J.A., Social behaviorism and the interpersonal determinants of language acquisition. *Social Behaviorism*, 1982, sous presse (a).

RONDAL J.A., A propos de l'article « Difficultés dans la communication mère-enfant et trouble du langage chez les enfants avec retard mental », in G. Lévi et B. Zollinger, *Enfance*, 1982, *3*, 211-215 (b).

RONDAL J.A., Le rôle de l'imitation dans l'acquisition du langage. *Rééducation orthophonique* (numéro spécial), 1983, à paraître.

RONDAL J.A. et BREDART S., Le développement du langage oral, in J.A. Rondal et X. Seron (eds), *Troubles du langage et rééducation*, Bruxelles, Mardaga, 1982, pp. 21-61.

RONDAL J.A. et DEFAYS D., Reliability of Mean Length of Utterance as a function of sample size in early language development, *Journal of Genetic Psychology*, 1978, *133*, 305-306.

RONDAL J.A. et LAMBERT J.L., *Langage et communication chez les handicapés mentaux: Théorie, évaluation et intervention*, Neuchâtel, Delachaux et Niestlé, 1981, sous presse.

RONDAL J.A. et LAMBERT J.L., *The speech of mentally retarded adults in a dyadic communication situation: some formal and informative aspects*, 1982, soumis pour publication.

RONDAL J.A., ADRAO M., NEVES S., Classe sociale, langage et instruction: la compréhension du langage de l'enseignant par l'enfant au niveau maternel et élémentaire inférieur, in G. Gagné et M. Pagé (eds), *Etudes sur la langue des jeunes Québécois* (1969-1979), Montréal, les Presses de l'Université de Montréal, 1981.

RONDAL J.A., ADRAO M., NEVES S., et DALLE E., La compréhension du langage de l'enseignant par l'enfant au niveau de l'école maternelle et élémentaire inférieure dans des milieux scolaires contrastés selon la composition sociale, *Revue Française de Pédagogie*, 1982, *58*, 29-35.

ROSCH E., On the internal structure of perceptual and semantic categories, in T.E. Moore (ed.), *Cognitive development and the acquisition of language*, New York, Academic Press, 1973.

ROSCH E., Principles of categorization, in E. Rosch et B.B. Lloyd (eds), *Cognition and categorization*, Hillsdale, New Jersey, Lawrence Erlbaum Associates, 1978, pp. 27-48.

ROSCH E. et LLOYD B., *Cognition and categorization*, Hillsdale, Erlbaum, 1978.

RYAN J., Mental subnormality and language development, in E. Lenneberg et E. Lenneberg (eds), *Foundations of language development: a multidisciplinary approach* (Vol. 2), New York, Academic Press, 1975, pp. 269-277.

SACHS J., et DEVIN J., Young children's use of age appropriate speech styles in social interaction and role-playing, *Journal of Child Language*, 1976, *5*, 17-24.

SACHS J., BROWN R., et SALERNO R.A., *Adults' speech to children*, Communication faite au International Symposium on First Language Acquisition, Florence, Italie, septembre 1972.

SAVIC S., Aspects of adult-child communication: The problem of question acquisition, *Journal of Child Language*, 1975, *2*, 251-260.

SCHACHTER F., SHORE L., HODAPP R., CHALFIN S., et BUNDY C., Do girls talk earlier? Mean lenght of utterances in toddlers, *Developmental Psychology*, 1978, *14*, 388-392.

SCHWARTZ B.C., *Mother and child use of specific semantic combinations over time*, Thèse de doctorat, University of Wisconsin, Madison, 1978.

SEGUI J., et LEVEILLE M., Etude sur la compréhension de phrases chez l'enfant, *Enfance*, 1977, *1*, 105-115.

SEITZ S., Language intervention - Changing the language environment of the retarded child, in R. Koch et F. De La Cruz (eds), *Down's syndrome*, New York, Brunner / Marzel, 1975, pp. 78-86.

SEITZ S. et STEWART C., Imitations and expansions: Some developmental aspects of mother-child communications, *Developmental Psychology*, 1975, *11*, 763-768.

SELNOW G.W., A study of the relationships between TV exposure and language acquisition of preschool children, *Dissertations Abstracts International*, 1979, *40*, 521-522.

SENTILHES S., WINSBERG A., et d'ANGLEJAN A., *Early mother-child communicative interactions: An analysis of qualitative multiple response data from two socio-economic groups*, Communication faite au First International Congress on Child Language, Tokyo, août 1978.

SHATZ M. et GELMAN R., The development of communication skills: Modification in the speech of young children as a function of listener, *Monographs of the Society for Research in Child Development*, 1973, *38*, n° 152.

SHIPLEY E., SMITH C. et GLEITMAN L., A study in the acquisition of language: Free responses to commands, *Language*, 1969, *45*, 322-342.

SIEGEL G., Interpersonal approaches to the study of communication disorders, *Journal of Speech and Hearing Disorders*, 1967, *32*, 112-120.

SINCLAIR A., JARVELLA R.J., et LEVELT W.J.M., *The child's conception of language*, New York, Springer, 1978.

SKINNER B.F., *The behavior of organisms*, New York, Appleton Century Crofts, 1937.

SLAMA-CAZACU T., *Les échanges verbaux entre les enfants et entre adultes et enfants*, Communication faite au symposium «*Genèse de la parole*», Association de Psychologie Scientifique de Langue Française, Barcelone, septembre 1975.

SLOBIN D.I., Imitation and grammatical development in children, in N.S. Endler, L.R. Boulter et H. Osser (eds), *Contemporary issues in developmental psychology*, New York, Holt, Rinehart and Winston, 1968, pp. 437-443.

SLOBIN D.I., Cognitive prerequisites for the development of grammar, in C.Ferguson et D.I. Slobin (eds), *Studies of child language development*, New York, Holt, Rinehart and Winston, 1973, pp. 607-619.

SLOBIN D.I., The more it changes... On understanding language by watching it move through time, *Papers and Reports on Child Language Development* (Stanford University), 1975, *10*, 1-30.

SLOBIN D., L'apprentissage de la langue maternelle, *La Recherche*, 1981, *12*, 572-578.

SLOBIN D., Universal and particular in the acquisition of language, in L. Gleitman et E. Wanner (eds), *Language acquisition: State of the art*, Cambridge, Cambridge University Press, 1982, sous presse.

SNOW C., Mothers' speech to children learning language, *Child Development*, 1972, *43*, 549-565.

SNOW C., *Mother's speech research: an overview*, Communication faite à la Conférence on Language Input and Acquisition, Boston, 1974.

SNOW C., The development of conversation between mothers and babies, *Journal of Child language*, 1977, *4*, 1-22 (a).

SNOW C., Mothers' speech research: From input to interaction, in C. Snow et C. Ferguson (eds), *Talking to children*, New York, Cambridge University Press, 1977, pp. 31-51 (b).

SNOW C.E., ARLMAN-RUPP A., HASSING Y., JOBSE J., JOOSTEN J. et VORSTER J., Mothers' speech in three social classes, *Journal of Psycholinguistic Research*, 1976, *5*, 1-20.

STAATS (A.W.), Linguistic-mentalistic theory versus and explanatory S-R learning theory of language development, in D. Slobin (ed.), *The ontogenesis of grammar. A theoretical symposium*, New York, Academic Press, 1971, pp. 103-150 (a).

STAATS A.W., *Child learning, intelligence and personality*, New York, Harper and Row, 1971 (b).

STAATS A.W., *Social behaviorism*, Homewood, Illinois, The Dorsey Press, 1975.

STECHLER G., et CARPENTER G., A viewpoint on early affective development, in J. Hellmuth (ed.), *Exceptional Infant*, New York, Brunner / Mazel, 1967.

STERN D., BEEBE B., JAFFE J. et BENNETT S., The infants' stimulus world during social interaction: a study of caregiver behaviors with particular reference to repetition and timing, in H. Schaffer (ed.), *Studies in mother-infant interaction*, New York, Academic Press, 1977, pp. 177-202.

SWENSON A. et WATSON A., *The effects of an infant language stimulation program on phonology and syntax at two years of age*, Communication faite au Second International Congress for the Study of Child Language, University of British Columbia, août 1981.

THOMAN E.B., Early communication as the prelude to later adaptive behaviors, in M.J. Begab, H. Garber et H.C. Haywood (eds), *Prevention of retarded development in Psychosocially disadvantaged children*, Baltimore, University Park Press, 1981.

THOMAN E.B., BECKER P.T. et FREESE M.P., Individual patterns of mother-infant interaction, in G.P. Sackett (ed.), *Application of observational / ethological methods to the study of mental retardation*, Baltimore, University Park Press, 1978.

TREHUB S.E., BULL D. et SCHNEIDER B.A., Infants' detection of speech in noise, *Journal Speech Hearing Research*, 1981, sous presse.
TREVARTHEN C., Descriptive analyses of infant communicative behavior, in H. Schaffer (ed.), *Studies in mother-infant interaction*, New York, Academic Press, 1977, pp. 227-270.
TULKIN S., et KAGAN J., Mother-child interaction in the first year of life, *Child Development*, 1972, *43*, 31-41.
WEDELL-MONNIG J. et WESTERMAN T., *Mothers' language to deaf and hearing infants: examination of the feedback model*, Communication présentée au Second Annual Boston University Conference on Language Development, Boston, septembre 1977.
WEEKS T., Speech registers in young children, *Child Development*, 1971, *42*, 1119-1131.
WEIST R. et KRUPPS B., Parent and sibling comprehension of children's speech, *Journal of Psycholinguistic Research*, 1977, *6*, 49-58.
WEIST R. et STEBBINS P., Adult perception of children's speech, *Psychonomic Science Journal*, 1972, *27*, 359-360.
WILLS D.D., Participant deixis in English and baby talk, in C.E. Snow et C.A. Ferguson (eds), *Talking to children: language input and acquisiton*, Cambridge, Cambridge University Press, 1977, pp. 271-295.
WYATT G., *La relation mère-enfant et l'acquisition du langage*, Bruxelles, Dessart, 1969.
YOUNG F., An analysis of certain variables in a developmental study of language, *Genetic Psychology Monograph*, 1941, *23*, 3-141.

Iconographie

TABLEAUX

Tableau 1. Indice de diversité lexicale (IDL) dans le langage maternel adressé à l'enfant.

Tableau 2. Distribution lexicale moyenne en classes formelles dans le langage adressé à l'enfant.

Tableau 3. Principaux types sémantiques de verbes (et relations sémantiques de base) selon Chafe (1970).

Tableau 4. Distribution moyenne des principaux types sémantiques de verbes dans le langage maternel adressé à l'enfant et dans le langage enfantin (modifié d'après Rondal 1976, 1978b).

Tableau 5. Distribution moyenne des principales relations sémantiques dans le langage maternel adressé à l'enfant (modifié d'après Snow, 1977).

Tableau 6. Distribution moyenne des énoncés sémantiques dans le langage maternel adressé à l'enfant et dans le langage enfantin (modifié d'après Retherford, Schwartz et Chapman, 1981).

Tableau 7. Résumé de la littérature disponible sur la Longueur Moyenne de Production Verbale (LMPV) dans le langage maternel adressé à l'enfant et dans le langage de l'enfant adressé à la mère (modifié et mis à jour d'après Rondal, 1978b).

Tableau 8. Distribution moyenne des énoncés selon la longueur moyenne dans le langage maternel adressé à l'enfant (modifié d'après Rondal, 1978b).

Tableau 9. Distribution moyenne des différents types de phrases dans le langage maternel adressé à l'enfant.

Tableau 10. Distribution des actes de parole dans le langage maternel adressé à l'enfant (basé sur les données de Folger et Chapman, 1978, et de Rondal, 1978b).

Tableau 11. Catégories fonctionnelles descriptives du langage maternel adressé à l'enfant et du langage enfantin adressé à la mère (modifié d'après Moerk, 1975).

Tableau 12. Autorépétitions (exactes et partielles) dans le langage maternel adressé à l'enfant.

Tableau 13. Approbations et désapprobations verbales explicites du langage de l'enfant dans le langage maternel en situation d'interaction dyadique.

Tableau 14. Expansions et corrections explicites du langage de l'enfant par la mère.

Tableau 15. Fréquences moyennes des différents types de gestes adressés par les mères à leurs enfants (modifié d'après Gutman et Turnure, 1979).

Tableau 16. Pourcentages moyens de compréhension du langage du jeune enfant chez différentes catégories d'auditeurs (d'après Weist, R. et Kruppe, B., *Parent and sibling comprehension of children's speech. Journal of Psycholinguistic Research*, 1977, 6, p. 53, traduit et reproduit avec permission).

Tableau 17. Résumé des principales caractéristiques du langage maternel adressé à l'enfant entre 1 et 10 ans.

Tableau 18. Langage paternel et langage maternel adressé à des enfants âgés de 18 à 24 mois (modifié d'après Kauffman, 1977).

Tableau 19. Langage paternel et langage maternel adressé à des enfants âgés de 20 mois (modifié d'après Golinkoff et Ames, 1979).

Tableau 20. Langage paternel et langage maternel adressé à des enfants âgés de 18 à 36 mois (modifié d'après Rondal, 1980).

Tableau 21. Evolution du langage paternel et du langage maternel en fonction de l'âge et de la Longueur Moyenne de Production Verbale (LMPV) de l'enfant (d'après Rondal, 1980).

Tableau 22. Profil de langage en provenance de 4 enseignantes des niveaux maternel et de première année primaire dans deux écoles francophones de Québec contrastées selon le milieu socio-économique (d'après Rondal, Adrao et Neves, 1980; et Rondal, Adrao, Neves et Dalle, 1981).

Tableau 23. Résumé des données de Snow, Arlman-Rupp, Hassing, Jobse, Joosten et Vorster (1976) sur le langage maternel adressé à l'enfant entre 18 et 34 mois selon la classe sociale.

Tableau 24. Evolution de la Longueur Moyenne de Production Verbale (LMPV) maternelle selon l'âge chronologique et le LMPV des enfants handicapés modérés et sévères (mongoliens et non mongoliens).

Tableau 25. Longueur Moyenne de Production Verbale (LMPV), âges chronologiques (AC) et déviations standard (DS) des enfants dans l'expérience de Rondal (1978b) (modifié d'après Rondal, 1978b).

Tableau 26. Eventail de mesures faites sur le langage maternel adressé à des enfants normaux et mongoliens appariés pour la Longueur Moyenne de Production Verbale — LMPV (d'après Rondal, 1978b).

Tableau 27. Mesures effectuées sur le langage d'enfants normaux et mongoliens appariés pour la Longueur Moyenne de Production Verbale — LMPV (d'après Rondal, 1978b).

Tableau 28. Adaptations verbales entre enfants normaux et enfants handicapés mentaux et entre enfants handicapés mentaux à différents niveaux de langage.

Tableau 29. Gain adaptatif en matière de langage maternel déterminé par la présence physique et verbale de l'enfant dans l'échange langagier (d'après Snow, 1972).

Tableau 30. Connaissances des mères sur les aspects phonologiques et syntaxiques du langage de leurs enfants (d'après Rondal, J.A., «*Maman est au courant*»: *une étude des connaissances maternelles quant aux aspects formels du langage du jeune enfant*. Enfance, 1979, 2, p. 101, reproduit avec permission).

Tableau 31. Compréhension des énoncés selon la longueur et la composition sémantique chez l'enfant (d'après Miller, J., Chapman, R., Branston, M. et Reichle, J., *Language comprehension in sensorimotor stages 5 and 6*. Journal of Speech and Hearing Research, 1980, 23, p. 302, traduit et reproduit avec permission).

Tableau 32. Résumé de la littérature sur les imitations du parler adulte selon la position du mot dans l'énoncé.

Tableau 33. Premiers mots (non imités directement) produits par deux enfants francophones et modèles parentaux correspondants.

Tableau 34. Corrélations entre le langage maternel adressé à l'enfant à 18 mois et le langage enfantin à 27 mois (d'après Furrow, D., Nelson, K. et Benedict, H., *Mothers's speech to children and syntactic development: some simple relationships Journal of Child Language*, Cambridge University Press, 1979, 6, p. 433, traduit et reproduit avec permission).

Tableau 35. Corrélations linéaires obtenues entre le langage maternel et la croissance linguistique chez l'enfant (en éliminant les effets des niveaux initiaux d'âge et de capacité langagière des enfants) (D'après Newport, E., Gleitman, H. et Gleitman, L. *Mother, I'd rather do it myself: some effects and non-effects of maternal speech style*. In C. Snow et C. Ferguson (Eds), *Talking to children*, Cambridge: Cambridge University Press, 1977, p. 132, traduit et reproduit avec permission).

Tableau 36. Fréquence de l'input parental et âge d'acquisition de différents morphèmes (d'après Moerk, E., *Relationships between parental input frequencies and children's language acquisition. A reanalysis of Brown's data, Journal of Child Language*, Cambridge University Press, 1980, 7, pp. 114-115, traduit et reproduit avec permission).

Tableau 37. Corrélations linéaires entre le langage maternel et la croissance syntaxique des enfants (d'après Nelson, K.E., *Toward a rare-event cognitive comparison theory of syntax acquisition*, in P. Dale et D. Ingram (Eds), *Child language: An international perspective*, Baltimore, Maryland: University Park Press, 1980a, p. 127, traduit et reproduit avec permission).

Tableau 38. Stratégies cognitivo-perceptives proposées par Slobin pour l'analyse par l'enfant des aspects morpho-syntaxiques de l'input adulte (d'après Slobin, 1973).

Figure 1. Relation entre les LMPV maternel et enfantin (basé sur les données reprises au tableau 7 obtenues en situation de jeu libre).

Figure 2. Représentation schématique de l'évolution du LMPV maternel selon l'âge chronologique et le LMPV enfantin dans le cas des enfants normaux et handicapés mentaux modérés et sévères (mongoliens et non mongoliens) (basé sur les données fournies aux tableaux 7 et 24 et à la figure 1 obtenues en situation de jeu libre).

Figure 3. Mécanisme général de l'acquisition du langage chez l'enfant (d'après Rondal, 1979, «*Maman est au courant. Une étude des connaissances maternelles quant aux aspects formels du langage du jeune enfant*», Enfance, 1979, 2, 95-105, reproduit et modifié avec permission).

Index des auteurs

Adrao, M., 72, 73, 112, 115
Ahlster-Taylor, J., 170
Aimard, P., 124, 157, 172
Ames, G.J., 53, 64, 65, 67, 77, 112
Anglejan, d', A., 80
Appleton, H., 13
Arlman-Rupp, A., 22, 80, 81

Ball, S., 13
Bandura, A., 11, 121
Bastyns, A., 87
Bateson, M.C., 92
Beaudichon, J., 86
Becker, P.T., 158
Beckwith, L., 80, 82
Bedrosian, J., 19
Beebe, B., 92
Bell, R., 11
Bellugi, V., 54, 55, 164
Benedict, H., 16, 38, 97, 135, 137, 163
Bennett, S., 92
Benveniste, E., 170
Berko-Gleason, J., 64, 67, 70, 77, 79, 85, 112, 113, 126
Bernstein, B., 82
Bever, T.G., 163
Birns, B., 83
Bingham, N.E., 34

Blackwell, J., 35, 99, 121
Bloom, L., 54
Blount, B., 83, 85
Bogart, A., 13
Bonvillian, J.D., 56, 152, 153
Botkin, P., 86
Braine, M., 133
Brami-Mouling, M., 86
Branston, M., 24, 127, 156
Brazelton, T.B., 158
Bredart, S., 11, 121, 172
Bricker, D., 170
Broen, P., 19, 21, 40, 41, 42, 50, 127
Brown, R., 16, 23, 24, 29, 30, 33, 37, 51, 53, 54, 55, 56, 86, 104, 111, 126, 134, 135, 146, 148, 150, 151, 164, 167, 171
Brukman, J., 85
Bruner, J.S., 132, 157
Buckhalt, J.A., 99
Buium, N., 24, 25, 99, 107
Bull, D., 17
Bundy, C., 78
Bynon, J., 17

Campbell, D.J., 136, 141
Carlson, L., 170
Carpenter, G., 158
Carskaddon, G., 56, 153

Casar, P., 17
Cazden, C., 54, 152, 164
Chafe, W., 27, 28, 29, 172
Chalfin, S., 78
Chapman, R.S., 16, 19, 24, 31, 35, 44, 46, 47, 54, 55, 127, 128, 135, 155, 156, 161
Charney, R., 92
Cherry, L., 76
Cheseldine, S., 108, 135, 139, 145
Chomsky, N., 15, 121, 142
Clark, D., 170
Clark, E., 126
Clark, H., 126
Clark-Stewart, K.A., 70, 80
Cohen, S., 80, 82
Coleman, L., 112
Collins, A.M., 126
Collis, G., 132
Connor, A., 13
Cook, T.D., 13
Costermans, J., 172
Cramblit, N., 104
Cross, T., 26, 39, 42, 43, 49, 50, 54, 55, 91, 94, 95, 96, 97, 98, 121, 135, 141, 145, 146, 155, 171
Cunningham, C., 35, 99, 121

Dale, P., 156
Dalle, E., 72, 73
Davis, D., 63, 78
De Blauw, A., 80, 83
Deck, J., 35, 99, 121
De Landsheere, G., 89
Delchambre, A., 89
Denninger, M., 152, 168
Depaulo, B., 112
Devin, J., 86
Devoe, S., 59, 87
Diaz-Guerrero, R.D., 13
Dodd, D., 27, 28, 30, 31, 32, 35, 127
Dolley, G., 107
Donnay, J., 13
Dore, J., 13, 45
Dracman, G., 17
Dubler, C., 80

Elliott, T., 92
Elmslie, T.J., 59
Entwistle, D.R., 126
Epstein, R.K., 13
Erwin, S.M., 126
Escalona, S.K., 141

Ferguson, C., 17, 18
Fillmore, C., 27
Flavell, J., 86
Fodor, J., 15
Fogel, A., 92
Folger, J.P., 44, 46, 47, 54, 55
Forner, M., 151
Fowler, W., 170
Francis, H., 126
François, D., 11
François, F., 11
Fraser, C., 22, 34, 35
Freedle, R., 76, 78
Freese, M.P., 158
Friedlander, B., 63
Furrow, D., 16, 38, 97, 135, 137, 138, 139, 141, 143, 144, 145, 156, 161, 163, 171

Gallagher, T., 45
Garnika, O.K., 18
Garvey, C., 45
Gelman, R., 24, 86
Gewirtz, J., 78
Glanzer, P., 27, 28, 30, 31, 32, 35, 127
Gleitman, H., 20, 33, 36, 38, 40, 42, 50, 55, 104, 127, 135, 140, 142, 155, 160, 163
Gleitman, L., 20, 33, 36, 38, 40, 42, 50, 55, 104, 127, 135, 140, 142, 155, 160, 163
Glucksberg, S., 106
Golden, M., 83
Goldin-Meadow, S., 24
Goldman-Eisler, F., 19
Golinkoff, R.M., 53, 64, 65, 67, 77, 112
Granowsky, S., 71, 72
Greenberg, M., 70
Gunn, P., 99
Guralnick, M., 86
Gutmann, A.J., 57, 58, 76, 87

Hanks, C., 63
Harkness, S., 84, 85, 141
Harper, L., 11
Hassing, Y., 22, 80, 81
Hayes, A., 92
Hillyard, H., 170
Hodapp, R., 78
Holtzman, W.H., 13
Hood, L., 54
Hoy, E., 86

Jacklin, C.N., 78
Jacobs, R.A., 63, 142, 168
Jaffe, J., 92
Jakubowitz, C., 165
Jankovic, M.A., 59, 87
Jarvella, R., 121, 159
Jarvis, P., 86
Jobse, J., 22, 80, 81
Johnson-Laird, P.N., 136
Jones, S., 78
Joosten, J., 22, 80, 81
Jusczyk, P., 124

Kagan, J., 79, 80
Kail, M., 165
Kaplan, B.J., 152
Kauffman, A., 42, 53, 64, 65, 67, 77
Kaye, K., 17, 34, 35, 92
Kennell, J., 159
Kimura, D., 79
Klaus, M., 159
Klee, T., 128
Kobashigawa, B., 50
Kohn, L., 35
Koslawski, B., 158
Krauss, R., 106
Kriedberg, P., 64
Krossner, W., 71, 72
Krupps, B., 60, 61, 69, 87
Kuczaj, S., 132
Kysela, G., 170

Lamb, M., 64, 70
Lambert, J.L., 33, 89, 98, 121, 172
Lee, L., 94
Lenneberg, E., 15
Leveille, M., 165
Levelt, W.J.M., 121
Levi, G., 107
Lewis, M., 70, 76, 78
Loftus, E.F., 126
Lloyd, B., 126
Longhurst, T., 21, 23, 34, 35
Lord, C., 16, 38, 133
Lorge, D., 71

Maccoby, E.M., 78
Maestas y Moores, J., 97
Mackenzie, H., 19
Mahoney, G.J., 16, 99, 107
Man, M., 158
Marcello-Nizia, C., 89

Martinet, A., 89
Masur, E., 86
Mc Carthy, D., 78
Mc Conkey, R., 108, 135, 139, 145
Mc Donald, L., 170
Mc Knight, J., 86
Mc Laughlin, B., 77
Mc Neil, D., 126
Mehler, J., 124
Messer, D., 50
Milkhovitch, M., 12
Miller, G.A., 19, 24
Miller, J.F., 126, 127, 128, 136, 139, 156, 161
Miller, M., 13
Mitchell, D., 107
Moerk, E.L., 16, 33, 38, 47, 48, 49, 54, 121, 133, 135, 141, 146, 147, 148, 151, 155, 166, 167, 168, 171, 172
Morris, J., 70, 95, 96, 121
Moss, H., 78

Navojosky, I., 189
Nelson, K., 97, 126, 156
Nelson, K.E., 12, 16, 38, 53, 56, 57, 128, 133, 135, 137, 139, 144, 152, 153, 154, 155, 156, 163, 166, 167, 168
Neves, S., 72, 73
Newport, E., 20, 33, 36, 38, 40, 41, 42, 43, 49, 50, 55, 104, 134, 135, 140, 141, 142, 144, 145, 155, 160, 163, 171
Newson, J., 92
Nienhuys, T., 95, 96, 121
Ninio, A., 132
Noble, G., 13
Noizet, G., 126

Ochs, E., 84
O'Leary, S., 70
Oleron, P., 11
Omar, M., 17, 83, 164

Pakizegi, B., 70
Pallie, J., 79
Paradis, M., 17
Parke, R., 70
Phillips, J.R., 21, 22, 23, 33, 35, 76
Piaget, J., 9, 86
Pichevin, C., 126

Quillian, M.R., 126

Ratner, R., 132
Rebelsky, C., 63
Rees, N., 54
Reich, P., 132
Reichle, J., 24, 127, 156
Remick, H., 18
Retherford, K.S., 19, 27, 30, 31, 32, 35, 41
Reuchlin, M., 78, 83
Reuler, E., 35, 99, 121
Reynes-Lagunes, I., 13
Rheingold, H., 78, 98, 124
Ringler, N., 22, 34, 35, 76
Rocissano, L., 54
Rodd, L., 133
Rondal, J.A., 10, 11, 16, 20, 21, 22, 23, 24, 25, 26, 27, 29, 31, 32, 33, 34, 35, 37, 38, 39, 40, 41, 42, 43, 44, 46, 47, 49, 50, 52, 53, 54, 55, 66, 67, 68, 69, 71, 72, 73, 75, 82, 89, 93, 96, 97, 98, 99, 101, 102, 103, 104, 105, 107, 112, 113, 114, 115, 117, 121, 127, 133, 152, 161, 172
Rosch, E., 126
Rosenbaum, N., 142, 168
Ross, H., 78
Ryan, J., 121
Rynders, J., 99, 107

Sabeau-Jouannet, E., 11
Sachs, J., 26, 86, 111
Salerno, R.A., 111
Savic, S., 16, 24, 42, 43
Schachter, F., 78
Schneider, B.A., 18
Schutz, C., 77
Schwartz, B.C., 19, 27, 31, 35
Seely, P.B., 16, 107
Segui, J., 165
Seitz, S., 35, 53, 54, 55, 107, 133, 152
Seligman, M., 24
Selnow, G.W., 13
Sentilhes, S., 80
Shatz, M., 86
Shipley, E., 127
Shore, L., 78
Siegel, G., 104, 107, 108
Sigurdson, T., 86
Sinclair, A., 121
Siqueland, E.R., 124
Skinner, B.F., 53

Slama-Cazacu, T., 87
Slobin, D.I., 10, 23, 40, 84, 85, 89, 131, 148, 155, 162, 163, 164
Smith, C., 127
Snow, C., 16, 21, 25, 30, 31, 32, 33, 34, 35, 36, 38, 40, 50, 80, 81, 82, 91, 110, 112
Sourdot, M., 11
Staats, A.W., 11, 121
Stanley, J.L., 136, 141
Stebbins, P., 60, 69
Stechler, G., 158
Stein, D., 64
Stepanich, L., 21, 23, 34, 35
Stewart, C., 35, 53, 54, 55, 133, 152
Swenson, A., 170

Thoman, E.B., 158
Thorndike, E., 71
Tomkin, G., 13
Trehub, S.E., 17
Trelles, C., 86
Trevarthen, C., 92
Tulkin, S., 79, 80
Turnure, J., 57, 58, 76, 87, 99, 107

Van Roosmalen, G., 80
Vigorito, J., 124
Vorster, J., 22, 80, 81

Watson, A., 170
Weber, S., 13
Wedell-Monnig, J., 98
Weeks, T., 85
Weinraub, M., 70
Weisberg, R., 106
Weist, R., 60, 61, 69, 87
Westerman, T., 98
Wetstone, H., 63
White, D., 77
Wiener, M., 59, 87
Wills, D.D., 24
Winsberg, A., 80
Witelson, B., 79
Witske, P.B., 13
Wiatt, G., 157

Young, F., 78

Zollinger, B., 107

Table des matières

AVANT-PROPOS 7

INTRODUCTION 9

CHAPITRE 1. LES INTERACTIONS VERBALES ADULTE-ENFANT ET ENFANT-ENFANT 15

1.1. *Les interactions verbales adulte-enfant* 15
   1.1.1. *Langage maternel* 16
      1. Phonétique et phonologie 17
      2. Sémantique lexicale 20
      3. Sémantique structurale 26
      4. Morpho-syntaxe 33
      5. Pragmatique 44
      6. Feedback verbal 51
      7. Contexte gestuel 57
      8. Compréhension du langage de l'enfant 59
   1.1.2. *Autres environnements linguistiques* 63
      1. Langage paternel 63
      2. Langage magistral 70
   1.1.3. *Généralités des données* 76
      1. Sexe de l'enfant 76
      2. Classe sociale 79
      3. Variables culturelles 83
1.2. *Les interactions verbales enfant-enfant* 85

CHAPITRE 2. L'EXPLICATION DES ADAPTATIONS LINGUISTIQUES PARENTALES 91

2.1. *L'hypothèse conversationnelle* 91
2.2. *L'enseignement implicite du langage* 93

2.3. *L'hypothèse du feedback linguistique* 94
    1. Niveau réceptif 94
    2. Niveau productif 98
2.4. *Connaissances des parents sur le langage de leur enfant* 112
2.5. *La construction du langage dans une perspective interpersonnelle* 116
    1. Composante du modèle 116
    2. Principe de fonctionnement dynamique continu 119

CHAPITRE 3. LES EFFETS DES INTERACTIONS PARENT-ENFANT SUR LA CONSTRUCTION DU LANGAGE 123

3.1. *Les effets du langage parental* 123
    1. Modifications prosodiques et rythmiques 124
    2. Lexique 125
    3. Morpho-syntaxe 134
    4. Feedback 152
        A. Feedback verbal 152
        B. Dimension affective 156
3.2. *Pertinence du langage parental* 161

Conclusion 173
Bibliographie 175
Iconographie 189
Index des auteurs 192
Table des matières 196

PSYCHOLOGIE ET SCIENCES HUMAINES
collection publiée sous la direction de MARC RICHELLE

1. Dr Paul Chauchard
   LA MAITRISE DE SOI, *9ᵉ éd.*
5. François Duyckaerts
   LA FORMATION DU LIEN SEXUEL, *9ᵉ éd.*
7. Paul-A. Osterrieth
   FAIRE DES ADULTES, *16ᵉ éd.*
9. Daniel Widlöcher
   L'INTERPRETATION DES DESSINS D'ENFANTS, *9ᵉ éd.*
11. Berthe Reymond-Rivier
    LE DEVELOPPEMENT SOCIAL DE L'ENFANT ET DE L'ADOLESCENT, *9ᵉ éd.*
12. Maurice Dongier
    NEVROSES ET TROUBLES PSYCHOSOMATIQUES, *7ᵉ éd.*
15. Roger Mucchielli
    INTRODUCTION A LA PSYCHOLOGIE STRUCTURALE, *3ᵉ éd.*
16. Claude Köhler
    JEUNES DEFICIENTS MENTAUX, *4ᵉ éd.*
21. Dr P. Geissmann et Dr R. Durand
    LES METHODES DE RELAXATION, *4ᵉ éd.*
22. H. T. Klinkhamer-Steketée
    PSYCHOTHERAPIE PAR LE JEU, *3ᵉ éd.*
23. Louis Corman
    L'EXAMEN PSYCHOLOGIQUE D'UN ENFANT, *3ᵉ éd.*
24. Marc Richelle
    POURQUOI LES PSYCHOLOGUES?, *6ᵉ éd.*
25. Lucien Israel
    LE MEDECIN FACE AU MALADE, *5ᵉ éd.*
26. Francine Robaye-Geelen
    L'ENFANT AU CERVEAU BLESSE, *2ᵉ éd.*
27. B. F. Skinner
    LA REVOLUTION SCIENTIFIQUE DE L'ENSEIGNEMENT, *3ᵉ éd.*
28. Colette Durieu
    LA REEDUCATION DES APHASIQUES
29. J.C. Ruwet
    ETHOLOGIE: BIOLOGIE DU COMPORTEMENT, *3ᵉ éd.*
30. Eugénie De Keyser
    ART ET MESURE DE L'ESPACE
32. Ernest Natalis
    CARREFOURS PSYCHOPEDAGOGIQUES
33. E. Hartmann
    BIOLOGIE DU REVE
34. Georges Bastin
    DICTIONNAIRE DE LA PSYCHOLOGIE SEXUELLE
35. Louis Corman
    PSYCHO-PATHOLOGIE DE LA RIVALITE FRATERNELLE
36. Dr G. Varenne
    L'ABUS DES DROGUES
37. Christian Debuyst, Julienne Joos
    L'ENFANT ET L'ADOLESCENT VOLEURS
38. B.-F. Skinner
    L'ANALYSE EXPERIMENTALE DU COMPORTEMENT, *2ᵉ éd.*
39. D.J. West
    HOMOSEXUALITE
40. R. Droz et M. Rahmy
    LIRE PIAGET, *3ᵉ éd.*
41. José M.R. Delgado
    LE CONDITIONNEMENT DU CERVEAU ET LA LIBERTE DE L'ESPRIT
42. Denis Szabo, Denis Gagné, Alice Parizeau
    L'ADOLESCENT ET LA SOCIETE, *2ᵉ éd.*
43. Pierre Oléron
    LANGAGE ET DEVELOPPEMENT MENTAL, *2ᵉ éd.*
44. Roger Mucchielli
    ANALYSE EXISTENTIELLE ET PSYCHOTHERAPIE PHENOMENO-STRUCTURALE
45. Gertrud L. Wyatt
    LA RELATION MERE-ENFANT ET L'ACQUISITION DU LANGAGE, *2ᵉ éd.*
46. Dr. Etienne De Greeff
    AMOUR ET CRIMES D'AMOUR
47. Louis Corman
    L'EDUCATION ECLAIREE PAR LA PSYCHANALYSE
48. Jean-Claude Benoit et Mario Berta
    L'ACTIVATION PSYCHOTHERAPIQUE
49. T. Ayllon et N. Azrin
    TRAITEMENT COMPORTEMENTAL EN INSTITUTION PSYCHIATRIQUE
50. G. Rucquoy
    LA CONSULTATION CONJUGALE
51. R. Titone
    LE BILINGUISME PRECOCE
52. G. Kellens
    BANQUEROUTE ET BANQUEROUTIERS
53. François Duyckaerts
    CONSCIENCE ET PRISE DE CONSCIENCE

54 Jacques Launay, Jacques Levine et Gilbert Maurey
LE REVE EVEILLE-DIRIGE ET L'INCONSCIENT
55 Alain Lieury
LA MEMOIRE
56 Louis Corman
NARCISSISME ET FRUSTRATION D'AMOUR
57 E. Hartmann
LES FONCTIONS DU SOMMEIL
58 Jean-Marie Paisse
L'UNIVERS SYMBOLIQUE DE L'ENFANT ARRIERE MENTAL
59 Jacques Van Rillaer
L'AGRESSIVITE HUMAINE
60 Georges Mounin
LINGUISTIQUE ET TRADUCTION
61 Jérôme Kagan
COMPRENDRE L'ENFANT
62 Michael S. Gazzaniga
LE CERVEAU DEDOUBLE
63 Paul Cazayus
L'APHASIE
64 X. Seron, J.L. Lambert, M. Van der Linden
LA MODIFICATION DU COMPORTEMENT
65 W. Huber
INTRODUCTION A LA PSYCHOLOGIE DE LA PERSONNALITE, 2e éd.
66 Emile Meurice
PSYCHIATRIE ET VIE SOCIALE
67 J. Château, H. Gratiot-Alphandéry, R. Doron et P. Cazayus
LES GRANDES PSYCHOLOGIES MODERNES
68 P. Sifnéos
PSYCHOTHERAPIE BREVE ET CRISE EMOTIONNELLE
69 Marc Richelle
B.F. SKINNER OU LE PERIL BEHAVIORISTE
70 J.P. Bronckart
THEORIES DU LANGAGE
71 Anika Lemaire
JACQUES LACAN, 2e éd. revue et augmentée
72 J.L. Lambert
INTRODUCTION A L'ARRIERATION MENTALE
73 T.G.R. Bower
DEVELOPPEMENT PSYCHOLOGIQUE DE LA PREMIERE ENFANCE
74 J. Rondal
LANGAGE ET EDUCATION
75 Sheila Kitzinger
PREPARER A L'ACCOUCHEMENT
76 Ovide Fontaine
INTRODUCTION AUX THERAPIES COMPORTEMENTALES
77 Jacques-Philippe Leyens
PSYCHOLOGIE SOCIALE, 2e éd.
78 Jean Rondal
VOTRE ENFANT APPREND A PARLER
79 Michel Legrand
LE TEST DE SZONDI
80 H.J. Eysenck
LA NEVROSE ET VOUS
81 Albert Demaret
ETHOLOGIE ET PSYCHIATRIE
82 Jean-Luc Lambert et Jean A. Rondal
LE MONGOLISME
83 Albert Bandura
L'APPRENTISSAGE SOCIAL
84 Xavier Seron
APHASIE ET NEUROPSYCHOLOGIE
85 Roger Rondeau
LES GROUPES EN CRISE?
86 J. Danset-Léger
L'ENFANT ET LES IMAGES DE LA LITTERATURE ENFANTINE
87 Herbert S. Terrace
NIM, UN CHIMPANZE QUI A APPRIS LE LANGAGE GESTUEL
88 Roger Gilbert
BON POUR ENSEIGNER?
89 Wing, Cooper et Sartorius
GUIDE POUR UN EXAMEN PSYCHIATRIQUE
90 Jean Costermans
PSYCHOLOGIE DU LANGAGE
91 Françoise Macar
LE TEMPS, PERSPECTIVES PSYCHOPHYSIOLOGIQUES
92 Jacques Van Rillaer
LES ILLUSIONS DE LA PSYCHANALYSE
93 Alain Lieury
LES PROCEDES MNEMOTECHNIQUES
94 Georges Thinès
PHENOMENOLOGIE ET SCIENCE DU COMPORTEMENT
95 Rudolph Schaffer
COMPORTEMENT MATERNEL

96 Daniel Stern
MERE ET ENFANT, LES PREMIERES RELATIONS
97 R. Kempe & C. Kempe
L'ENFANCE TORTUREE
98 Jean-Luc Lambert
ENSEIGNEMENT SPECIAL ET HANDICAP MENTAL
99 Jean Morval
INTRODUCTION A LA PSYCHOLOGIE DE L'ENVIRONNEMENT
100 Pierre Oleron et al.
SAVOIRS ET SAVOIR-FAIRE PSYCHOLOGIQUES CHEZ L'ENFANT
101 Bernard I. Murstein
STYLES DE VIE INTIME
102 Rondal/Lambert/Chipman
PSYCHOLINGUISTIQUE ET HANDICAP MENTAL
103 Brédart/Rondal
L'ANALYSE DU LANGAGE CHEZ L'ENFANT
104 David Malan
PSYCHODYNAMIQUE & PSYCHOTHERAPIE INDIVIDUELLE
105 Philippe Muller
WAGNER PAR SES REVES
106 John Eccles
LE MYSTERE HUMAIN
107 Xavier Seron
REEDUQUER LE CERVEAU
108 Moreau/Richelle
L'ACQUISITION DU LANGAGE
109 Georges Nizard
ANALYSE TRANSACTIONNELLE ET SOIN INFIRMIER
110 Howard Gardner
GRIBOUILLAGES ET DESSINS D'ENFANTS, LEUR SIGNIFICATION

Hors collection

Paisse
PSYCHO-PEDAGOGIE DE LA LUCIDITE
Paisse
ESSENCE DU PLATONISME
Anna Michel
L'HISTOIRE DE NIM LE CHIMPANZE QUI PARLE
Collectif
SYSTEME AMDP
Boulangé/Lambert
LES AUTRES, L'EXPRESSION ARTISTIQUE CHEZ LES HANDICAPES MENTAUX

Dossiers

1 Rey
LES TROUBLES DE LA MEMOIRE
5 Kohler
LES ETATS DEPRESSIFS CHEZ L'ENFANT
7 De Waele
LES CAS PROGRAMMES EN CRIMINOLOGIE
9 Tissot
L'AGRAMMATISME
10 Bronckart
FORMES VERBALES CHEZ L'ENFANT

Manuels et Traités

2 Thinès
PSYCHOLOGIE DES ANIMAUX
3 Paulus
LA FONCTION SYMBOLIQUE ET LE LANGAGE
4 Richelle
L'ACQUISITION DU LANGAGE
5 Paulus
REFLEXES-EMOTIONS-INSTINCTS
Droz-Richelle
MANUEL DE PSYCHOLOGIE
Hurtig-Rondal
MANUEL DE PSYCHOLOGIE DE L'ENFANT (Tome 1)
Hurtig-Rondal
MANUEL DE PSYCHOLOGIE DE L'ENFANT (Tome 2)
Hurtig-Rondal
MANUEL DE PSYCHOLOGIE DE L'ENFANT (Tome 3)
Rondal-Seron
LES TROUBLES DU LANGAGE (DIAGNOSTIC ET REEDUCATION)